ヤマケイ文庫

山 大島亮吉紀行集

Oshima Ryokichi 大島亮吉

Yamakei Library

山　大島亮吉紀行集　目次

編集・解説　大森久雄

三頭山

九月の残暑の未だ去らない五日、数日前失敗した景信から三頭までの縦走をやめて、直ちに三頭に突撃するためにやはり松本君と出発した。午前九時八王子着、午後一時には秋川の谷の本郷(1)に着いた。実に暑い日で白い埃の道はギラギラ眼に眩しかった。秋川に沿うて溯り、本郷より、南北に秋川を分水する時坂峠(2)の山稜を登って、最高点九三四米突の附近では、三頭から小仏の方へつづく山稜の方には茜色の大きな富士が仰がれ、三頭は真黒に深い樹林に蔽われているのを、望むことが出来た。南秋川の谷まで下って、谷の底の数馬で漸く繭商人などの泊ると云うただ一軒の宿屋についたのは薄暗い七時頃だった。宿屋を副業にしている割合整った大きな農家であった。背負って来た米を炊いて貰った夜は蚤のために寝苦しかった。翌朝霧が深いので今日はきっと晴れて天気はいいと喜び、午前六時に出発した。米が一升余ったので、宿に呉れてやったら、宿賃はいらないと断わって、どうしても受取らなかった。前夜この宿の息子らしい三十恰好の人に三頭の登り口について尋ねたら、一年程以前に炭焼が、南秋川の源流を遡って入ったから道は途中まであるらしいが、ヤブがひどかろうとの話、まだ十幾丈の滝があるとかで少し脅かされた。

大平を過ぎて、小河内へ行く峠道を約三十分も登ると、左手の雑草のうちに「三頭山登山道」と書かれた細い道標があって、そこから僅かながら道痕がついている、ひどいヤブのなかをその道痕を辿ってゆくと直ちに消えて、身動きもならないヤブで尽きてしまった。茨に引き裂かれて手などはピリピリ痛かった。この道痕を辿ることは出来ないし、それにこの道は多分山稜につけられてあるらしいので、山稜なら水がなくて暑くてとてもたまらないと思ったからそれで再び戻って南秋川の源流の三頭沢へ下った。大分時間を無駄にした。八時、三頭沢を溯り始めた。沢には倒れ木が縦横に散乱し、また小さな瀑が二つあったが、傍らには道痕らしいものがあった。瀑を二つ程越えて上ると、今度は二段に分かれた十丈以上の瀑(3)があって、真夏の鬱々と繁った、濃緑の間に瀑は白い水泡を飛ばして涼しそうだ。その瀑も何んなく傍らを登って瀑の上に出ると、荒廃した炭焼小舎や竈の残骸が寂しげに横たわっている。沢はここからゆるやかに上の方へつづいているのでまずこれで脅された瀑もすんだと思ったので、冷たい水を飲んでひと休みした。それから全く三頭沢の水のつきて、太陽の光も遮ぎられて薄暗い程によく繁った濶葉樹の深林の下の軟らかい苔の上を踏んで、なお上へ上へと上った。下生えのないため深林のうちは歩きよく、涼しい。頂上近くなってから右へ少しそれて、緩傾斜の頂上の三角標を雑木中に見出したのは正十二時だった。そこからの展望と云うものは全く深林と雑木のために遮ぎられている。

樹に登ろうと思ったが、皆太くて枝がないので登れない。あまりよくは探さなかったが、田部氏[4]の紀行[5]にある毀(こわ)れた神社は見当らなかった。

降路は小仏につづく長い山稜を僅かゆき、それから原の村へ派生する山稜[6]を無暗(むやみ)に茨や身の丈よりも高い雑草のなかを潜るように分けて下った。途中から径があった。

しかし二人とも手の甲から腕は血の滲んだ無数の藪(やぶ)に引っかかれた傷をして汗がそれにしみて痛かった。原へ下って茶屋に休んで昼飯の残りを食ったのは午後三時だった。そして原から鶴川に沿うて上野原発の七時四十分の上り列車に間に合うためには可成(かなり)急いだ。上野原の町は丁度祭りで花車(だし)や人出で仲々通れない程だった。

丁度翌日は日本山岳会の小会に於いて、武田博士[7]の「多摩川と相模川の分水嶺」に就いての講演を聴き、さらに詳細に昨日歩いたあたりの地形や山の様子を知ることが出来て愉快だった。

（「登高行」第二年、大正九年）

（1）本郷――現在は元郷。
（2）南北に秋川を分水する――時坂峠のある稜線は、正確には南北秋川の分水嶺ではない。
（3）十丈以上の瀑――現在の三頭大滝と思われる。
（4）田部重治（たなべ・じゅうじ／一八八四―一九七二）。日本登山界の代表的先駆者。木暮理太郎とともにとくに奥秩父の紹介者として知られる。『山と渓谷』（新編で岩波文庫、ヤマケイ文庫）、『わが山旅五十年』（平凡社ライブラリー）ほか、多数の著書がある。
（5）紀行――明治四十四（一九一一）年六月の紀行「三頭山から小河内へ」『日本アルプスと秩父巡礼』（大正八年・北星堂）所収。
（6）原の村へ派生する山稜――笹尾根の槇寄山から鶴川の谷に降りる尾根であろう。
（7）武田久吉（たけだ・ひさよし／一八八三―一九七二）。植物学者。日本山岳会創設時メンバーのひとり。同会の第六代会長。日本の近代登山黎明期のパイオニア。幕末維新期に活躍したイギリス外交官Earnest Mason SATOWの次男。イギリス留学の後、京大、北大ほかで植物学を講じた。著書は『尾瀬と鬼怒沼』『明治の山旅』（いずれも平凡社ライブラリー）。

本文末尾に「多摩川と相模川の分水嶺」の講演を聴く、とあるのは、大正八（一九一九）年九月七日、東京紀尾井町清水谷皆香園で行われた講演会のことであろう。「山岳」（日本山岳会）第十四年第一号・大正九年二月発行掲載の「第五回小集会」報告に「多摩川相模川の分水山脈」武田久吉　の記事がある。参会者五十三名の氏名があり、ほかに会員外十名、その中に大島亮吉がいたと思われる。なお、この三頭山行きは、岩波版『山』収録の登山年譜では大正七年になっていて、『山岳』掲載記事とは年代が符合しないが、大正八年の記録を収めた「登高行」第二年（大正九年）に収録されていることとあわせて大正八年である。武田久吉のこの講話は、自身が整理して『山岳』第十五年第一号（大正九年八月発行）に収録されている（その記述の誤記訂正が『山岳』第十八年第三号にある）。

白馬岳スキー登山及び乙見山峠越え

大町を出発したのは三月十三日で数日来の荒天の晴れ上った稀れ(ま)にみる晴朗な日であった。

大町より北、姫川の谷を経て日本海の波濤の音を聴くまでの糸魚川街道の冬季の深い積雪の間、この街道の交通権を支配するものは、ただ馬橇(ばそり)なのである。その街道の固く踏固められた橇道の上には堆(うずたか)く馬糞が堆積していて、スキーを穿(は)いた我等はその上を滑ることも出来ず、又常に美しい純白な高原の曠大(こうだい)な斜面を雪煙を挙げて自由奔放に、滑走していたスキーランナーの神経を痛めること甚(はなは)だしい。大町より六里、街道の平地行進に漸(よう)や く疲れ、飽きて、山麓四ツ家[1]に近づいた時、始めて我等は透徹した冬の濃藍の夕空に、白金のように輝く雪白の山肌に雪も降り得ぬか[2]の大胸壁の黝(くろ)い岩壁を露わして巍然(ぎぜん)たる白馬連峰の冬の峻厳侵し難き威容を仰ぎ見て、我々の登高的精神は漸く緊縮し、如何(いか)にしても冬と云う絶大な威力の下に聳立(しょうりつ)する彼れ三千米突(メートル)の氷雪の頂き、その処女雪に我等が、スキーの条痕を印さねばならぬと、皆一様に各自の胸に感じつつ四ツ家の山木屋[3]に宿り、直ちに冬季の狩猟と雪に対して充分経験ある猟師を求めた。

夜に入りて一人の雪の反射に焼けた赤銅色の顔をした短軀矮小の鋭い眼光の猟師が来た。彼は自らを白馬尻の狢(むじな)と称し、飯などは四十年も食い続けて来たから一日や二日は食わずもいいなどと豪語している愉快な奴である。他になお一人来ることを頼んだ。我々は敢えて山を彼等に案内して貰う必要はなく唯(ただ)、野営準備の手伝いと僅かの荷を背負わせるためである。万端準備を終えて寝る。

*

翌十四日は生憎(あいにく)朝より少し薄曇りで割合に暖かく思わしからぬ天候である。各自かなりの重みあるリュックサックを背に出発したのは午前八時であった。雪に埋もれ、炬燵(こたつ)に身を寄せて単調寂寥な冬の忍従の生活を送る彼等姫川の谿(たに)に住む人々は、厳冬氷雪のうちに彼等の畏怖して唯仰ぎ見るのみなる彼の堅氷、断崖の鉅壁(きょへき)(4)に突進する我々の姿の雄々しきと意気の壮なるを驚異の眼を以(も)って見送っている。

白馬尻までは勾配緩漫なれば我々はスキーの逆行を防止する海豹皮(5)を附せずして登ることとした。朝の固く凍った平坦な雪面を先登のK氏(6)は得意のスケート滑走にて進むを見て、猟師らは始めてスキーの真価を知ってか、思わず驚嘆の声をあげている。しかしスキーの真価はこんなことで充分発揮されたのではないのである。

白馬、鑓(やり)、杓子(しゃくし)、小蓮華とこの大伽藍の巨大な円蓋や高尖塔は丁度朝の美しい陽光を享けて朗らかな薔薇色の光輝を放って屹立している。その姿は我等に一種侵し難い宗教的な敬畏と威厳を感ぜしめる。夏季には仰ぎ見るを得ぬ冬の独自な姿である。

北股に入りなお少時登ると漸く小林区署[7]の木材運搬の橇道が尽きた。堅く橇の重量と摩擦で固められた鋼鉄のように堅硬な橇道は琺瑯質のような光沢をして横滑りがして甚だ登り悪い。

雪に半ば埋もれた木材人夫の小屋に小憩の後さらに夏季の登山路を行かずに、沢の雪に埋没した上を、清純な処女雪を踏んで登る。スキー登山に於いては全く夏季の登路を顧慮する必要はないのである。雪ある処、皆登山路なのである。それ故最も容易な斜面を撰択して見通しを付けて登ればいいのである。

猟師らの輪カンジキはともすれば雪に埋まるので遅れ勝ちである。スキーにはその心配は絶対にない。山毛欅林の小さな兎の足痕の縦横に印されたやや急斜面にかかる。樹間より洩れる日光が雪に反映して眩しい。登りはやや長い。背中のリュックサックの重みで漸く額は汗ばんで来る。えいえいと登る。汗は頰を伝うて流れる。寒気酷烈の厳冬、深い雪のなかになお額に汗することを経験し得るものはスキーランナーの他には少ないだろう。登り切って沼の平と云う地点に達したとき、漸く大障壁の眼前に迫るを見た。

沼の平より再び沢沿いの急斜の凍雪面を通過する際、O君は角付を誤って滑落したが、途中杖にて辛じて支えている時、直ぐ上より又もK氏が滑落して来たので、両人相伴に折重って、雪の巨きな裂罅[8]のうちに顚落したが、幸い怪我もスキーの破損もなかった。

我等の予定の野営地は白馬尻に近き森林地の御殿場[9]と猟師の間に称せらるる処である。野営地近くの森林の中で例の狢は流石に猟師らしい彼の鋭敏な獲物に対する視覚で純白の雪面に雪白の兎の姿を発見し、手早く背上の荷の間に挟んだ猟銃を引き抜き身を屈して進み樹幹に身をひそめて一発放つ。銃声と共に雪面をころころと小さな白塊がころげ落ちて来る。我々の遅鈍な眼は命中してころがり落ちる兎の所在を漸く発見するのである。

午後二時御殿場に着き、風当りと燃料とのことを考量して凹みの吹き溜りらしい箇所を野営地と定め我々の最初に経験する雪中野営の準備に着手する。先ず足にて固く天幕の要する広さ程を踏み固め、その周囲に雪を盛り上げて寒風を防ぐ完全な堅壁を造り、内部に防水天幕を張り、天幕内は厚き油紙、油布を敷き、その上に更らに毛布を敷く。焚火は最も吾々の頭を痛めた問題なのだったが、これは太い樹幹を程好く切断して一面に雪上に並べ、その上に生木を積み、固形アルコールにて点火したら、容易に雪上の焚火も熾んな赤き焔を挙げたのである。飯盒に濃き紅茶と兎の味噌汁を作る。雪を解かして水を得たのである。これまで要した時間は六人の手で一時間程である。一同砂糖餅と食パンを紅茶と兎汁の副食物で晩食を終えた頃は、漸く夜の闇と寒気が犇々と身辺に迫るを覚えたのである。
谿は全く雪に埋まっているので冬の山岳の夜は夏のように谿川の低唱さえ聴かぬ実に恐ろしき死の静寂である。用意のあらゆる防寒衣を纏い、懐炉に火を点じて天幕内に横たわる。漆黒の空に星の耀きを見ないのが気がかりである。僅かに仮睡すると忽ち寒気に呼び覚まされる。ついに吾等は天幕を打つポトリポトリと云う雨の音を聴いた。落胆したがまた何時知らず睡る。数回目覚むる度に雨の音を聴いた。気温は華氏三十五度[10]を示している。予想した以上に高温なのも道理である。

*

黎明の蒼白い薄明の頃、すでに吾等は天幕を出で、最も簡単な朝食を済まして、天候如何を待ったのである。雨は霽れた、しかし灰白色の陰雲は高く太陽の光線の地上に達すべき空隙を与えない。また気温も高く三十九度[11]を示すのである。雪質は水分を多量に含んだ最もスキーには不適の状態にある。斯くの如き天候の日に雪渓より登行するは雪渓の両側の急峻な斜面より雪崩の危険ある故絶対に不可能である。雪渓は雪崩の際にそれを逃がるべき余地のない程狭少にて且つ急傾斜であるからである。そこは実に恐るべき死の昂宿[12]である。我々は敢えて無意味な危険は冒さない。遂に今日の登山は絶望と信じ滞在して天候を一日待つことにした。八時頃猟師らを野営地に残して我々はただ附近の高地に練習をする積りにてスキーに塗蠟[13]し、リュックサックに若干の食糧と防寒衣を詰め込み海豹皮を附して、無意識にも、杓子岳より派出する雪渓に並行している長大なる山稜[14]を登ったのである。その約百米突(メートル)も登ったとき、我々はこの如何にもスキーの滑降に適した大斜面が、二三の隆起を起こして遥か高く杓子の肩に達せるを知った。そして彼の白馬は黝き鋼鉄の岩壁と堅氷の大胸壁を吾等の眼前に屹立(きつりつ)して厳然と吾等弱少の人間を威圧し、慴伏(しょうふく)[15]せしめんとするが如き崇高(けだか)い超脱の面貌を仰いで、吾々の登高の精神はその極頂まで高められた。突如閃光の如く、吾々はこのままこの山稜を登り、杓子の肩を迂回して連嶺の一角に達して、それより越中側の緩斜を白馬の絶巓(ぜってん)に達し、降路をそのまま降ろうと行程を決したのである。

冬という絶大な力の下に却初(ごうしょ)より永遠と云う領域の一角に立つ彼(か)れ三千米突の絶巓に吾等がスキーの線条を印するまで、吾等はあらゆる困難危険を打破して努力せねばならぬ、吾等の脈管の血は、登高、征服の思念に燃えた。

野営地を出発してより正に三時間、雪上に努力、健闘の汗を滴らせ、肉体を鞭打って登った高度は非常に捗取(はかど)り、一歩一歩、白馬の絶巓と吾々との間の高距は減じてゆく。この間の大斜面は三十度を下らぬ急傾斜にて、登るに従い、漸く雪質は堅く表面層の軟らかき雪は厚さを減じてゆく。処々にある白樺の樹林には美しいクリスマス樹(ツリー)の如き樹氷の奇観をみる。野営地の雨はこの高距に於いては雪であった。更らに登るに従い、雪は益々堅くなり、且つ風の烈しいため雪は岩肌に止まり得ず、黝き岩稜の岩片は磊々[16]と裸出して、高山々巓の冬の悽愴な光景が展開されて来た。岩稜に立ちて砂糖菓子、チョコレートを噛じり、なお約百米突の頭上にある杓子の絶巓を迂回すべき登路を求むるに、右方は雪も附着していない恐るべき断崖が深く雪渓に垂下して、とても登行不可能、ただ左方を迂回するのみである。左方はまた処々岩壁の裸出した危険な急斜面にてしかも瞰下し得ぬ程深く長くその斜面は南股の谿につづいている。岩稜より雪渓は瞰下し得ぬが、丁度葱平あたりは吾々と対等の高さにある。雪渓の最高端、連嶺の険しき山稜は巨大な雪庇の壮観をなしている。仰げばなお、白馬の岩壁は巨像の広き胸の如く頭上にある。休むと急に寒気を感ずる。顧みて戸隠方面より灰白色の暗雲の大海濤[17]のように吾等に向かいて襲い迫るを見た。その速度は急速にて瞬時のうちに尨大な塊団となり、山々をひとつひとつその妖魔の如き大きな手のうちに包む。天候はたしかに非常に険悪とならんとしている。されどかくの如きもの、なんで吾々の登高の堅念を挫き、吾々を畏れ戦かしむるに足ろう。さらに危険な斜面を僅かの角付を以て吾々は前方に鑓の尖峰を目がけて登ったのである。しかし雪面の凍雪は実際甚だしく危険である。すでにこの凍雪面にてはスキーの用ゆべき範囲を脱してる。アイスクリーパー[18]の範囲である、しかしながらアイスクリーパーは今朝出発の際絶巓を究むる意思がなかったため野営地に残して来た。兎も角もとある岩壁の裸出せる箇所に於いて、なおスキーにて登るべきか、脱すべきかを相談のため休むことにした。スキーを脱して靴のみにてはこの鋼鉄の如く堅硬な凍雪面は非常に危険である。この時から暗雲は急激に寒冷な烈しい風と共に白馬の胸壁も、遥か下方の小日向山の下降の際目標の岩壁も雲霧に隠し鑓の絶巓より吹き颪す烈しい風はゴウゴウたる怒号と叫喚を伴い、山霊の吾々を威嚇すること甚だしい。お互いに物言う時見せる歯は寒さでがちがちと鳴る。この上、烈風と寒気で雪面が凍結したならば、吾々は降るに墜落するより採る方策がなくなるのである。遺憾、無念を岩壁の偃松と岩片に残して遂に下降することに決する。偃松の数枝と岩片の二三をK氏はリュックサックに押し込み、一同海豹皮を脱して下降の準備をする。殆んど刻々に寒気は加わり、山巓の呻りは物凄さを増す。その恐しき咆哮は、永遠と神秘の領域にあるかの氷雪の頂きを褻瀆[19]せんとした人間の暴虐に怒りて彼等を威嚇して彼等の住地なる谷に逐い返さんとするようである。

吾々が少なくとも白馬連嶺の一角に立ちたいと執拗に固執するのは、そこより深き黒部の大峡谷を隔てた、かの立山、剣の大障壁、及び北アルプス一帯の冬の何者の眼にも触れしめざるその崇高荘麗な威観を渇仰し吾々の登高の精神の対象の姿を得んためである。されど遂にその姿は永遠神秘、超越のものなるか。

下降に際しては注意して一団となりて滑降し各自墜落の際は沈着大胆なることを期して、徐々に岩壁裸出の急斜面を縫うて制動しつつ滑降し始めたのである。滑降し始めて間もなく第三番目に滑降していたY君が突如、あっと叫びてこの急斜を岩石の落下するように墜落した。墜落しながらもY君は懸命に双手にて杖を雪に突き刺し止めんとしているも、その努力は体重の落下の速度のため、突き刺さっては抜けてしまう、無為な努力となる。生と死と相い争闘する厳粛にして悽愴なる瞬間の光景である。五十間程墜落して辛じて杖は突き刺さりて止まる。遥か上方にただ唖然としていた一同は漸く安堵してなお全身を緊張させて制動してゆく。下るとなれば速い。危険なる斜面は以後無事通過する。これよりは一同大斜面を長距離の斜滑降、制動回転(ステムボーゲン)にて降る。先行のK氏は雪煙を挙げつつテレマルク回転[20]にて美事な滑降をなしつつゆく。滑降中は疾風のようにただ耳にかすかな呻(うな)りを感ずるのみである。白絹の如き処女雪の中を真一文字に快走してゆく。その快味全く自分を忘却してしまう程である。脈管にみなぎる血は生の悦びにたか鳴る。この壮快さ、痛快さこそスキーの真価、真髄である。スキーランナーに依(よ)り始めて味わるる壮快味である。直ちに大斜面は尽き、森林地を小鳥のように樹間を縫うて野営地に着いてその距離の短きをかこつのみであった。正十二時に下降し始めて野営地まで四十五分を費やした。三時間半の登行の苦難は下降には僅か四十五分の壮快さと変る。

野営地で吾々の滑降の光景（さま）を凝視していた貉（むじな）は讃嘆の声を放って「まるで鳥の舞うようだ」と言う。

この時烈しい風はまた雨と変じて来たのでさらに一日ここに野営して滞在することを断念し急遽出発準備をし、荷は殆んど吾々にて背負い、K氏の如きは最後の蛮力を振って、猟師らの背負う荷の分まで背負う。滑降には重き荷もさまで苦痛にはならぬ。

野営地より四ツ家までは勾配の緩なると、雪質の悪（あ）しきために滑降充分ならず二時間を費やして四時、雨に全身濡れて帰着する。

陰雲深く閉じて白馬連嶺は視（み）えず、夜に入りて漸く猟師らも帰着した。

三月十六日、吹雪　四ツ家より小谷（おたり）温泉まで。

前夜、とにかく白馬の登山も終わったので、その祝福のために張った小さな祝宴の麦酒の酔いのため、極度に緊張した精神も肉体も一時弛るんだためか、眼を覚ましたのは八時過ぎだった。昨日の雨は夜来より烈風と吹雪に変じて、物凄まじい叫びを以て旅舎の板戸を揺がしている。この四ツ家は冬の間は非常に風あたりの烈しい処だそうだ。旅舎ではもう用意しているものか、板戸には厳重に畳が幾枚も寄せかけてあって風の襲来に備えて居る。朝食を手早く終えて出発の準備をする。防寒衣、食料、スキー用品を一杯に詰めこんだ各自のリュックサックは蛙の腹のように膨れている。重さも三貫[21]余で、K氏のは特に鉄具が多いので五貫近くもある。

宿の主人松沢[3]君の言うには、この吹雪では今日一日で小谷（オタリ）温泉までは無理だと云うが、強いて、出発する。午前十時であった。成程スキーを穿（は）いて宿の前に出ると、吹雪は猛烈で、寒気も厳しい。しかし通常の旅人にとっては吹雪は恐ろしいものにはちがいないが、吾々スキーランナーには、吹雪の如きは予期しているものだから敢えて苦痛ではない。却って吹雪の日の方が好い点がある。即ち吹雪の時は低温なる故、雪は粉雪でスキーの滑降に適し、また冬の壮烈な気分が味わえて愉快である。

スキー帽にて面を包み、手袋をはめて、吹雪の濛々（もうもう）たるうちを突いて人通りの殆んどない糸魚川街道を北へと進む。冬の間この街道はただ運輸機関としては馬橇だけしかない。その馬橇の馬糞は街道の雪の上に堆（うずたか）く積もっている。常に少しの汚点もない純白な雪のみの上を滑走していた吾々は非常にこの馬糞を汚なく感じた。幸い、この吹雪で今日は馬糞も大部分雪の下となっているので、街道はスースーと少しは滑れる。四ツ家より森上（もりうえ）に行く間は眼も明けられない程、吹雪は烈しく雪国の冬の暴虐は遺憾なくこれで味わえた。森上の村家を過ぐると姫川の谿は漸く両岸より来て赫（あか）く濁った奔流に沿うて街道は続いている。谿のうちの積雪量は割合に少なく四尺[22]程であった。僅かに谿に沿うた緩傾斜地には人々は寂しい彼等の住居を求めている。四五軒程しかない小村が多くあった。姫川の谿はいまは全く冬と云う大きな力の下にある。そうして谷に住む人々は炬燵に潜り込んで冬眠状態にある。彼等にとっては、冬と云うものは確かに恐ろしい威圧であるにちがいない。またその冬期の間の生活は寂しい黙従の生活にちがいない。しかし吾々スキーランナーにとっては冬は却って吾々の活動のシーズンである。冬こそ吾々の下にあるものだ。

なお、雪に埋もれた小さな村を幾つか過ぎて吾々は進んで行った。

今日は街道の馬糞の難は吹雪のお陰で逃れたがその代りまた街道の所々は急崖をしていて街道まで磊々(らいらい)と岩石の崩落した個処が多くそこを通過する際、スキーをいちいち脱すると時間を空費するのでスキーを穿いたまま歩いて通る。その時スキーの滑走面を鋭い岩石の角にて傷(きず)つけまいと浮足で歩くので非常に足首を疲らせ、神経を痛めさせられた。どちらにしてもスキーには厄介な街道だ。谷の人々は始めてスキーを見るのか、不思議そうに吾々の姿を見送っている。出発時間の遅れたため休憩時間を節約して平地行進をつづけた。午後三時、下(くだ)り瀬(せ)[23]と云う宿駅に着き、茶屋に休憩して携帯食料の食麺麭(パン)と砂糖餅を噛る。四ツ家よりここまで三里半と云う。

雑貨を売るこの茶屋の軒に白兎の血に滲んだのが数頭吊してあるのも、この谿の冬らしい気分を与える。ここより漸くこの糸魚川街道を離れ、釣橋を渡って姫川の対岸に達し、石原、太田の村々まで、可成(かなり)の急勾配を登る。街道を平地行進をつづけて来た身には肩のリュックサックの重みがこたえて来て、汗はにじむ。吹雪はまた一層吹き荒れて来た。登れば下りが必ずある。その下りの滑降を楽しみに漸く四時、土谷川と中谷川の分水嶺をなす七六〇米突余の地点に達した。中谷川の谷よりは烈しく吹雪が吹き上げる。附着した新雪を落して吹雪の中を制動しつつ下る。踏み固められた道に沿うて下るにつれ道は漸く曲折甚だしく且つ勾配を加えて来る。疲れて足と腰がよく利かなくなったのと、背中のリュックサックの重みのため、ステンボーゲン[24]の際はいつも失敗して顛倒する。あせる、また顛倒する、先行のK氏の美しい滑降の痕をみながら漸く下った時は疲れ切った。それでも十五分程であった。途中沢の小さな橋をY君が近眼のため渡り損ね、危く沢の雪の深い裂罅のうちに墜落せんとしたが、スキーにて支えることが出来た。中谷川の谷底に下る。四時半である。今日の目的地たる小谷温泉はこの谷の最奥にあってなお二里半余の道程がある。市場と云うこの谷の村を越えてゆく時分にはもう谷のうちは吹雪のため灰色となり不気味な暗い景観を呈している。六時に真木の村を過ぎたときは、夜の暗い手はこの谷を全く領し、寒さも犇々と身に迫り来た。これからは道は全く急斜の谷の崖沿いとなっている。そしてその道も踏めているかどうかわからない。吾々はやや疲労のために前途に少しの不安を感じだしたが、何に、こんな小さな谷で囚えられてたまるものかと、先ずビスケット、菓子を噛って腹の準備をし、ややおびえた精神を、ぐっと緊張させ、疲れた肉体を鞭打って、深い新雪のうちを進んだ。雪は附着してスキーは少しも滑らない。道のはるか下の方で谷川の音が途切れとぎれに吹雪のあい間に聞こえるがもう暗い夜の領域となってはただ灰色の天地あるのみ、何者も認められない。K氏が先登に輪カンジキの痕を求めて懐中電灯を照らしつつ進む。谷は全く暗黒となり、吹雪は威嚇の叫喚を挙げて悽愴な気をただよわす。一歩一歩二貫目以上もあるスキーを引きずって進む。時間のかかること甚だしい。ただ一事吾々の大なる不安は懐中電灯の電池の尽きてしまうことと、吹雪のため、道痕の全く消滅してしまうことだった。そう云う不安を感じつつもなお一歩一歩スキーを引きずりつつ七時田中と云う貧しい村の家の戸隙を洩れる灯の光りを見とめた。

田中で提灯を借りるか、或いは案内者を雇うか一時決しなかったが、遂に案内者を雇うこととした。ここより、温泉まで一里しかないが吹雪なので壱円を要求した。輪カンジキを穿いた案内者の痕を吾々は重いスキーを擡げて登った。二十度位いの傾斜は真直にパタパタと登ることが出来る。その代り労力は数倍も要する。連日の強行につぐこの強行、しかも今日は荷の最も重い日だ。最後の馬力を出して進んだ。休憩時間が少し行くとある。真実肉体は疲労し切っていたのである。行く道と云うのは崖側の一歩を誤れば谷と云うような所なので少しも油断が出来ない。半里の間この暗の谷を突き進んで葛草連に九時十分に着き、とある人家で冷たい水を貰って、渇いた咽喉を湿し、さらに疲れて仲々もちあがらない足を鞭打って歩みつづけた。温泉の快よい湯の香の臭うほど近づいたのは十時を過ぎていた。山田旅館へゆく。始めて着いてスキーを脱すればスキーの滑走面には雪が固く板付きの蒲鉾のようになっていた。

快よい適温の透明な湯に汗になり、疲れた肉体を浸す、実に愉快である。吾々は永くこの痛快な吹雪の暗夜の強行を忘るることはできない。この事はいつでもそれを思い起こす度に、努力健闘の精神を吾々に与えて呉れることだろう。

三月十七日。小谷温泉滞在、晴。

連日の奮闘に加うるに昨夜の強行のためと、案内者の都合のためで今日はここに滞在して精力を蓄積することにした。

小谷温泉は古くより有名な温泉であるそうだ。アルカリ性の透明な湯は滝となって浴槽に落ちる程、湧出量も多い。余程の効能があるものか、この山奥の温泉も、夏には越後、信濃より来る浴客を以って充満されると云うことだ。交通は割合不便にて最も容易な道は吾々の通った道だが、鉄道線より最も近いのは湯峠を通って来る糸魚川よりの道で、乙見(おとみ)山(やま)峠を越えて来る道は最も難路とせられている。

積雪の深い山奥のこの温泉の冬は全く孤独寂寥の生活である。浴客はひとりも居ない。暗い煤(すす)けて黒光りのする柱を赤くてらてら光らせる囲炉裡(いろり)の榾火(ほたび)をかこんで宿の人々と話などをしていると、全くこの温泉の冬の寂しい、都会の混濁した空気を、煤煙を、音響を遠く隔絶した生活が沁々（しみじみ）と感じられる。午前はスキーの手入をし、午後は少し温泉の上の斜面を登って鎌池の附近で練習をする筈だったが、先（ま）ず始め直ぐ温泉の背後の斜面で滑る。温泉の人々はみな吾々の滑降するのを物珍らしげに、好奇の眼を以って、二階、三階、あらゆる窓から顔を出して凝視している。気の引けることおびただしい。また生憎、雪質は極めて不適にて、斜面も凹凸多く雪の切れた部分もあるので直滑降すら出来ない。折角衆人環視のうちで巓倒するのも見栄えがしないので直ぐにやめた。午後からは空は青く晴れ上って、雪の反射は眼に痛い。宿屋の二階の欄干からは丁度この中谷川の谷が真直に姫川の谿に開いている。正面に白馬岳つづきの乗鞍岳と小蓮華の連峰の一部が鋭く雪に輝いて威容を見せている。夕食に兎の肉のオムレツを食う。夜、来る筈の案内者が来ない。来なければなしで行くことに決め、明日は是非とも赤倉温泉まで強行するため早く眠ることとした。

三月十八日。晴。小谷温泉より乙見山峠を越えて赤倉温泉まで。

午前五時。谷にまだ夜の濃い暗黒が領している頃起きて湯に浴す。青黒く晴れた空にはまだ星のかすかな寂しい輝きがあった。湯から上って二階の欄干に立って朝の澄徹した冷気に触れながら、ふと谷の方を眺めて思わずも自分は叫んで皆を呼んだ。谷に狭く劃られた空間に白馬の連脈は朝の太陽の第一線に染められた美しい淡紅（ほのあか）い珊瑚（さんご）色の山肌を明確に背後の大空に劃（かく）している。その崇高（けだか）い姿は吾々に何らかの敬畏の念を感ぜさせずにはおかない。

朝食を終えた頃案内者が来た。昨日話のあった者である。『常』と云うのは四十恰好の日に焼けた黒褐色の顔をした大きな体軀のいかにも猟師らしい言動と身装（みなり）をした男である。柔和な顔容のうちにも眼は殺伐な猟人らしい気象[25]を見せている。他の一人はまだ二十四五の若い屈強な若者で『常』の猟弟子だと云う。『常』の云うには一人では帰途が心細いから二人雇って呉れと云う。仕方なくそれを承諾し賃銀は通常一円五十銭の所を割増して二円とし、帰り賃一日分と杉野沢村の宿泊賃を支弁することで契約した。彼等二人の猟友達である短軀矮小の矢張日に焼けた黒い頰に膏薬を貼りつけた三十位いの男が一緒に猟をしながら行こうと言って来ている。各自猟銃と日除眼鏡をかけている。

彼等は皆葛草連村の者で『常』は杉原常吉、若いのは杉原重喜、猟友は伊薬春吉と云うのである。常吉は陸地測量部[26]に雇われたことがあってこの附近の山に委（くわ）しいとの事である。

七時半。元湯山田旅館を出発する。朝の寒冷な空気は心身を緊張させて快よい。雪の状態は固く凍った雪面に細い乾いた粉雪が薄く撒（ま）かれた程積っている。滑降には最適の状態である。スキーに海豹皮を着けて三人の猟師の円い象の足跡程もある輪カンジキの痕を登る。温泉より乙見山峠の頂上までは登り三里と云うが二里程しかない。温泉を出(い)で最初は中谷川の左岸の崖側に沿うてゆく。夏道は丁度髯剃瀑(ひげそりたき)の上を迂回しているが、いまはその瀑の上は積雪のため通過に困難なるを以って、猟師等の導くままに瀑の手前で一度、谷に下った。海豹皮の着けたままで滑降したので少し具合が悪い。主に横滑りで降る。谷の流れは雪橋をなしている部分を渡って対岸の急傾斜を登る。唐檜の濃密な樹枝の間を洩れる太陽の光線に雪は純白の天鵞絨(びろうど)のような光沢をしている。雪面の下が固いので登行の際角付が困難で、ともすれば流れ易い。猟師らは雪が、固くて輪カンジキが深く埋まらないので、この急傾斜も悠々規則正しく一列に足痕を残して真直に登り切る。吾々は如何に海豹皮を着けたとて、そんなわけにはゆかない。この登りには大分彼等に遅れた。この寒気峻烈な雪のなかに、なお額に汗して登る。また愉快である。密な樹林を縫うてK氏が先登でやや登ってから休む。丁度対岸の崖の髯剃瀑を少し下に望む、瀑は可成大きなもので水は凍ってはいなかった。瀑の上の方を見上げた吾々の眼は群がる山々を圧して、丁度写真に見るマッターホルンの如き怪偉な姿をして、聳立する巨人の如き豪壮な山の姿を見た。その絶巓近くは雪も積り得ない程の悽愴な急崖となって黝(くろ)い岩壁を露出している。その下は眼に痛い程輝く雪肌が空の紺青色に劃然たるスカイラインをなしている。全く周囲の群峰を超越した征服者の観ある雄々しい、独自の姿である。早速はるか上に登ってゆく常吉に

「おおい、あれは何んて云う山だ」とそれを指示して大声で問うと、「雨飾(あまかざり)だ」と云う答えの声が谷の静けさを破って聞こえた。約百米突程登って狭い森林の間の平らな所に出た。美しい太陽の光りは雪に反映して眩い。猟師らの巨(おお)きな円い足跡はここからまた松尾川の谷へ急に下っている。その降り口は雪庇(せっぴ)をなしているので吾々はやや迂回して小さな全く雪に埋もれた沢の上を海豹皮を着けたままで降る。回転が出来ず、停止する時もスキーは急に止るが故に加速度のついた身体は前方にのめって巓倒したことが数回あった。海豹皮は登りのみの際はいいが登り降りのある際は取り脱すのも面倒故不便が多い。漸く松尾川の谷に下る。猟師らはそこに待っていた。

　これから松尾川の谷の上の緩なる勾配をしている斜面を登る。沢は全部積雪に埋もれているが処々巨きな空洞や裂罅があって清冽(せいれつ)な冷たそうな水は雪の下を潜って音もなく静かに流れて出てまたすっと静かに雪の下に吸い込まれるように流れている。

　猟師らは輪カンジキが角付と云うことが全然出来ぬため谷の最低部のなるべく平坦な地を選んでゆく。吾々は谷の両側の傾斜面をゆくようにつとめた。雪面には兎の足痕が縦横にある。猟師らは彼等の特殊な鋭敏に発達した視力を以て獲物を捜しつつ進む。彼等にあすこに兎が居ると指さされても吾々の遅鈍な視覚は白い雪面に雪白の兎の姿を発見することは出来ない。二時間程懸命に松尾川について登り、右方より小さな沢らしい浅い谷合に折れて第一回の昼飯に砂糖餅、チョコレート、菓子などを食う。この谷は恐ろしい大雪崩の痕があって、鋼鉄のように堅硬な雪塊が磊々と谷に充満し堆積してスキーにての登行には少しく困難である。このような地を通過する際はよく固い雪塊にスキーを突かけて折ることが多いので細心注意して登る。登るに従い雪面は全く凍結して角付不可能の箇所もあり、勾配は恐ろしくその度を加えて来る。遂に乙見山峠の頂上を樹間より仰げるような地点に達した時には勾配は三十度以上となり、雪崩の痕の雪塊多く特に登行困難となったので遂に一同スキーを脱し結束して背負い、輪カンジキの痕を登る。猟師らのこの急斜面を輪カンジキを以て登る熟練さには驚く。益々凍結せる箇所が多くなったのでカットステップして一歩一歩登る。自分とK氏のスキー靴はネイルド[27]してなかったのでこのカットステップには非常な努力と危険を感じた。漸く十一時、一五〇〇米突余の乙見山峠の頂上に達す。

　吾々はこの寒冷な痛い皮膚を刺すような氷雪の頂きの風に吹き曝(さ)らされながら、少時止まって漸く得ることの出来たここよりみた雄大な冬の山々の偉観を忘るることは出来ない。スキーに依らなければ決してこのような冬の偉大な景観に接することは出来ないと思う。

　最初吾々を驚喜せしめ、跪拝(きはい)せんばかりにさせたものは、遠く西の大空を劃っている眩(まば)ゆく輝いている巍然(ぎぜん)たる白馬岳連脈の超脱した崇高(けだか)い姿だった。吾々は思わずも双手をあげてただ絶叫した。あの近寄り難い森厳な氷雪の鉅壁にも吾々のスキーの条痕は印されたのだ。吾々は心の奥底に小さな誇りを感じないわけにはゆかない。

振り返って南に傍近く吾々に迫っている坊主頭の巨大な二つの峰は戸隠奥山の高妻と乙妻でその頂上近くは矢張り黝い岩肌を露わしている。またそれよりやや東に寄って大きな肩幅をした妙高の外輪壁のゆるやかな輪廓を望んだ。なお吾々は烈しい寒風のうちに佇んで、この峠の頂から松尾山へつづく山稜の雪庇の壮観と美しく日に耀(かがや)いて水晶玉のような樹氷の奇観を充分得て、手早く海豹皮を脱し、パン、菓子を嚙って下降の準備をし、十二時、猟師らの輪カンジキの痕を辿ってK氏を先行に滑降した。滑降してゆく斜面は東南面なので雪質は上層が解けて思わしくない。滑降の途中三十度近くの樹林の斜面でF君は表層雪崩を自らのスキーの震動で惹起して約三十間も滑落したが、途中唐檜の樹幹にしがみついて辛うじて止まった。それより緩なる斜面を樹間を縫って一気にニグロ川の谷まで下って猟師らに追いつくことが出来た。春吉はまだ血の滴っている兎を背中に背負っていた。先刻はるか下の谷の方で聞こえた銃声はきっとこの兎を射ったのだろう。

ニグロ川より真川(しんかわ)を渡り、笹ケ峰牧場の高原に達するまでは傾斜は緩るやかな上下をしている。美しい、唐檜、栂、山毛欅などの間を清純な処女雪を踏んでゆくときは、全く今まで経験しない冬の美(うる)わしい景観に接することが出来た。

笹ケ峰牧場、夏ならば軟らかい緑の草原の白樺の白い樹幹の鮮やかに日にかがやいているうちを放牧してある馬や牛の悠々と草を喰(は)んでいる如何にも山国的の景趣もいまはただ一面の荒涼たる雪原である。ここから望んだ焼山の巨大な回教寺院の円屋根のような壮麗な聖(きよ)らかな姿は深く吾々に印象した。驚くべく清朗な冬の青い大空の下に、鋭い白色の光輝を放っているこの宏大な円蓋の遠く雪原の果てに聳えている光景は吾々に一種宗教的の敬畏の念を起こさしめる。牧場の雪原は如何にもここが風当りが烈しいかを示して果てしもなく小さな波を打ったように捲き上りその上の乾いたサラサラした粉雪は埃のように飛散する。

焼山は白い浮雲のうちに見え隠れするが、それにつづいて火打山はゆるやかな曲線を以って焼山と同じように太陽にキラキラ荘厳に照り輝いている。牧場はニグロ川の谷に向かって緩なる勾配をなし、谷の向うには黒姫の樹の多い黒い姿が間近く見える。自分の居る処が相当の高距があるので如何にも低く見える。一三〇三米突の高距を有する牧場の事務所と云う藁(わら)屋根の小さな家に達した。半ば雪に埋もれていて、猟師でも泊ったことが最近あるらしく血の染んだ雪が戸口の近くにある。まだ焼山はその平静な姿を見せている。この事務所に小憩の後、さらにやや登って午後二時、吾々は牧場の最高点たる一四六八米突余の地点[28]に達した。そこは円い丘陵をなしていてその南に面した斜面には薄紫の煙が細く立ち昇ってた。常吉の話していた杉野沢村の炭焼がもう炭を焼きに来ていたのだ。常吉の云うにはこれから先はこの炭焼の炭俵を運搬する橇の痕がある上に、ここから杉野沢までは下りばかりで吾々が共に行っても無駄だから、今夜はこの炭焼小屋に泊めて貰って明日帰りたいと云う。吾々にもその方が都合がいいので彼等の言う通りにしてやった。彼等は輪カンジキの使用に熟練し、且つ強健にてこの附近の地理に委しく、賃銀も比較的低廉なれば吾々には好き案内者であったと信ずる。

一四六八米突の地点より杉野沢までは七五〇米突程の下りでその距離は二里に近い程なので緩傾斜をなし、谷もなく樹木も少なく一面の曠(ひろ)い雪原である。また雪の状態も極めて良好だったので吾々はこの間を今まで経験しなかった壮快さを味わいつつ滑降した。幅の狭い汽車のレールのような橇の痕を辿って野尻湖の紫色に光る鏡面のような湖面をめがけて一気に滑って行く。だんだん加速度のため身体はまるで飛んでゆくようになる。鈍い蛾の羽音のようなブーンと云う耳鳴りと高原の冷たい爽かな空気を突切って疾走するためか日に焼けた顔の皮膚も痛いと云うことを感じたのみだった。みるみるうちに杉野沢の黒い杉のこんもりした村が眼界にあらわれ、遂に村にまで来てしまう、何んだか迅(はや)く滑り過ぎて惜しいような気がした。

杉野沢村の小学校で休憩して、先生の好意でパンを焼いて腹を用意し、五時再び赤倉温泉へと向かうこととした。杉野沢村と赤倉温泉とは殆んど等しいほどの高距にあるが、杉野沢から赤倉までの間には大小十数の田切と称せらるる谷がある。距離は二里ある。しかしこの高原には吾々は皆親しさとなつかしさを感ずる程慣れていたので、少し時間の遅いのも心配せず、一つ一つ田切を越えて大きな高原の斜面を横ぎって行った。吾々の右手には、矢張りこの高原の果の関温泉に居て練習していたとき、何時も夕方見馴れていた、千曲川の谷を越えて聳えている信越国境の山々、城蔵、毛無、斑尾、袴[29]の山々の赤く薔薇色に染った夕栄えの美しい姿を眺めて、高爽な高原の空気を呼吸してゆくと疲れた身体にもまた新らたな元気が湧き出て来る。杉野沢より最初のうちの田切はみな小さく浅いものだったから一面雪に埋没していた。それ故難なく渡ることが出来たが、赤倉の黒い杉の森を遠くに見る頃にはもう太陽は山に没して雪はカチカチに固くなって歩き悪(にく)くなった。遂いに白田切に来た。谷に沿うて数町、雪橋をなしている所をさがしたが、見当らず、やむなく徒渉(としょう)することに決し、先ずスキーを脱して対岸の雪上に投げつけて置き、四尺程の雪壁をずり下りて沢を渡った。水は思った程冷たくない。対岸の雪庇をなしている所を打ち砕いて漸く登る。遥かの夕栄えの山々ももう淡紫に暈(ぼか)され、その明確な輪廓も模湖として来た。最後の郷田切に来たときは既に七時となり高原には夜の闇黒が迫って来た。赤倉の電灯の光はすぐ前に見える。しかしその間にはまた深い田切が一つある。郷田切を非常な困難と努力を費して、行手のわからない闇黒のなかをともすれば顚(ころ)びつつ漸く八時過ぎ、赤倉に着き、熱い湯に冷えた疲れた身体を浸すことが出来た。

今日はよく登り、また滑ることが出来て愉快な日だった。もうここまで呉ればこのスキー旅行も終わったも同様だ。四人は炬燵で愉快な談笑のうちにビールなどを飲んだ。

三月十三日。晴　赤倉より関まで。

もう今日は何度も通い慣れた行程なのでゆっくりして出掛ける。海豹皮をつけて一時間で赤倉丸山の肩に達し、大田切を越えて十一時、関温泉で練習していた山岳部の諸君に日に焼けた黒い顔をお目にかけることが出来た。

（「登高行」第二年、大正九年）

（1）四ツ家――現在の白馬村。表記は四ツ谷が正しい。現在のJR大糸線はまだなかった。当時の信濃鉄道は松本―信濃大町で、信濃大町―糸魚川の全通は昭和三十二（一九五七）年。

（2）雪も降り得ぬか――雪も付かない、の意味であろう。

（3）山木屋――現在の白馬館。後出の「宿の主人松沢君」は松沢貞逸（一八八九―一九二六）で、明治三十八（一九〇五）年、日本初の営業小屋・頂上山荘（現在の白馬山荘）を創業した。

（4）鉅壁――鉅は鋼（はがね）の意。

（5）海豹皮――アザラシの毛皮を使用した装具。通称シール（seal skins）。

（6）K氏――関温泉スキー講習会の講師の小林達也。

（7）小林区署――（しょうりんくしょ）明治十九

年の大小林区署官制で設置された役所で、大正十四年に営林署に、平成十一年からは森林管理署に改められた。

（8）裂罅——割れ目。

（9）御殿場——猿倉から長走（ながしり）沢を越えた杓子尾根の末端。

（10）華氏三十五度——摂氏一・七度。

（11）三十九度——摂氏三・九度。

（12）昴宿——昴宿（ぼうしゅく／すばる）のことか。昴宿はプレアデス星団の漢名。

（13）塗蠟——ワックスを塗る。

（14）杓子岳より派出する雪渓に並行している長大な山稜——雪渓は長走沢。山稜は杓子尾根。

（15）慴伏——おびやかす。

（16）磊々——積み重なって。

（17）大海濤——大海嘯（おおつなみ）。海嘯（かいしょう）は河口に入る潮の壁状の波。潮津波。bore。

（18）アイスクリーパー——Ice creeper シュタイクアイゼン、クランポン。

（19）褻瀆——けがす。

（20）テレマルク——telemark ノルウェーの地名から。

（21）三貫——一貫は三・七五キロ。約十一・二キロ。

（22）四尺——一尺は曲尺で約三十センチ、鯨尺で約三十八センチ。

（23）下り瀬——下里瀬。

（24）ステンボーゲン——Stembogen。

（25）気象——気性。

（26）陸地測量部——現在の国土交通省国土地理院の前身で、太平洋戦争終結時まで、地理の測量、地図の作成にあたった。五万分一地形図は明治二十三（一八九〇）年に国土の基本図として整備が始められ、大正十三（一九二四）年に離島を除き全国整備が完了した。

（27）ネイルド——鋲を打つ。

（28）一四六八米突余の地点——池ノ峰のことか。

（29）城蔵、毛無、斑尾、袴——関川を隔てて斑尾山、袴岳（野尻湖の北東）、さらに千曲川を隔てて城蔵山、毛無山か。

石狩岳より石狩川に沿うて

時日。大正九年七月二十一日より同三十一日まで。

行程。旭川―美瑛（ビエイ）駅―松山温泉―クヮウンナイ―トムラウシ―ヌタプヤムペツ―石狩川―石狩沢―石狩岳―ユーニイシカリ岳―ユーニイシカリ―石狩川―ホロカイシカリ―大箱―層雲別（ソーウンベツ）温泉泉―留辺志部（ルベシベ）。

案内者。成田嘉助（旭川）高橋浅市（ノカナン）

同行者。田中三晴

ただ板片を集めて組み立てた様な極めて粗造の小舎造りの浴舎の古新聞紙を張りつめた板壁で囲まれた室のうちで自分は鈍いランプの火光の下にある自分の姿を見出した。そして大都会の華美な灯影とその雑然たる騒音とを遠ざかってから、この松山温泉[1]にまでの遠く長かった道程のうちに走馬灯のごとく自分の眼に映ったさまざまの事象を想い返してみた――暑苦しかった車中。甲板から望んだ津軽海峡の碧い、おだやかな海面とそれを乱して跳ぶ海豚（いるか）の姿。函館の明るく涼しい夜景と露西亜（ロシア）語の招牌（かんばん）。札幌の整然とした街衢（がいく）の構成。旭川の祭の夜。貧しい美瑛忠別の開墾村の光景などが、順を追うて頭に浮かんで来て、今更ながらずいぶん都会を遠く離れて来たものだと沁みじみ感じられた。しかしなお自分はこれらのものから遠ざかって、ただ岩と雪と樹とのみの世界へ深く這入り込むのだ。この松山温泉は人事の世界の最後の地点なのである。

繊維の剛い野生の蕗の漬物と味噌汁で晩食を終えた後四人は車座になって、改めて明日から始まるべき行程に就いて協議した。大略の行程に就いては既に旭川の成田嘉助には通知して置いたのであったが、詳細な行程は直接協議しようと言うことになっていたのである。

成田嘉助は多年北海道の山岳、特にこの中央高地の山岳に研究されし小泉秀雄氏[2]に従行し訓練された者で極めて立派な案内者たるの資格を有している。小泉氏の御紹介である。また高橋浅市は同じく小泉氏及び札幌の登山家五十嵐成八氏の御紹介で両氏と共に多くの登山をし、石狩岳に従行したことがある。強健な巨きな体軀と快活な気質の所有者である。

行程は種々協議の結果、一昨年（大正八年）[3]始めて小泉氏の溯られたクヮウンナイを矢張り溯り、トムラウシ火山彙の最高点トムラウシに登り、化雲岳を経てヌタプヤㇺペツを降って石狩川の源流に達し、それより石狩沢を登り、石狩岳よりユーニイシカリ岳まで山稜を縦走してユーニイシカリに沿いて再び石狩川の本流に達して奥山盆地を石狩川に沿

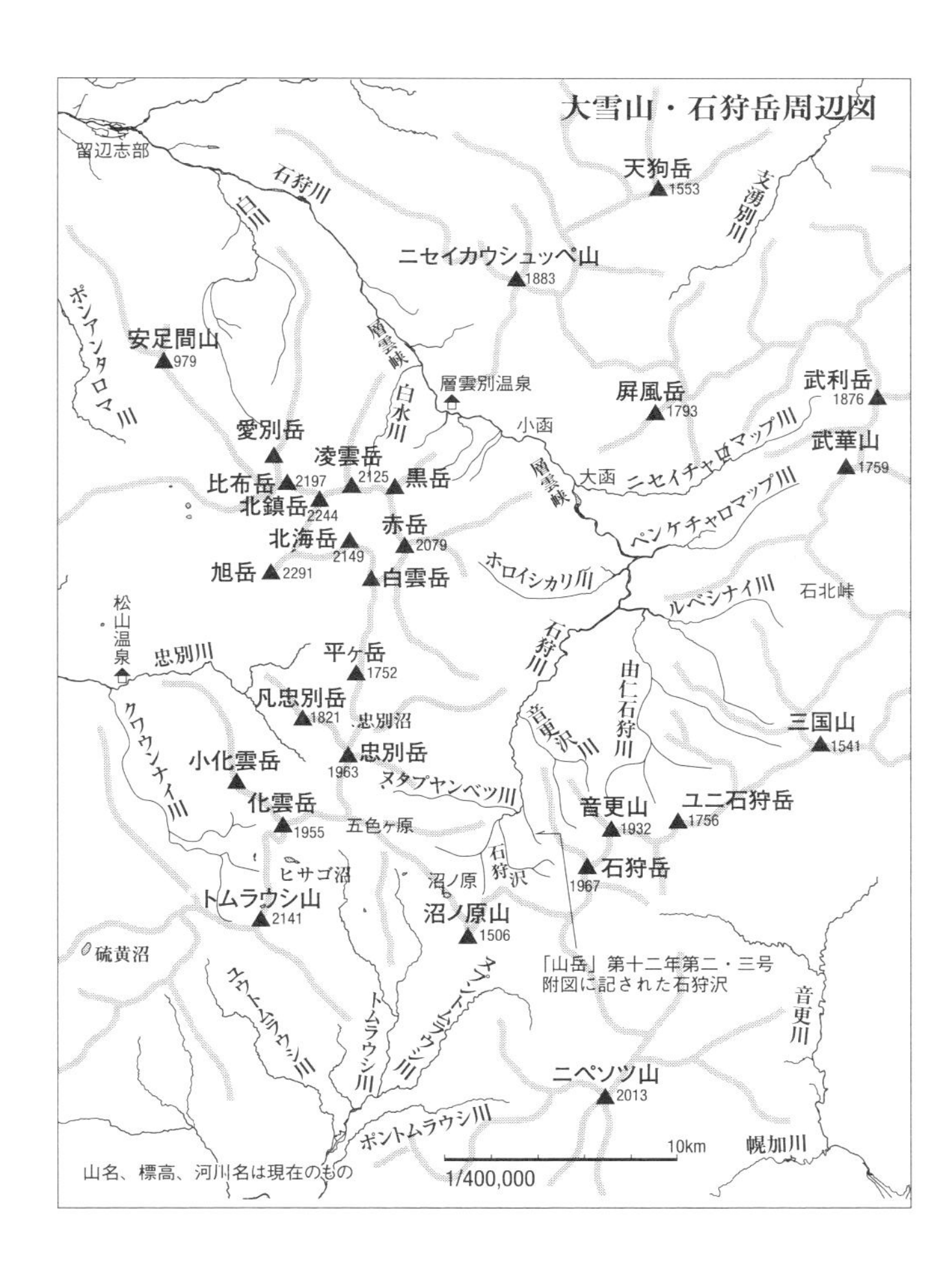
大雪山・石狩岳周辺図
留辺志部
石狩川
白川
天狗岳
1553
支湧別川
ニセイカウシュッペ山
1883
ポンアンタロマ川
安足間山
979
層雲峡
白水川
層雲別温泉
屏風岳
1793
武利岳
1876
小函
ニセイチャロマップ川
武華山
1759
愛別岳
凌雲岳
2125
黒岳
比布岳
2197
北鎮岳
2244
層雲峡
大函
赤岳
2079
北海岳
2149
ペンケチャロマップ川
ホロイシカリ川
旭岳
2291
白雲岳
ルベシナイ川
石北峠
松山温泉
忠別川
平ヶ岳
1752
石狩川
由仁石狩川
凡忠別岳
1821
忠別沼
音更沢川
三国山
1541
クワウンナイ川
小化雲岳
忠別岳
1963
ヌタプヤンベツ川
化雲岳
1955
五色ヶ原
音更山
1932
ユニ石狩岳
1756
石狩沢
石狩岳
1967
ヒサゴ沼
沼ノ原
トムラウシ山
2141
沼ノ原山
1506
硫黄沼
「山岳」第十二年第二・三号
附図に記された石狩沢
ユウトムラウシ川
トムラウシ川
音更川
ニペソツ山
2013
ポントムラウシ川
10km
1/400,000
幌加川
山名、標高、河川名は現在のもの

いて層雲別温泉[4]に達してそこで予め送って置いた食糧を以ってワツカペケレペツを溯ってヌタクカムウシュペ[5]の北鎮岳、比布岳永山岳を経てポンアンタロマプ[6]よりアンタロマプを降り留辺志部[7]に到って終わるべき十二日間となった。

行程の定まった後でまた一時間程は荷物の分配整頓で忙しかった。食糧はどうしても十日間を携えて行きたいのだが、我々と案内者の四人では到底それだけのものは背負い切れないので仕方なく一週間分とした。それでも荷はなお余る。兎に角未だ未知の行程が四日間あるので自分はただその点が果たして四日で行けるか否やに就いて充分な確信がなかったから食糧は充分にして行きたいと思って居たのである。しかし「なに米が無くなりゃあ、イワナでも蕗でも食って二日や三日は歩けるから」と言う浅市の事もなげな快活な言葉に強いて自分は胸に充ちていた不安を打ち消してしまったのであった。

すべての準備を終えて寝る前にもう一度湯に浴するため外に出た。湯槽は忠別川を渡った向岸にあるのである。空には星が晃めいて明日の天気の好いことを予報して呉れる。呼吸する夜気の冷々するのは流石に山の温泉に来たことを知らせる。終日烈しい日光の直射と重い荷に虐まれた身体の疲労を岩を抉って造った浴槽の内で適温の湯に浸りながら医した。湯を上ってから寝るまで山の話が、ランプの下でなお続けられた。嘉助も浅市もいかにもその打解けた、素朴な顔を輝かせながら、どこか東北訛りの言葉で、山のことや、アイヌのことを語り聞かせて呉れる。二人とも山を歩くのが、大好きだと言う。外にもっと多く出面賃[8]を貰える仕事があっても矢張り好きな山仕事へ来るのだと云う。自分は心からこのことが嬉しく思われた。そしてこれらの素朴な山人と共に生活することの出来る明日からの日を愉(たの)しく思った。山へ行くと言う前に何時も感ずる一種言い難い昂奮はなかなかに自分の疲れ切った身体を眠らせず、何時までも忠別川の流音を耳に停(とど)まらせた。

クヮウンナイを溯って

七月二十二日。天気は好い。しかしまだ早いので谷から見える両側の絶壁には日は射していない。六時五十分に温泉を出発して、少し温泉より下流にあるクヮウンナイの合流点まで二回徒渉していよいよクヮウンナイをその源泉まで溯りつめることになった。リュックサックの重さが肩にこたえる。「Kuwa un nai とは杖川の義にて険阻なれば杖に依りて登るべき所との意義を有せるなり」と書かれた小泉氏の記述を想い出して皆各自に手頃な杖をと河原の流木のうちからさがし出して手にした。直ぐ冷たい水の中を進む。両岸は迫って急崖が多いが決して「険阻」ではない。川床を行き、岩壁をへつって行った。岩の上の濃緑の蘇苔(こけ)は踏む足裏に柔らかい触感を与える。八回徒渉して八時に磧(かわら)の広まって右岸より沢が合流している地点に達した。沢はポンクヮウンナイである。バロメーター[9]を見ると気圧七六七米突(メートル)五九七であった。小憩の後再び溯るに従い両岸は展(ひら)けて川幅も広く磧(かわら)の白色は日光を反射して眩しくなって来た。カワヤナギその他の雑草の叢生した所、熱く焼けた石の上、柔らかい砂地を進む。磧のうちに残留した水面には空の静かな雲の姿が映っていたりする。浅市が、イワナがたくさん居ると言ったけれど少しも居そうにもない。彼自身も不思議だと言っている。何でも以前は釣り間に合わない程居たそうだ。もっと上へ行けばその時泊ってイワナを焼いた串がたくさんに残っている筈(はず)だと云う。去年（大正八年）の十月にこの上流のヤナギ（ドロヤナギ）の大きいのは皆伐ってしまって流送したから川が荒れてそれでイワナが居なくなったのだと暫(しばら)くしてから想い出したように説明の言葉を洩した。荷が重いので暑い。クワウンナイは同じ様な景趣を続けている。この辺まで来れば必ず釣れると浅市の保証した地点に来たので丁度昼時分なればと休んで飯盒(はんごう)に茶を沸して昼飯にした。荷を置くや否や早速釣道具を出し、カワヤナギの細枝を釣竿にして上流へ跳びながらゆく。余程釣好きらしい。田中君も大の釣好き、「石狩川でうんと釣ってやるぞ」と愉(たの)しみにして居るらしいが、釣の真味を解しない自分もそんなことには没交渉に飯盒から頻りにパクついた。三四寸のイワナ三尾を手に提げながら浅市が「ほんとにいないぞ」と囁(つぶや)きつつ帰って来た。森林の乱伐は斯(か)くの如く間接的にまで自然を損うものかと森林保護の必要を強く胸に感じないわけにはゆかない。

わずか上流に進むとドロヤナギを削って「七月十三日魚釣り五人組渡川是従上流三里半在」と記してある。これに依ってクヮウンナイも決して上流まで人跡の稀れでないことを知った。溯るに従い漸く乱伐の痕の傷々しい姿が両岸に現われて来る。急傾斜の森林地は皆伐採のため崩壊して、とり残された若木は根こそぎに薙倒されて川床は巨岩累々としている。人間の置いた森林乱伐と言う小さな破壊に端緒を有する自然それ自身の破壊力の狂暴さ。その「破壊」の姿の大袈裟には大きな驚きと怖れと深い悔いとを人間は懐かざるを得ない。剝ぎとられたように崩れた急崖が両岸に続いて右岸にまた小さな沢が合流している。忠別岳の爆裂火口より発するものらしい、(山岳の附図のこの附近は誤りにて後小泉氏の訂正があった)。上流の化雲岳もトムラウシも見えないが横岳一八四〇米突のカルデラには高く、真実「白糸の如き」と言う形容詞に相応した細い一条の瀑布が鮮やかに見える。

クヮウンナイはここに到って左に急角度に屈曲している。巨石の乱積された上を伝わる時、浅市ののった巨石が、不安定であったのでグラグラとゆるぎ出したため荷を負ったまま巨石の間に倒れて石に足を挟まれた。苦痛の叫びに驚き早速岩をずり動かして引き出すと幸いに大した事もない。跛足を引きつつ剛気なだけに「弁慶の泣き処」と言いながら随いて来る。前方には始めてクヮウンナイが滝となっているが高さは三間位いである。ここから「滝の瀬十三丁」は始まるのだと嘉助が教えた。小泉氏が命名した処で邦内に比較なしとまで激賞されて特に自分にも是非行くように推称された処である。

　この滝を劃然（かくぜん）たる境界にしてクヮウンナイは下流の傷ましい荒廃した光景から全くユニックな河相を展開している。安山岩の少しも大きな凹凸のない河床を一杯に清冽な水は無数の白泡を浮かべ飛沫（しぶき）を跳ね飛ばして淙々（そうそう）とした音を立てて流れてゆく。ただにその河床は数町にて終わらず、屈曲して河身の見えない処までつづいている。潺々（せんせん）たる水、瑠璃玉のような水泡、すべてが河床を辷（すべ）るように流れてゆく。我々はこれまでの尖々（とげとげ）しい感じはこの明媚な秀麗な景趣に洗い流されて一種の幽趣を帯びた、まるで南宗画にあるようなこの景図のうちを歓声を挙げつつ進んだ。河床は少しも滑らずしっかりした歩調で歩く足先に水は激してそのくだける飛沫は細い霧となって冷たく顔へかかる。水泡の中、岩の上、蘇苔を踏んで溯ってゆく。緩傾斜をしていて処々は低く滝になっているが容易に登れる。屈曲する河の行手にまた同じような光景の顕（あら）われる度に双手を挙げて不用意な歓声が洩れる。すでに十数町もこの美しい瀬がつづいて、クヮウンナイは左右に分れている。両方共に数丈の滝となって、日蔭に始めて残雪を発見した。時に午後二時。標高は一一六二米突。左の滝を登れば前面は再び同じような画のごとき光景が展開された。滝の瀬はまだ続いている。小泉氏は「滝ノ瀬十三丁」と称されたが、事実の距離はそれ以上のようである。明るい軽い気持で遂に滝ノ瀬を過ぐるとクヮウンナイは再び以前のような平板な、しかしもう人間の破壊の手の及んでいない深山の渓流の姿をしている。

四時十五分。標高は一三〇二米突。今日の荷の重いのと浅市の負傷で予定地より手前の右岸で野営の準備を始めた。二挺の鋸はガンピ(10)の大樹を数本も伐り倒す、二挺の鉈(なた)はカワヤナギ、ナナカマドなどの雑木を伐り払って開墾をやり、手早く天幕は張り渡され、その中には直径三尺以上もある大蕗の葉が柔らかそうに蒲団代りに敷かれる。思い切って積み重ねられたガンピの焚火はもう白い樹皮がペロペロと赤い焰(ほのお)の舌を出して燃え上っている。都会にいるものの想像もつかないような大きな焚火、土の寝床、新鮮な空気、渓流のせせらぎ、何等のこだわりもない、自由な山の生活は始められた。

濃い闇が全く四辺を閉じた時分、我々は焚火の周囲に、顔を焰に赤く照らしながら動けなくなるなるまで食い且つ飲んだ。終日歩き疲れた身体をめいめいが蕗の葉の上にごろりごろりと横たえたのはそれから直ぐだった。

トムラウシ岳

七月二十三日。晴、暗いうちから起きて準備し始めて皆荷を背負ってしまったのは七時だった。

クヮウンナイを溯り始める。もうかなり水量は減少して源流近くなったことが解る。七時三十七分に左右に流れは分れて左は二段になった十丈以上の瀑布になっている。右も同じような瀑布だが高さは低い。谷深く日のまだ当らない処が多いので一種陰惨な感じが谷一杯に充満している。浅市が「オヤジ」の足痕(あしあと)がたくさんにあると近づいて来てそっと囁(ささや)くので一層気味悪くなり、思い出したように田中君がリュックサックから羆除(ひぐまよ)けのラッパを取り出して吹き鳴らす。その明るい朗らかなラッパの音が、谷の朝の静寂に大きな破綻を強いる。丁度左右の瀑布の中間の樹林の密生した急斜を登る。「オヤジの痕を登るんだ」と先登の嘉助が言う。成程、柔らかい土、蕗、雑木を薙ぎ倒し、踏みにじって通った荒々しい痕は流石に「オヤジ」と言わるる『森の主(あるじ)』の仕業と思わせるに充分である。ふと動きもとれぬ位いに密生した繁みのうちで摑んだ樹皮に自分は鋭い刃物の年月を経た、古い伐痕を発見した。こんな所にもなお人間の通った足跡のあるのに、軽からぬ驚きが胸を打つ。嘉助に誰れが通った跡だろうと尋ねるとアイヌの「タシロ」[11]の痕だと言った。手負いの羆の森蔭深く遁(のが)れゆくその血に滲んだ足跡を執拗に追いつづけてこの深く暗い榛莽(しんぼう)[12]の間を分けて、またそのうちに隠れて行ったアイヌの落ち窪んだ眼窩の底に光る柔和な眼光、隆く秀でた鼻、半顔を埋めたその漆黒の深い頬髭などをまざまざと思い浮かべてみた。

登り切って再び左の瀑布の上に出て、水を伝わってなお続いて行く。もう水はささやかな流れとなってその陰湿な水辺にはイワブキ、ヤチブキが朝露に濡れて生い茂っていて、樹林を洩れる朝の強烈な光りに鮮やかな輝かしい緑色に反映している。水の絶えるまで辿りつめて、十時には遂に鮮麗な緑のうちにイワイチョウ、ハクサンイチゲ、チングルマ、イワカガミなどの咲き乱れたトムラウシの高層湿原の一角に達した。標高一四八七米突(メートル)、気圧六五二、温度華氏六八度[13]であった。この湿原から熔け爛(ただ)れた熔岩の斜面を飽きる程登ってトムラウシと化雲岳との鞍部に達し、三個の火山湖の傍らを通過して十二時トムラウシ山下の北面の大残雪に着いて重い荷を下して昼食にした。標高一八二三米突、トムラウシの絶巓(ぜってん)はなお二百米突以上の高さを以って聳(そび)えている。（この附近山岳附図は全く地形が相違している）

　昼食を終わって浅市を独り残して皆トムラウシの絶巓を究め様と登り始めた。百米突も登ると一個の火口湖（小泉氏は代表的な火口湖だと言っている）がある。無気味な感触を強いるその暗紫色の湖面に下って見れば、水面にはあの醜怪な姿の「サンショウノウヲ」が無数に群れ泳いでいる。幾百世紀もまだ以前――我々の数の観念を超えた――から死滅と創生の繰り返される度毎にそれぞれ新しい世紀に適応しつつ存続して来たこの小さな生命力の執拗さには平常(いつも)ながら一種の感慨を胸に呼ばずには居られない。

更に熔岩の堆積を登ればトムラウシの頂上の旧噴火口壁に達する。西側の最高点には三角櫓（やぐら）が立っている。一時十七分に三角点を踏んだ。櫓はまだ完全に風雨に曝されながらもその形を保っている。側（かたわ）らの岩には白ペンキで「山一二一二四」と算用数字で書かれてその傍らに落ちて居た杭には「大正六年九月二十三日、美瑛岩田藤吉、山田万四郎、田中繁太郎、高橋長正」と記してある。測量部の人夫などの書き残して置いたものらしい。櫓の上に登って恣（ほしい）ままの展望をした。そこから得た山々の大観は自分には極めて印象深い山々の展望の一つであった。中央高地のあらゆる山々はすべて皆視圏のうちに入ることが出来た。

北に肩を張って尊大な姿を蹲踞（そんきょ）させているヌタクカムウシュペのその豊富な残雪は輝かしい日光に反射して強烈な光を放射しているが、その一つ一つの峰を指点することは出来ない。その右にニセイカウシペ[14]から続いて力強い外廓線を描くのは北見岳[15]からつづく無加[16]、三国、オトプケ、ユーニ石狩、石狩岳、ニペソツの連亙（れんこう）[17]で、特に石狩とニペソツは雄々しい波状線を表わしているが遺憾なことにはこの大山脈には残雪の光輝のないことである。わずかに石狩岳の深い襞（ひだ）に二条の細い銀線が象嵌（ぞうがん）されているのみだ。奥山盆地の暗緑のうちに更に濃厚な一線が貫いているのが石狩川の本流らしい。石狩山脈を越えた彼方に孤立してユクリヤタナシ[18]が端麗な容姿をその標高の割にしては高く透明な空を背景に浮き出して見える。

　オプタテシケ火山縦列はここでは丁度その縦列を縦に望むので皆重なり合って高さを競って見える。オプタテシケの尖鋭が特に眼を引いて聳立して、その半腹から一線に引かれたオプタテシケ高原は全部暗緑の針葉樹に蔽われている。裾野の完全に発達した、大らかな暢びやかな線は火山の特有するものである。その柔らか味のある曲線の並行美をこのオプタテシケは有っている。針葉樹の海の様な十勝川流域の曠茫たる暗緑の表面には、ホロカ十勝岳が孤島のようにその影を浮かべている。そして西の空には雄渾な波状線を劃して聳えている夕張山脈の上には白く熱したような夏雲が集団して、その間を洩れる強い光線は洪水のごとくに上川平野にふり灑いでいる。

　眼をトムラウシの周囲近くに集めて田中君が銀盤のように光りを反射して晃めいている数多い湖沼を数えている。十一個あったとか。

　再び以前の処まで火山礫、熔岩の上を跳びながら降り着いたのは一時間後であった。この間焼け爛れた溶岩のうちにコマグサ、タカネスミレ、ウルップソウ、ミヤマキンバイなどが種々の艶美な色彩と姿態を点彩してその短いシーズンの絢爛さを競っている。空しい熔け残った熔岩の無限の荒寥のうちにこの美しい小さな生命の発露、神秘な、吾等の思考し得ないこの自然の対照の姿、御花畠と熔岩礫野とが点綴して続いている。アイヌ語で

Tom ra ushi が「花、葉、場所」を意味すると言う[19]ことだが、全くその麗わしい名に背(そむ)かないことを始めて知った。降り続けて一つの青紫色の無気味な光をしている沼に達した。残雪が岸の一部に輝いている。この沼があの大河、十勝川の真正の水源の一つをなしているらしい。沼を左に迂回して小隆起を越えると更にまた一つ前と同じような色をした沼がある。地形が地図と符合しないのでよく歩いてゆく位置が解らない。右手にずっと低く降って見える濃淡交錯した緑色の高原には青ぐらい鏡面のように光りを反射している沼が二つ如何にもその高原の眸(ひとみ)かのように見えて、その東端近くの緑の錯綜したうちには三角櫓が小さく鮮やかに白く光っている。漸(ようや)くそれが沼原山と地図にある地点だと解った。少し右手に寄り過ぎた様に思えたので左に寄り気味に、確かにあると小泉氏が言われた十勝と石狩の国境の標木と切明けを捜しつつ北に、大きな雪田、湿地、草原を踏んで行った。左手に登り切った時突然全く戦慄を禁じ得ないような急峻な大断崖の上へひょっくりと出てしまった。化雲岳の爆裂火口壁の上だなと直(す)ぐに感ずると地形はやや解って来た。そして直ちにまた国境の標木と切明けを偃松(はいまつ)の繁茂のうちに発見したので先ず一同の安堵の胸は撫で下された。時間は四時半であった。そして振り返って見ると背後のこの火口壁に沿うた高処に三角櫓が小さくしかし明瞭に、オレンヂ色に燃えている夕照の空に浮き出したように見える。「ああ化雲岳とはあれだな」と自分は心のうちで頷いた。

切明けは深い偃松のうちにかなり明瞭につけられてある。嘉助が先になってそれを見失わないように辿ってゆく。偃松の強い樹脂の匂いを嗅ぎながらあの蒼黒い波のなかを泳ぐようにしてゆくとき、「山の香(にお)い」は自分の心と体とにしんしんと滲み渡る。切明けは火口壁に沿うている。そして羆の足痕が夥しくある。羆も偃松の中を泳ぐのは嫌とみえる。突然に後から浅市が先にゆく嘉助に「ブシ矢を注意(きおつけ)ろ、ここはオヤジの道だぞ」と怒鳴って警告を与えた。アイヌはよく山頂付近に羆の通る道を覘(ねら)って彼等特有の「トリカブト」の樹根より製した毒矢の仕掛罠をかけていると言うのである。「ブシ矢」は道庁よりアイヌにその使用を禁じているがしかしここらでその禁令は行なわれていはしないだろうとの説明を得て初めて了解を得た自分の心はそのプリミチーブな狩猟法にも強い興味を惹かれないでもなかったがしかし「ブシ」の毒矢に対する恐怖は一層自分の心を悚然(しようぜん)[20]たらしめた。無気味な気持で絶えず周囲に警戒の鋭い瞳を輝かせつつ嘉助の偃松のうちに見え隠れする姿を追って行った。

切明けが火口壁を離れた時、そこから低夷(ていい)[21]して居る緩傾斜の曠(ひろ)い、偃松の点綴した山稜の草原が眼下に展開された。それが一度低まり再び高まった処が即ち忠別岳なのであろう。その最低鞍部からはヌタプヤムペツ[22]が発する筈である。今度は切明けを辿らず、草原を一直線に貫いてその鞍部の顕著な残雪を目がけて下った。

草原に出るとそこ一面は痛々しくも黒い土が、掘り起こされ草の根がむしり散らされてある。その痕のかなり時日を経過していることが、掘り返された土の表皮の白っちゃけて日に晒されて乾燥しているのでも了解出来る。「おうおうオヤジの畑だ」と嘉助がこともなげに言い放ちつつ進んでゆく。これは去年の秋に羆が草の根を掘り起こして食った後だと言って浅市が後から説明して呉れる。その荒涼たる光景には何んだか人間などの来るべき場所ではないように思える。遁(のが)れるように又暗い深い偃松の樹蔭へと分け入った。偃松の繁茂の間からこの時隠見した石狩岳の夕映に火焔(かえん)の如く染まった山肌が大空に描いたその剛い、荒々しい外廓線は永く忘れ難いものであった。長い雪田を渡り、漸(ようや)くヌタプヤムペツが一間近くの幅となっている岸の軟らかい草原を野営地と選定した時はもう奥山盆地は迫り来る果てなき闇の底に沈んで、なお石狩岳の尖端のみがただひとり地平深く沈んだ太陽の余照を紅く保っている。六時一七分であった。一五七六米突の標高である。蒼茫とたそがれてゆく薄暗のうちに野営の準備は行なわれた。ガンピの白い樹幹が対岸の闇のうちに伐り倒された。そしてもうそこに赤い焚火の上にかけられた飯盒がプープーとふいている。夕食を食い終わってからなおこの野営地は高いので、夜の冷気に対するため伐り残されたガンピの樹幹を皆で運んだ。星が燦然として晃(きら)めいている。天気の続きそうなのが何よりも嬉しい。風の来る北西、忠別岳の方角に天幕を張り、出来るだけ焚火に近づいて寝た。

七月二十四日。晴。

眼を覚まして天幕より出ると、もうそこは朝の新しい生々とした光線が輝かしく露ぶかい草の葉に閃めいていた。昨日は闇のうちで気づかなかったのか草原の軟らかい緑のうちにはハクサンイチゲの鮮かな白色が同じく一杯に露に濡れて、心なき我々の足に昨夜踏みにじられたものはなお起き上り得ないでいる。石狩岳の長大なる連亙は沈んだ暗紫色に、奥山盆地の暗い緑と明るい緑とがはっきりとそのうちを流るる水脈の景図を示している。すべてのものが喜ばしげにいきいきとしている。六時三十分に出発して、ヌタプヤㇺペツの冷たい流れに導かれて石狩川へと降っていった。流れは緩やかに日に映じつつ流れてゆく。両岸にはガンピの白い樹幹が浮いているように見える灌木の叢林である。今日はいよいよあの暗いトドマツやエゾマツの陰鬱な原生林に蔽われた、人跡の稀れな盆地の深い寂寞のなかにゆくことが出来ると思うと自分の心は不可見なある何者かに依ってそこへ誘引さるる如くに、滑って歩き悪い川床も自分の足は導かるるように軽く跳びとび進んで行った。暫くすると次第に傾斜は角度を増し、水量も増加して水声が高くなって来た。両岸は処々赤褐色の急崖をなしている。遂に小さな滝があった。灌木林が深く密生している。つづいて滝が六七箇所程ある。両岸は何時の間にか灌木帯から針葉樹に入っている。始めて自分はこの北地に特有のトドマツとエゾマツの強烈な樹脂の漂う、暗緑色の薄暗い樹蔭を歩くことが出来たのである。浅市にこの両樹の区別などを教わりながら、容易に倒木や流木を伝い、跨ぎ或いは足場として滝を下りつつ行った。ある処は高く凝灰岩の痛々しい崩壊の痕が暗緑の周囲の色彩のうちに日に映じている。更に進むと又一つの滝がある。今までのうちで最も高そうで、且つ降るには少し面倒である。嘉助と田中君は右手の灌木の叢生した急崖を迂回し、浅市と自分が階段のような滑り易い岩を伝わって降りた。小泉氏の「上ること一里ばかりにして一飛瀑あり、高さ三四丈瀑側は皆安山岩の柱状節理の材木岩にて成り、全体は褶曲作用を受け湾曲して褶曲の方向を明示せるは地学興味深かりき」（山岳十二年二、三号一七五頁）[23]と記述されたものであろう。

滝を降りて更に進むうち、ヌタプヤㇺペツは著しくその水量を増して、処々に小さな河原などが表われて来た。とある河原の砂地で自分たちはヤナギの細枝の鋭利な刃物で伐り払われた、まだ生々しい切口を有ったのを発見した。そして更に見廻した視線は砂上に明瞭に指痕まで印された乱れた人間の足痕にぴったりと吸い寄せられた。「今朝オヤジがここを通ったぞ」と浅市が怒鳴る。ここで言う「オヤジ」とは今までの様に羆のことを意味するのでなく、アイヌのことを言うのである。また水流に沿うてゆくうちに処々アイヌの足痕が見出される。流れは極めて緩やかになって両岸を蔽う針葉樹は益々流れに近寄って、影深い暗緑の繁茂の裡には盛夏の強烈な日光がその僅かの間隙から洩れて黄金色の斜線を曳いている。また河原にアイヌの足痕が乱れていて、白く晒された石の上に焚火の痕とイワナの腸が蕗の葉の上に載せてある。イワナを釣りつつ降っていったらしい。なお少時行くと流れはもうかなりな深い淵などを形成して、その清澄な水のうちにはイワナの魚影が無数にある。「どうだ少し上げてこうや」ともう釣狂の浅市は早速荷を下し、ヤナギの小枝を伐り払って釣竿として釣鈎をつけて、垂れ始めると直ぐにイワナの銀鱗が跳ね上げられる。見ていても面白い程だ。田中君もやり出す。忽ちに自分と嘉助のそれを持つ両手が重くなる程に釣れたが、あまり大きなのはない。何時まで釣っても、きりがないので降りながら釣ってゆくことにした。淵と河原の交互に連続している処、背丈よりも高い「蕗の林」とでも言いたいような処などに微かなアイヌの足痕を辿って行くと、その足痕は流れの両岸に亘って縦横に印され、遂にその入れ乱れたいろいろの足痕から犬を伴れていて、明らかに羆を追いつつあることが解った。無気味ながらも、また一面我々の避け怖れている恐ろしい野獣を追いつつあるこの北方の原始的な異種族の姿にも早く接し度く思った。こうして同時にこれらの羆とアイヌの足痕を辿って行くと、全るでこの二つの足痕の所有者の間に非常な距離の介在するものとは思えない。この両者を同じく「オヤジ」と言う称呼に含めているのもそんなに無理なことではなさそうだ。

ヌタプヤムペツはもう極めて緩やかに、陰惨の気を瀰漫させる針葉樹の暗い樹蔭の間を静かに迂曲して流れ始めて、それが漸く盆地に降りて来たことを語っている。白い川床の一隅に昼餉をすることにして、先に釣ったイワナを塩焼にして、蕗の葉の大きな緑の盆に盛る。豪遊なものだ。

再び流れを左右に徒渉しつつ進む。もう本流と合することは間近かであろうと思いながらも、正確な地図のないため明瞭な距離は解らない。ただ川幅が非常に広くなり、分流を生じてそれが暗い樹蔭に日に輝きながら流れている。アイヌの足痕も分明でなくなった。熱く焼けた磧や、冷たい浅い川床、静かに矗々[24]と立つ樹の下影を過ぎて、昼餉後二時間近くも歩いた時、偶と対岸の暗緑の厚い壁のような樹立のうちに、樹皮の白く剝ぎとられた樹幹を見出したのでそれに近寄って見ると、正しくたった今剝いだばかりらしく、まだ粘っこい樹液が滴っている。それは何かアイヌが地中に隠匿したものの後に捜すための目標らしい。アイヌは僅かの先にゆくらしいので直ちにその痕に従って、流れに沿いつつ暗い樹蔭を急ぐとだんだん前面が明るくなって、樹幹の間に何かしらきらきら輝いている。馳けるようにしてそこへ近づいて見るとそれは広い大きな冷やかな河面だった。石狩川の本流であった。これまで幾度かあらぬ想像と強い憧憬を以って胸に描いたことのあるこの盆地とその核心を流るる石狩川の水脈の人知れぬ姿を、今眼の前に置くとき自分の胸は抑え切れぬ喜悦に躍らざるを得ない。

　ふと眼をやった丁度ヌタㇷ゚ヤㇺペツが石狩川と合流する対岸の陰湿な樹下の雑木の繁茂した間に、耳の尖った黒い獣の動く姿をちらとみたので、覚えず悚然（ぞっ）としたが、よく凝視（みつめ）ればそれは黒い大きな犬だった。犬の奴も不思議な面持で彼の主の他におそらくは見たことのない人間の姿を凝視めていて、平常いつもの羆を見出した時のように唸ることも吠えることも忘れた様にじっとしている。浅市が「こりゃあオヤジがいるぞ」と言いながら、声一杯に「オヤジ、オヤジ」と連呼すると、上流の森蔭から見えない姿が「オウ」と答えて、長く伸びた頭髪の上に鉢巻をして、髯（ひげ）の濃い眉の太いアイヌの顔が現われて此方へ近づいて来る。そして矢張り犬と同じ様にこの彼等の世界の闖入者の姿を凝視していたがやがて軽く黙礼してその深い眼窩の底に湛えられた眼の柔和な稚気のある光りのように、温和な調子で、途切れとぎれ浅市の急迫な質問に濁音を混えない片言の日本語で答える。

　なんでも彼は忠別岳から狩猟をつづけてヌタㇷ゚ヤㇺペツを降り、今朝から新しい羆の足痕を追っていたが、犬が先に行ったため逃げられたので、今晩はここで泊るのだと言うことだった。話しているうち対岸よりまた年老いた、腰に「タシロ」と「マキリ」[25]を帯びたアイヌが、手に釣竿を持って現われて此方へ来る。そして同じく自分たちに会釈はしたが言葉が話せないか黙っている。この二人が仲間である。

早速前の一人に自分たちの未知の行程である石狩川のことを問いただすと、下流まで下ったことがないから知らないと言うので落胆したが「これから三つ目の沢にうちの若い者が羆とりに来ている」と言って呉れたので幾らか行程に対する不安は除かれた。最初自分は此人跡離れた盆地のうちで自分たちより他にシャモ[26]は勿論アイヌにも決して会うことはなかろうと思って居たが、こう深くまで彼等の足跡が及んで居ようとは予期しない所だった。しかしまた同時に鬱然としたこの原始のままの大森林の暗いなかに、深い草莽（そうもう）を分けて鳥獣の群を追い、或いは魚を釣って少時ずつ水脈のほとりに淹留（えんりゅう）[27]しながら、何等の強いらるることのない彼等の祖先のしたと同じ様な生活をいまなお続けているこの絶滅に瀕した異種族の生活を窺（うかが）い得るのも決して浅い興味ではない。

アイヌと別れて合流点より左岸の林中を下流に沿うて少時降ると対岸に小さな沢の再び合流するに遭った。これが石狩沢[28]である。少し時間が早いがこの石狩沢と相対した河畔の林中に野営することにしてまた直ちに樹は伐られ、下生えの雑草が刈り払われて、青い焚火の煙りがもう参差（しんし）した樹枝の間隙から青く澄んだ空に立ちのぼっている。時間は三時四十分であった。天幕を張り終わると、浅市と田中君が連れ立って夕餉の蕗の葉の食膳を賑わかすため、例の如くにイワナを釣りに川へ下りてゆく間、自分と浅市は飯盒に米をとぎ、それを炊きつつ待った。なかなか帰って来ないので自分も出掛けてみると二人とももう夢中に釣り上げて絶間なく川面には銀鱗が閃(きらめ)く。よく水の面を凝視めると殆(ほと)んど真黒とも言いたい程に多数の魚影が時々キラキラと腹部の銀色を水底に閃かせながら群れ泳いでいる。これならば釣れる筈である。技巧もなんにも要りそうもない。イワナは五寸位いが最も大きいものである。時々ヤマベもかかるが数尾しかまだ釣っていない。

　やがて二つの飯盒に盛り上る程釣ったので天幕に帰りそれを焼くことにした。そして半分は夕餉に残りは菓子の空罐に詰めて塩をふりかけ、明日の行程ではイワナを釣ることは出来ないので、それを持ってゆくことにした。

　夕餉を終えた頃には、もううすぐらい樹蔭は一層暗くなって黄昏の薄暗は四辺に迫って来た。今夜の深い針葉樹に囲繞(いじょう)された低地の野営地では昨日のように大空と山々の熱い昂奮した様な夕映の色彩は眼にしえないがその代り思うままに森の囁きと流れの音楽を聴き、新鮮な樹の香を嗅ぐことが出来たのはまた嬉しい事だった。遂に日は全く暮れて濃い闇の底に総てのものが沈んでしまった。明日の石狩岳登攀を気づかって早くから赤く燃えさかる焚火に身を寄せて眠ろうとしたが、この石狩川畔の深い森林に過ごす印象深い一夜は永い間の思慕憧憬たりし石狩岳の山巓(さんてん)にもいよいよ明日立つことが出来ると思う喜悦を伴って却って眼は冴え、異常な昂奮に胸は躍っていろいろの想いが心頭にのぼるのであった。そして永い間石狩川の淙々(そうそう)たる流れの音はぴったり耳底に膠着して離れなかった。

石狩岳よりユーニイシカリまで

七月二十五日晴、驟雨。

起きればもう朝のフレッシュな光が、一面にふり灑いでいる。出来るだけ自分たちは胸をひろげて芳しい朝の空気を吸い込み、毎日続くこの好晴を心から祝福した。浅市の伐り倒したトドの巨木を橋にして危うげに冷たい石狩川の川面を渡った。それでも足を濡らさずに渡り切ることは出来ない。朝の河水は痛い程に冷たい。直ちに石狩沢の細い水脈を辿って溯り始める。石狩沢と言ってもそれは決して顕著な沢ではなく本流に沿うて来てもうっかりしていれば見出し難い程のものである。沢は両側に繁茂する針葉樹に蔽われて水面などは薄暗く、朝霧に濡れそぼれたイタドリの群生を分けて登るのは極めて無気味だ。それに殆んど沢中到る処生新しく踏みにじられた羆の足跡ばかりで四辺に凄惨な気が漲っている。時々羆除けラッパを吹き鳴らすのが、沢の傾斜がかなりあるので相当に呼吸がはずむからなお一層苦しい。登れば益々傾斜は加えて来るが、だんだん水量は減じて来る。沢を左へ左へと登って来た様であるが地図が簡略なためにどこをどう登るのか少しも解らずただ嘉助の朧気な記憶に依頼するのみで甚だ心細い。これまで測量部の地形図に対して自分は時々山名等の誤謬があるのに文句を言っていたが、こうして地形図もなく記録の少ない山地を歩いて始めて親しく実測に依る正確な地形図の有難味を知った。(29) 樹枝の緑の集団の間から真直の前面に大きな残雪の輝きが眼を射る。忠別岳のあたりらしい。いつの間にかそんなに高く登って居た。三回程休憩をして一直線に四十度近くもあろうかと云う急斜面をナナカマド、ミヤマハンノキなどの密生を分け、それらの樹枝を手頼りに漸く這い登って前石狩岳に連亙する山稜の一点に達したのは九時三十分で、石狩川畔よりは約三時間を要している。山稜にはナナカマド、ミヤマハンノキの密生する間に偃松のひねくれた樹枝が思うさまにのさばりかえっていてその通過の困難は容赦のない日光の直射を加えていや増し、非常な疲労とたえがたい喉の渇きに身体はへとへとになってしまった。漸く偃松を泳ぎ越し、それから解放せられると又草いきれのする暑く熱った草地を過ぎり絶えず山稜を伝って漸く十二時意外な時間を費やして前石狩岳(30)と石狩岳の鞍部に遥か下の山襞に辛くも残存している残雪を目的にして昼餉をすることにした。浅市が跳ぶようにして雪をとりに急傾斜の草地を降って居った。前面に深く暗い谷を隔ててユーニ石狩岳がその端麗な山容を眼近く聳えさせ、山頂の三角櫓さえも明らかに指示することが出来る。(山岳附図の前石狩岳の位置は実際と相違していることを後小泉氏より訂正して下された)。やや左に位置してヌタクカムウシュペ(31)が大きく肩を張って真夏の強烈な日光に鋭い残雪の輝きを見せている。冷たい雪水に気力を恢復して再びそこを出発して非常に急傾斜の草地を端ぎつつジッグザッグをして登りつめて漸く石狩岳にとりつき始めると、もう草地はなくなって偃松の蒼黒い叢生と黒くイワゴケなどの付着した岩石の堆積のみで、その岩石の崩壊して細かい砂礫となった様な斜面には駒草がかがやかしい光線を一杯に吸い込んで、その小さい淡紅色の花弁は可憐な生命のよろこびに顫（ふる）えている。

更に登るに従い、ただ磊々（らいらい）とした岩片の堆積のみとなり、山稜は著しく狭く両側の傾斜は恐ろしく急峻を加えて荒寥とした山巓（さんてん）の景趣を備えて来た。幾つも幾つも岩稜の小隆起を越えてゆき、遂にその最高点と思わるる岩稜の隆起に達したのは正二時であった。三角標がないことは小泉氏の記述に依って知って居たので正しくそこが石狩岳二〇三五米突[32]の絶巓（ぜってん）である。久恋のこの峰頭を兎（と）に角（かく）も踏み得たと言う歓喜に自分の胸は激しく躍動して、リュックサックを投げ出す様に背中から下して四周をめぐる山々の展望に耽（ふけ）った。

石狩岳よりの展望はトムラウシのそれにも増してこの中央高地の山々、水脈の総てを完全に双眸に集めることが出来た。地図を岩の上に引き拡げて、眼に入る山々の一つ一つを順に地図上の山名と引き合せる。暗緑の森林のうちを細く蛇の様に蜿（う）ねって石狩川の日に白く閃いている奥山盆地を隔てて西に近くこの山群の王者たるヌタクカムウシュペ[31]に続いて緩やかな輪廓の線を以って平ケ岳、忠別岳、化雲岳が聳え、それに次いでトムラウシの大きなドームが悠然と踞座している。そしてそのやや南に寄ってはオプタテシケの尖峰から始まってその火山縦列と十勝岳火山彙の諸峰の各々その尖頭円錐形と欠頂円錐形とが相競う様に熱した空に聳え、その突端のパナクシポロカメトクヌプリ[33]は特に槍の穂先の様に鋭く尖りつつ截然（せつぜん）と屹立（きつりつ）する姿はたしかにそれに冠せられたアイヌ語の山名が表わす様に全く「神の渡る」山であって、到底人間の足の届きそうな処でない。更に眼を南に寄せれば石狩岳に連亙するニペソツの山々は峻厳な峰頭を形造り、遠く遠く幾多の起伏をなして相対するオプタテシケと十勝岳火山彙と共に広大な十勝川の水源地を相抱きつつ十勝の平原にまで低夷している。更にニペソツ山脈の東側はまたクマネシリの連脈と共にこれこそ真に人跡稀れな、アイヌさえも入らぬオトプケ[34]の最も深奥な水源地を抱蔵している。その奥山盆地よりも曠（ひろ）いと思わるるオトプケの流域は鬱々として蔽うた暗緑の深林のうちを黒い細条をなして牢獄のような暗い峡谷が深く穿（うが）ち流れていれる。札幌の登山家I氏も「オトプケのみは全くハコ[35]の連続で、到底その水源までこれを溯ることは出来ない」と言うことを自分に語っていた。今や北海道の幾多の未知の山岳は年を追うて登山者の記録に上りつつあるが、自分はその最後にまで取残されて記録さるるのはこのオトプケを溯って達する水源地の山々ではないかと思う。最後に背後に眼をやれば眼近くユーニ石狩岳の端正な山姿の左に北見岳よりニセイカウシペに続く壮大な山波が数多の分脈をなして遠く北空を限り、例のユクリヤタナシの麗姿が慎ましげに背後の海の様な青い空に浮き立ってみえた。

こうして一わたり四周を展望してみると、眼界に入るものはただ硬い岩石や冷たい雪、或いは又陰鬱な森林に蔽われて、人間味の少ない或いは全くこれまで人間との交渉を少しも有していない山々谷々のみであることを知り、しかもその奥深い核心をなすこの地点に立つ自分たち四人の存在を想うと一種恐怖の感情にも相似た強い自然の圧迫を犇々(ひしひし)と胸に感じないわけにはゆかないのである。実際に石狩岳の山頂よりは全く人間の住地である平原と云うものの片影さえも望見することは出来ない。

山頂の展望にかなりの時間を費やしたので急ぎ再びリュックサックを背にいよいよここより前途の四人のうちでの誰れにも未知の行程を辿ることになったので一同緊張した面持で立ち上った。

最高点より更に岩稜の降起を進めば少時(しばらく)して再び偃松(はいまつ)の叢生は激しく、岩稜は長大な山稜を丁字形に相会している。右は即ちニペソツ山脈に連り、左はユーニ石狩岳に導くもの(36)であり、その山稜について深い偃松の繁茂をかき分けてユーニ石狩岳との鞍部に只管(ひたすら)下りつづけた。十勝側はすべて峻直な岩壁をなし、処々草地と御花畑を点綴してはいるが全くオトプケの谿(たに)までは削り落されている。偃松のひどい処は岩壁を搦(から)み、それを交互にして時間の迫ったのを気遣いつつ急いだ。鞍部よりは青黒くイワゴケの付着した大きな岩片の堆積を息もつかずに登りつめてユーニ石狩岳一八一三米突(37)の三角点に達した時は三時四十分であった。ここの展望は殆ど石狩岳のそれと異らないが唯石狩川の水系はより正確に指呼することが出来、ユーニイシカリに就いて鋭い観察の眼を光らせた。僅かの休息の後いよいよユーニイシカリに降る。ユーニ石狩岳の山頂より中腹にかけては花崗岩の岩崩れがこれを被覆して、足場の悪い急峻な下りを急ぐので膝頭がガクガク痛い。それでも日のあるうちに水のある処までどうしても達しなければならないので、ただ急ぐのみであった。激しい下りに何時の間にか偃松帯は灌木帯にかわり、微かな水のせせらぎも遥かの下に聞こえるのでひとまず安堵の胸を撫で下して進むうち少時して沢を埋めて残雪があり、その下より滴る冷たい甘美な水を思うさま飲んで半日の激しい喉の渇きを医やした。それより沢の傾斜は著しく緩やかとなり、少時して漸くガンピの林と蕗の下生えを見出したので早速そこで野営と決めた。六時二十分着で標高は一三八七米突を示している。今日の行程には一同皆疲れ切ってはいたがそれでも黄昏の薄暗の内にガンピの白い樹幹を伐り、蕗を刈り払いなどそれぞれの仕事を懸命にやった。そして鱈腹食い詰めて胃の腑が重たい程になった頃には既に周囲は凡べて深く黝暗と死静の領有するところとなっていた。そしてもう後片付けも明日の行程をも考える程の時間を置かないでそれぞれ濡れ汚れた衣服のまま打ち倒れる様に焚火の周囲に横たわって直ちに疲労の後の快よい深い眠りに堕ちて行った。

再び石狩川の本流へ

七月二十六日。晴午後小雨。

浅市の怒鳴る大きな声と力任せに肩を揺すぶられて漸(ようや)く深い睡眠から呼び起こされてみるともう朝になっている。仕方なく立ち上ると身体の節々が何だかまだ痛い。急いで背丈よりも高い、気味の悪い程茎の太い蕗をがさがさ分けてその根元を洗う様にせせらいでいる流れで汚れた顔を洗った。冷たい雪解けの水は日に焼けた黒い顔の皮膚に沁(し)みる。顔をあげてガンピの樹梢の間から空を仰ぐと相変らず透明に晴れきって眩(まば)ゆい程に潑剌とした光りが一杯に漲(みなぎ)っている。視線を少し落すと頭上を蔽う様にユーニイシカリ岳の均整な稜錐状の峰頭が迫ってそれに続くオトプケ辺りが山肌を一面暗紫色に日蔭させながら劃(かく)然(ぜん)とした線を以って大波を打っている。

少し纎維の剛い蕗の味噌汁に温かい飯を掻き込みながら今日の行程を話し合った。自分は昨日ユーニイシカリ岳の山巓(さんてん)から瞰下(みおろ)して展望した所では今日中には石狩川の本流にまで出られそうだとは思ったがまたあの森林の黒い間を水が白く光ってゆるやかにめぐりつつ長々と流れていた光景を想起すると一日ではどうかとも危ぶまれる。地図を見るとヌタプヤㇺペツよりは少し長いが勿論地図の距離は確固として信ずることは出来ないにしても充分一日を要すべき距離だ。嘉助も同じく今日のうちに本流に出られれば好いがと案じている。兎に角今日はなるべく急ぐ様にして今日中に本流に会わなければ日暮れの七時までは歩き続けることにして匆々と荷拵えをして野営地を離れて蕗の葉蔭に消え入るように流れているささやかな水の行手を追いつつ出発したのは七時十分であった。流れの傾斜はかなり緩やかであるが叢生したナナカマドやミヤマハンノキの灌木林やガンピの矮樹の密生のなかなどを潜り流れてゆくのでなかなか歩くのは手間どれる。そうした処を進んでゆくうち次第に水量は多くなって密林の間には微かながらも流れる水音が聞かれ、処々は砂の川床をなして両側に迫っていた急傾斜の緑の繁茂も次第に相遠ざかって来た。緩漫な浅い流れを徒渉して進んでゆくうち行手が非常に明るい境地に開けて来た。

そこへ近づいてみて自分たち一同はただ悚然としてしまった。曠々とした川床の全部を蔽い尽して尚遠い両側の傾斜地までそこには打倒れた巨木が累々と折れ重なり、相横たわり半ば倒れかかって相互いによりかかりつつ刺々しい樹枝を空しげに突き立てている。それが前方にまでずっと続いている。何んと言う痛ましい凄然たる光景であろう。自分は最初この光景を一瞥したとき言い知れぬ戦慄に全身を突き動かされたのである。これらは皆トドマツの風倒木でその樹幹は一間近くの直径が充分にあろうと思わるる程の巨木である。この広大な地域に於いてその巨きな樹々を幼児が玩具を壊す様に手易く或いはもっと造作もなく、吹き払い、なぎ倒し、捻じ折ってこの谷一杯に渦巻いた計り知れぬ強暴な旋風の空と地を震憾せしめた光景を想像して自分はまたも戦慄したのである。風倒木の横たわっていた地域はかなり広いとは言うもユーニイシカリの曠茫たる長き流域に比較すれば極めて僅少な部分をなすに過ぎない。そしてまだ樹幹樹枝のさまで古びていないことを思えばこの恐るべき樹木に対しての災害の惹起されたのはそんなに長年月を経た事実ではないらしい。それにしても何んの目的を以って自然は彼自身永い時日を費やして育くみ、成長せしめたこれらの樹木を瞬息にしてあえなき荒廃に帰しめるのであろうか。またしても自分は自然それ自身のこの無益な盲目な自己破壊の事実を考えるに到っては、吾々の思索圏にまだ入らぬ自然の神秘さを感じて自ら感慨を深くせざるを得なかった。

　この樹木の荒寥たる墓所はまたそこを過ぎるに自分等に多大な労苦と苦痛を嘗めさせた。樹幹の上を渡ろうとすれば、軀幹より直角に伸びている例のトドマツやエゾマツの樹枝はその枯枝を一つ一つを尖らせて到底一本の樹幹を真直ぐに進むことが出来ない。仕方なく樹幹から樹幹へと跳びうつりつつゆけば、その間の幅広くそれも出来ないで樹幹を降りればその下には背丈の全く没して身動きもならない様に野茨の強い刺を混えた雑木が叢生している。樹幹を跨ぎ越え、野茨を分けて進むのだが勿論歩みは遅々として渉らず、それに加えて眩しく燃える日に汗は絶えずたくたくと頬から額から滴って日に焼けた皮膚に痛く沁(し)みる。漸くにして最も近くに見えた暗緑の森の下陰で、柔らかいクッションの様な感触のする蘇苔(こけ)類の上に蹌踉(よろ)めく様にして荷を下した時は九時十分であった。前途の行程の不測なのにこうわずかの距離に時間を費やしては果たして何時になったら本流に出られるか、と思うと疲労よりも不安と憂愁が先に立つのであった。わずかの休息の後直ちにこの暗い巨樹の鬱々たる大森林の深い静けさのうちに吸い込まれる様に這い込んでいった。水脈とは何時しか風倒木を越えているうちに離れてしまった。

　この大森林の中を通っていった印象を長く自分は忘るることはない。鬱蒼とした樹葉の密団を滲透して来る光は極めて微かで、その陰湿さは下生えの雑木の生育を許さず、わずかの好蔭性の植物や羊歯(しだ)、蘇苔類のみが生い茂って歩みは意外に速い。限りなく巨幹は巨幹と続いてそこには無限と思わるる寂寥があった。かような深い暗い森林の奥底に於いてこそ始めて森林を蔽庇(へいひ)とし隠れ所とした吾等の祖宗の時代から吾等の胸の奥底に潜在した遥遠な感情を呼び醒すことが出来る。

　長い間この恐ろしいまでに沈黙に秘めた森林の刺戟の強い樹脂の匂(におい)の漂う薄暗い間を漠然とした方角に向かってただ消え失せてしまった水脈を再び求めつつさまようて行った。自分は先頭にゆく嘉助の足跡をただ無意識に追うのみであるが、彼とても真実に確かな方角を意識して歩いては居ないのだ。黙々として立つ巨樹の果てなき拡がり、何物にも擾乱さるることのないその静かさ、自分の胸は、以前の様な前途に対する不安の感情は全く消滅し去って今は却ってこの大森林の神秘な生命の囁(ささや)きに言い表し難いある大きな感覚を以て充ち溢れている。

遂に今までの針葉樹の陰鬱な純林は処々に鮮かな緑葉をつけた丈高いドロヤナギを混えて来た。そのドロがまたこれらの木挽(こびき)ややまごを業としている多くの巨木に見慣れたものでさえも驚嘆した程の太い樹幹を有している。そしてその樹幹の周囲だけは樹上の緑葉の薄い茂みを透して眩ゆい様に輝かしく光りが流入して来るが直ぐにまた針葉樹の陰暗(おぐら)い樹蔭に吸収されてしまう。進む毎にドロは多くなってゆく。そして森も明るさを増して行った。更に行くうち偶然にも森の中を潜り抜ける様にこそこそと流れている水脈を見出したときは有繋(さすが)に安堵の思いが自ら胸にのぼるのであった。流れについて足を速めて降(くだ)ってゆくうち右手よりも一条の細流が合し、更にまた少時して流れが二条に分流している。それを右に従って行くと再び流れは不思議にも水量を次第に減じて白い花崗岩の川床が露われて来る。遂に水は全く涸れて川床の処々の窪みに残留した僅かの水溜りには自然に追いつめられたイワナがごちゃごちゃと群れ集まっている。それを石でも拾う様にして掴みとって荷の後へヤナギの樹葉でつと包みにして各々がぶらさげる。これで今日の昼餉には僅かでもイワナを釣る時間が節約し得たと自分も秘かに喜んだ。また川床を降ってゆくと益々水は涸れてもう水溜りも残留して居ない。そして僅か以前まで水がまだあったらしく石などの窪みの濡れている処にはイワナの新しい死屍が重なり合った塊りになっているがもうそんなものは見向きもせずにどんどんと涸れた川床の石をピョイピョイ跳ぶ様に進んでゆく。それに従って干し残されたイワナの残骸がだんだん古くなって、しまいにはその腐臭が樹脂の匂いと混じて異様な、不気味な臭いを漂わし、干乾びて光沢(つや)の失せた白い腹部あたりには真黒に蒼蠅(あおばえ)がたかっていて始めて聞いた人間の足音にぱっと飛び散る。この思いも寄らぬ、他には見られそうもない現象には永い間北海道の各地にイワナ釣りをしたことのある浅市でさえ吃驚(びっくり)している。

　そのうちに再び川床の痕が消え入る様に暗い森蔭に這いり込んで、縦横にしだらなく倒壊した樹幹は全く朽敗(きゅうはい)[38]してその表皮はぬらぬらして滑る。川床の石にも淡緑の苔がくっついていて、水の枯涸したのがかなり以前であることを語っている。その水流の廃路に足を滑らせつつ行けば少時にしてまた前面の深い緑葉の交錯した間から一条の水流がその滑らかに流るる水面に真昼の日の光りを反射して白くしかし柔らかく光りながら暗い繁みのなかから静かに流れ出している。漸くほっと重荷を下ろしたような気持でみんな喉をぐびつかせて冷たい水を飲んだ。この水流は豊かな水量を有(も)っている。思うにこのユーニイシカリはその幅広い針葉樹濶葉樹に被われた暗鬱な河床のうちを幾多の分流や伏流迷流を形造って日光を怖るる土鼠（もぐら）の様に森の陰影の暗い処地下の暗黒を求めて日光の曝露を避けつつ流れて来たらしい。

又してもこの Treacherous[39] な水流の透徹した冷たい水が浅く辷（すべ）る様に蔽い流れている川床を、ジャブジャブと徒渉し、徒渉してゆくとイワナの群遊がスースー左右に逃げ惑い、周章してとまどいした奴が濡れた足に打（ぶ）つかって吃驚してまた水球を飛散させて跳ねあがる。こうして流れを追うこと一時間程で右手よりひとつの大きな沢を合流させた流れは漸（ようや）く純正のユーニイシカリの渓流を形成して来た。川の緩やかな曲り角を廻ったときふと川岸に朽ち果てた、古い小屋らしいものを見付けた。それは極く粗造の、加奈陀（カナダ）の森林地方でよく用いられると言う lean-to[40] の様な形式でトドマツの厚い幅広い樹皮で葺（ふ）いてある。静かに四辺を見廻して浅市が「オヤジが来たなあ」と囁く様に小屋の前に土中深く打ち込まれた細く削った古い棒を指差して言う。人間がこの処までたしかに来たと言うことが急に吾等の前途を明るくさせたので直ちに気安い心持でそこに荷を下して休んだ。先刻浅市の指差した棒片がアイヌの拵（こしら）えた小屋であることを表示するのである。その棒はアイヌが彼等の祖宗より伝わるミスチックの祭祀を営むときに用ゆる幣（ぬさ）のイナヲ[41]に使用されたものなのである。そうすると或いはたまたまこの水辺の森林のうちで傷ついた羆を追うて来たあるアイヌが漸くそれをそこで仕止め得たので、ここに小屋掛けして彼等種族特有のあの原始的な祭典である「羆祭り」を営んでその純一な敬虔な信仰を彼等種族生命の神的象徴たる彼の「カムイ」[42]に寄せたその荘厳な一場の光景がここを背景に行われたのかも知れない。自分にはその当時の様が髣髴（ほうふつ）として胸に描かれるのであった。

時間を見ると十二時三十分であったので直ちに少時歩いた下流の磧に昼餉の準備をして、先刻のイワナを焼き始めた。始めの数尾を焼いてみたが時間を空費してそれに串を削る手数があるので面倒臭いからイワナと塩とを鍋にぶち込んで煮る。塩焼にしてこそイワナは美味かも知れないが。これを塩煮にしては決して美味くはない。それに余りイワナばかりを食って来たので贅沢なことだが、少し鼻について来た。みんなも食わないで半分以上も鍋の底に残っている。

昼餉を終わった頃今までの青空のかがやかしさは何時の間にかただもう一面の暗灰色に変って驟雨の襲来があるらしい。そして上流の連山のあたりでする雷鳴に添うて細い白金の閃光が閃（ひらめ）き出した。始めてリュックサックの底より雨具を取り出して着るや否や一瞬にして四辺は乱射される銀箭（ぎんせん）の世界に化した。

そこから下流は水滑かに、幅濶（ひろ）く緩やかなカーブをして針葉樹に多くの濶葉樹を混淆した緑の繁茂の間を環り流れている。午前の慌しい歩みに疲れた足を、なお前途の距離の解らないため篠突く驟雨のうちに足を速めた。水辺の湿地の蕗の叢生や白い砂洲の上、緑葉の濃い蔭を過ぎてゆくと、川は同じ様な景趣を展開してゆく。一時間余りも経て驟雨は霽(は)れた。雨に潤った緑葉の集団が艶々しくまだ灰色だがしかし既に明るい空からの光りに映えて、静かに淀みなく流れてゆく穏かな水辺に連っている光景は全くすがすがしく情趣の豊かなものである。

　そうした水辺に沿うてゆくことは長かったが遂に再び両岸より山側が次第に迫って来るのを見たとき自分の心は秘かな悦びに満された。何故ならば自分は山岳附図にユーニイシカリが「留辺蘂峠」[43]より来る支流を会流する地点に於いて滝の記号の記されてあったからである。今このユーニイシカリの緩流が次第に山側相迫るうちに近づき流れることは即ちその記載された「滝」の地点に近いことを表示する。その「滝」より石狩川の本流までの距離は僅かである。次第に迫って来た山は頭上を圧し、狭められた水は音高くせせらぎ始める。遂に両岸は黒い岩壁に押迫まられて峡間をなし、泡立ちながらその間を吾がちに躍り込む様に奔下している、岩壁をへずり、深潭(しんたん)を腰まで浸かってゆくうちに何時の間にかまた峡間は開けて前方が明るくなって河相は以前と同じ姿にかえっている。少しも滝らしい箇所がなく、まあ奔端(ほんたん)とでも呼ぶべき処であろう。

　少時すると右手より大きな緩やかな流れが会している。これこそ「留辺蘂峠」より発する水系である。時に五時十分。予想外に行程は渉ったのである。全く不安を洗い流した様な軽い気持で膝以上の河心をざぶざぶと流れに押されてゆく。そうするうちにまた前面より幅潤（ひろ）い河床を有（も）った大きな河が折柄の斜陽にその水面一杯を宛（まる）で金色の流れの様に輝かせて静かに流れながら展開されて来た。再び自分たちはこの陰惨な針葉樹の下蔭の蘇苔の間から滲みでて、森林の暗さを通り抜け峡谷の間を奔馳（ほんち）し平原を緩やかに迂曲しつつ遠く海にまで流れゆく石狩の大河のまだ荒々しい表情をした上流の姿態を眼にすることが出来たのである。時に五時四十分。

何気なく見た対岸の河原の茂みの影から立ち昇る一条の細々とした煙に吃驚した自分たちの視線は集まった。「オヤジ」だと叫ぶ浅市の声と共にそこを目指して馳け寄る様に近づいてゆくと、この荒涼たる無人の境地に突立って、赫々と燃える落日を満身に浴びた一人のアイヌが腕を組んでぼんやりしながら磅礴（ほうはく）(44)として暮れゆく静かな河の面を見詰めている。この環境にあって、またこの原始的なアイヌの姿を見るとき、自ずと自分は遠い以前に溯ってこれらの髯深い異種族と同じ様に水流に沿うて住居を求めた自分らの祖先の佗しげな姿を歴々（ありあり）と眼に浮かべることが出来る。

傍らをみると河原蓬（かわらよもぎ）と川楊（かわやなぎ）の繁みの裡に蕗の葉と樹枝を以って巧みに作られた簡易な原始的形態の小屋がある。煙はそのうちから立ち昇るのであった。その裡（うち）を覗くと柱から柱にずっとイワナやヤマベの焼いたのが吊し並べてある。その間に浅市と嘉助が頻（しき）りとアイヌと話しを交していた。

　このアイヌは魚釣りを目的に石狩川の下流から峡谷を通り、「大箱」[45]を渉った来たので、まだここへ来て四日目であると言うことだ。「大箱はどうだったか」と自分が問うと、日に熱けた広い毛もくぢあらの胸を寛げて手をそこへあてがって無言でその深淵の水の深さを示す。そしてこの直ぐ上流になお「羆とりに来た」アイヌが二人魚釣りをしているその直ぐ傍らには小屋があると言う。

　話しているうちに既に太陽は地平に沈んで、河面は鈍く光り、遥かの対岸がぼうと薄暮の冷たい大気の底に沈んでいる。これから薪材を集め、天幕を張ると全く暗くなるので、いっそのことアイヌの言うその小屋に泊ろうと相談一決して、刻一刻に静かに冷却してゆく熱ったほの白い磧を上流へとのぼると、チラチラと薄暗のうちに赤い焔が見え初めてやがてまた小さな蕗の葉造りの小屋が二つ現われる。声をかけて小屋の所在を尋ねると、若い髯を剃ったアイヌが凝っと吾々の姿に視線を注ぎつつ、はきはきとした明瞭な日本語で詳しく小屋の所在を教えて呉れるので、先刻より胸に思って居たことを彼に尋ねて自分が、「なんの小屋だね」と言うと「測量の旦那が居たのだ」と答えたので全くその小屋のことは了解された。

　漸く草莽の裡に深く埋もれた余り荒廃していない木造小屋を見出した時は全く四辺は

暗かった。内部もかなりに整っているので早速火を焚いて先ず今日一日の激しい労苦を思うままに慰めた。標高は九〇七米突である。

こう暗くなってはイワナを釣ることも出来ず、蕗も求められず何んにも味噌汁に入れるものがないので、浅市が先刻の若いアイヌにイワナを譲って貰おうと言うので自分は彼に若干の紙幣を持たせてイワナを買いにやったのである。やがて少時して浅市がガサガサと暗いうちから帰って来た。腕には串に刺して焼いたイワナとヤマベを数本抱えて「おい、オヤジの奴イワナはやるが、銭は入らないと言ってどうしてもとらなかったぜ」と言いながら自分に片手に握った紙幣を突き返した。突如として深い感動が、自分をゆり動かした。自分はわが掌に置かれたその皺くちゃあに握り締められた紙幣を凝っと見詰めて、瞬間ながら深い考えに沈んだ。そして直ちに怯うした場所であのアイヌから金銭を以って魚を求めんとした自分自身の心なき行為を顧みて、自ら湧く強い慚愧の心に面を低く俯せるのであった。そしてまた更にそれに続いていろいろの想いが自分の心を突き動かすのであった。

あの若いアイヌが、紙幣を受取ることを峻拒したと言うことは決して理由なきことではない。何故ならば現在ここに於ける彼等の生活にはそんな貨幣と言う様なものは全く無価値にも等しいものであるからである。この人間の足跡の一つとして残されたことのない森に、流れに恣ままに彼等自身狩り、撈ることをなして自らそれを消費してゆく様な生活に於いて何んで彼等は紙幣のような交換の媒介用具の必要を認めようか。全くそれは彼等に対して無価値であった。それにしても彼等は、彼等の祖宗の時代から続けて来た何等の拘束もない自由な生活をなし得る、現在の彼等にとって最後のまた唯一の貴い満足な安息所であり、隠遁所である、この山又山に囲繞（いにょう）された秘奥の地に突如として侵入して来た吾等闖入（ちんにゅう）者の姿を何と見たことであろうか。この憐憫な同情すべき衰滅の陰影濃き異種族の人々の心が、吾等のこの姿に依って何等擾乱さるる事なくば幸いである。しかし先刻の彼の若いアイヌは深い哀愁と悲嘆に暗く胸をとざして——ああまた奪われてしまったか。——と言う悲痛な言葉をその固く噛みしぼった唇から洩らしたことであろう。想いは更に更に深く彼等の上にあった。彼等は皆旭川に近接した近文（ちかぶみ）のアイヌであった。道庁ではこれらの種族の絶滅を防ぐために彼等を保護して一定の地を卜（ぼく）して彼等に耕地を与え、教育を授けているのである。しかしそれがまた何んと言う皮肉であろう。現在の保護者と言うものは、その遠い以前に於いてこの島国に広く分布して平穏な安逸な生活を営んでいたこの先住の古種族の地に侵入した南から渡来した優れた智略と文明を有（も）った種族であって、その次第次第に先住者の地域を蚕食（さんしょく）して、彼等を寒い北地の狭少な範囲に窮迫せしめた征服者が現在では再び以前の被征服者に対して深甚な注意と懇切な保護とを加えつつあるのである。なんでその様な人為的の保護が日一日と衰滅の影を深くしてゆくその歩みを止めさせ、後へと引き戻すことが出来ようか。折角給与された耕地も彼等は決してそれを熱心に耕すことはしなかった。そういう他より強いらるる様な煩わしいことを彼等はなし続くることは出来ない。彼等は彼等種族の生命の存続を希うよりも、寧ろ彼等の祖宗の時代の自由不羈な生活を追慕し回想して、絶えず出来得る限り人事の世界を遠のいた奥深い森林の間に野獣を追い、また人跡稀な渓流に魚を撈りつつその日を送ることを以てより幸福であるとしているのである。こうして彼等が現在のその日の生活に限りない愛着の念を燃やしつつ生活していることを想えば、彼等こそ全く真実の意味に於ける徹底的な偉大な享楽主義者ではなかろうか。

先刻会った最初の老アイヌの話しに依って前途に横たわる未知の行程も幾分鮮明の度を加えて来たので皆気安い眠りを充分に翌朝まで貪った。

石狩川に沿うて

七月二十七日。晴、後小雨。

七時三十分に測量小屋を出発して、なお詳しく前途の様子を尋ねるために、彼の若いアイヌの小屋を訪れると、彼はこれから釣りに出かけるのか、蕗の茎の繊維で造った草鞋を穿いている処だった。早速に昨夜のイワナの礼を厚く述べてから、河流の様子、山名などを尋ねるといちいち明確な答えをして呉れる。それもその筈彼は大正五年の四月より十月に亘ってあの測量小屋を根拠として行なわれた陸地測量部のこの付近の測量事業に常に先導者となっていたアイヌ等の一人であったのである。山名は僅かしか知らなかったが沢の名は詳細に知っているらしい。しかしどことどこに三角点があるなどと言うことは有繫に詳しい。これから下流の石狩川の本流の様子や大箱の模様を問うと、ユーニイシカリとホロカイシカリとが合流する間の本流(46)は水勢が激しく且深いから通過には非常な困難だから、ここから山を越えてホロカイシカリに一度下り、それに沿うて本流に達する方が時間が却って早かろうと言う。そしてそれには測量当時に通った痕があろうから直ぐ解ると言い添えて呉れる。他の一人は年老いたアイヌで唯黙然として吾々の会話に耳を傾けている。彼等は五人でヌタクカムウシュペの石狩川側の頂上付近で狩猟中一人が負傷したので、ホロカイシカリを下ってこの処へ来てそれが癒るまで魚を釣っているのであった。成程若いアイヌの足首には固く厚く薄汚れた布片がぐるぐると巻かれてあった。温泉まで何日かかるかと問うと、一日でゆけると云うが、しかし彼等の足並を以って吾等のそれを律することは出来ないにしても、二日ならば充分であろうと嘉助も浅市も独りでうなづいている。

若いアイヌはガンピの樹皮で巧に造られた極めて原始的な魚籠とヤナギの釣竿を持って立ちあがると磧まで吾々を導いて、その越ゆるべき山や沢筋を指示して呉れた。そして別れの一語を残して上流へずんずんのぼってゆく。少時(しばらく)の間自分は感激に似たある深い感情を以ってしげしげとその林叢の間に消えて行った後姿を黙然と凝視していた。

教わった通りうす暗く覆いかぶさって居る林叢の蔭を流れる細流に沿うてどこまでものぼり切ると突然打ち開けた倒木の夥(おびただ)しい緩やかな斜面が展(ひら)けて来た。その惨憺たる災禍の痕、これもまたユーニイシカリの上流にあったのと同じく風の狂暴な絶大な破壊力に依ったものであろう。そこを潜ったり、跨(また)ぎ越したりするのが例の様に苦しく、時間がかかる。漸(ようや)く切り抜けてまた針葉樹の暗い樹蔭に入ると、休まずのぼりつづけてゆくうちに、何時しか緩やかな傾斜が、下りとなって、前方はかなり下っているが、暗くて見透せない。ぐんぐん無茶苦茶に下ってゆくと微かに下に渓川の音がする。更に下るに連れ、次第にそれが声高くなって、十時二十分に深く苔蒸して朽敗した倒木、流木の間を静かに流れているホロカイシカリの冷たい水辺に着いた。小憩の後水流に沿うて下る。水はかなり豊富で冷たい。倒木の自然橋を渡ったり、滑り易い岩に足場を失って下半身をずぶ濡れにしたりしながら、その暗い水面を離れずにゆくとやがてまたしても石狩川の本流の幅広い河面がかっと日に照り輝きながら樹幹の間から見え透いて来た。合流点は十一時十分であった。眩しい程に日光を反射する幅広い磧の白い石に腰を下して昼餉を終える。

本流は余りに河床の幅が広く、どちらの岸をゆけばよいか解らない。しかし兎に角に下流に向かってゆけばいいのだから、磧を歩いてそれが尽きたら、水流を徒渉し、水岸に処々露出した低い岩壁を絡んでただ水流に沿って一直線にゆく。砂洲がある、浅瀬がある。熱した日光の陽炎のうちに砂礫がぎらぎらと白く閃く（きらめく）磧がある。そしてその間に増水の時にでも残留したのか、静かな水溜りの表面には侘しげに空をゆく白い雲がその姿を映している。遠く隔った両岸は真夏の強烈な光線を一杯に吸って撥溂とした緑の生命に躍動している緑葉の連亙であった。そうした同じ様な景趣を河は永くつづけて居ながら時々急角度に河身を左右に曲げて流れてゆく。この辺りの河の姿は決してどこにも見られないと言う様な特殊の形相はしていないが、唯この河が無人の境を悠々として無関心に流れていることを想うと、その淙々（そうそう）たる流れの音にも無限量の寂寥が蔵されているかとも聴かれるのである。

　行っても行っても河はその姿を変えずに、その河床は益々曠（ひろ）くなって、その間にはかなりな面積を有（も）ったデルタが川楊（かわやなぎ）の濃い緑の繁茂を見せている。ある処は幅広い本流に沿うて狭長な川楊の樹列を挟んで細い静かな側流があって、その浅い澄徹した水底を足音に驚いた黒い魚影がピチピチ左右前後に逃げ惑うている。あるまた河原を歩き過ぎてゆくとき、ふと白い石と石の間に硬質の木片で造られた槍穂状の鋭いかえりを有（も）ったものが、ヤナギの細長い樹枝の尖端に緊縛してあるのを見付けた。それはアイヌが使う鱒を突く銛（もり）だと言うことだったが、その所有者らしい人影は四辺には見当らなかった。或いはそこに遺棄して行ったのかも知れない。やや倦怠を覚えた程河の姿には変化はなかった。

半日以上も河に沿うて下った時、これまでの両岸の低い丘陵が次第に高まって来た。そしてその両岸の丘陵が――最早丘陵ではなく山側が――全く相接する程になった時吾々はこの幅広い溶々たる大河が忽然音なくその高く直立した岩壁の極く狭い――幅三間ぐらい――裂目の間に引っ張り込まれる様に消え失せている。余り以前に較べて懸け隔てのあるこの河の姿に声も立てずにその滑らかに深く深く淀んで流れ込む暗碧の水面を見詰めている。漸く「箱」へ到達したのだ。早速荷物を下して、深い水深の岩壁をへずりながらその「箱」の入口から恐々に覗いてみて、思わず身体を竦ませた。その覗き込んだ吾々の眼底の網膜に映像した景観こそ全く形容の出来ないものだった。見上ぐる恐ろしく高い――何丈とか何十丈とかの明瞭な数の観念はなくただ高い――黄白色をした太い太い岩の巨柱の連続した様な岩壁の正四角形の両側の間の上部には狭長な四辺形の空が仰げる。そしてその底部には油の様に静まりかえっている水は流れて居様とは思えない程で、鏡面でも見る様に巨柱の倒象を映している。漸く少時した後「大箱」「大箱」とお互いに顔見合せて低声に囁きかわした。

即ちここが小泉氏の記述せられた「比辺をシュオプニセイ(Shuop nisei)(シュオプは

箱の義、ニセイは絶壁、即ち「流紋岩の柱状節理の絶壁恰（あたか）も槍を立て並べたるが如く屹（きつ）立（りつ）して箱状をなす所」と云う義なり）と称し、ニセイチァロマプは石狩川の本流と合するや直ちに比の驚くべき絶壁両岸より迫り来って土俗の所謂（いわゆる）大箱、小箱と称する峡谷に突入し茲（ここ）に険絶、悪絶邦内無双の峡流を作る」――山岳十二年第二・第三号一七〇頁所載――と言う処[47]なのであろう。実際に一種の凄愴な鬼気に誘われて水魔の隠れ家の様な処にも想われる。一応入口から退いて休息しながら、どうしてここを通過するかと言うことを協議した。時間は五時十分であった。兎（と）に角（かく）見た所では一寸通れる個所が発見出来ない。あの老アイヌは果たしてどこを通ったものか。あの淀んだ水の深さは決してアイヌの胸までの深さで終わっては居ない。勿論岩壁の上を絡むことは到底不可能で、先ず第一その岩壁を登ることが出来ない。あの若いアイヌは何んでも左岸に測量当時の道路があると言ったから、その道路を探索しようとして、皆上流に再び溯（さかのぼ）って左岸にこの峡谷を迂回する道痕らしいものを鋭く求めたが一向それらしいものを発見出来ない。途方に暮れて仕方なく今度は対岸に渡り、ニセイチァロマプに溯って同じくわずかでも人間の踏んだ痕跡はないかと四人の視覚が異常な鋭さに輝く。しかしニセイチァロマプも同じく流紋岩の柱状の絶壁と急傾斜の針葉樹林とで、全くそこには野獣の足痕さえも右岸には登っていない。暗い憂愁と深い失望に皆一語も発せずに再びニセイチァロマプを下って、丁度「大箱」の関門とやや斜に相対する合流点に立つと、正面に「大箱」は巨口を開いていて、宛然(さながら)その名の通り箱状の暗い峡谷は途中で屈曲しているものか、遠い奥深い処までは見通すことは出来ない。

それにしてもこの「大箱」とは如何にもこの峡谷の地形を髣髴(ほうふつ)させるに相応(ふさ)わしい名であろう。その「箱」と言う一語は全くこの峡谷の形状の全部を最も簡単に明瞭に形容し尽している。自分はこの「箱」の語がアイヌ名の「シュオプ」から起因しているのか、また全くそれと関係なくシャモが名付けたのかは知らないが、如何にも巧みな称呼であるのに深く感じた。一体自分は「窓」とか「廊下」「壁」などの様に、全く無智な純朴な山人等が、ある特殊な地形に対して彼等が直感したままの感じを、明確卒直にそれに似た他の適当な事物の名を冠するを以って完全に言い表したそれらの地名称呼に就いては平素から深い一種の興趣を感じていたのである。この「箱」の如きはまたその一つである。

こうしてあらぬ道痕の探索に時を空費してしまったので、この時はもう河面は黄昏近い灰色に沈んで来て河の表面には微白(ほの)い水蒸気が、静かに動き始め様としていた。道痕はない。迂回すべき箇所は発見されない。最後に残ったものは矢張りどうしてもこの魔の河道を何んとかしてゆくより他に何等の方策はそこにない。荷を下して、四人のうち最も河に慣れて以前は流送人夫をしたこともあると言う浅市が、拾いとった流木を頼りに、この

「大箱」の右岸の岩壁に伝って探査に向かった。少時して彼は帰って来た。残った三人がその顔色を秘かに窺（うかが）っていると「箱の半途まで行って来た。大丈夫箱の見える部分だけなら通れるぞ」と言う。幾分それで安心はしたが、あの「箱」の屈曲して見えない部分はどうであろうか。なお胸にわだかまる不安は取り除かれない。何んにしても暗くならない前と急いで水辺の川楊の若木の間に不安と憂愁に充ちた貧しい野営の一夜を送ることにした。米はとみると夕餉の分をとれば翌朝の朝餉にも足りない程だった。食糧も尽き様としている。これには落着いた嘉助も快活な浅市も始めて昂奮した。愁いぶかい表情をして、その唇から自ら不安に満された暗い「弱ったなあ」と言う言葉が洩れるのであった。天幕の中の薄暗い提灯の下で四人はいろいろとまた協議した。その結果はこうである。明日は兎（と）に角（かく）夜の明けるのを待って最後の朝食を終えたら直ちに出発して「大箱」の右岸を伝わって、岩壁の行ける処までゆき、全く前途の絶壁で遮ぎられた時はまた以前の処へ引き返して、二人はイワナを釣って食糧を求め残ったあと二人は樹を伐って筏（いかだ）を造り最後の手段を取ってこの峡谷を温泉まで下ろうと言うのである。

薄暮の頃から催していた雨模様は遂に深い闇黒のうちに、緑葉を打つ佗しい雨滴の音を齎（もたら）して来た。雨後の河水の増加はまた更にこの峡谷の通過に困難を添えるものである。重苦しい憂愁が吾等をより深く被うた。

七月二十八日。晴、

暗いうちから起きた。空は晴れている。準備を整えて、なるべく荷を軽く、濡れても差し支えない様にする。今までにない緊張し切った表情が誰れの顔にも窺われる。長さの二間以上もあるヤナギの細い樹幹をめいめいが携え、浅市が先になかは自分と田中君、殿(しんがり)に成田が続いていよいよ「大箱」の入口を右岸壁に沿うてゆく。

最初その流紋岩の巨柱はその基脚が丁度人間の漸(ようや)く通過出来る位いに刳(く)抜かれてあって自然の廻廊の如くに続いている暗い岩壁の窪みを静かに静かに歩いてゆく。水は腰まであるが動いていないかと思われる程に淀んで、その黄白色の微かに透いて見える足場の岩床から直ぐ側は全く底知れぬ暗碧の淵である。この「箱」のなかに潜り込んで更に仰ぎみたこの巨大な岩柱が均斎な並行を以って墻立(しょうりつ)してその両側が次第に消点に近づいてゆく驚嘆すべき景観は自然の最も精緻な建築美を遺憾なく表現するものである。廻廊を通り抜けると一箇所角張った巨柱を絡む処があるが、長い棒と四人の協力で巧みにその処をへずり終せた。しかしそれより右岸はとても行けないので、対岸に徒渉することにした。深淵は次第に浅くなって来ていて、水深は充分に腰を浸す程である。あのアイヌの胸まであったと言うのは、彼と自分との身長の相異と水量の増減に依った差異であろう。左岸壁もその岩柱の基脚に適当な足場が続いている。しかしそれも少時して行き詰まりとなっている。

先にゆく浅市が誤って岩から滑ると、水沫が飛散して彼の姿が倒れる。あっと思った一時の驚きも立ちあがった彼の腰までしか水が来ないのでほっとする。そのまま再び右岸に渉ると、前方にのみ気をとられていたので今まで顧りみなかった「大箱」のまた異なった壮観を眺め得た。上流から来て目撃した時のあの凄愴な寧(むし)ろ人間を暗い恐怖に戦(おのの)かしめる様な姿はここからのそれには全く消滅して、ただそこには正しい六角形の巨大な岩柱の建築学的にシメトリックな整列と、そして水の暗瑠璃色の厚板を以って敷き詰められ透明な床を有(も)った、到底人間の想像し及ばぬ雄大壮麗な自然の大殿堂の廻廊の一部があるのだ。右岸もよい足場があって、なおこの廻廊の折れ曲がったその先がどうかと思う気がかりに落着いて眺めることなくそこを通る。そしてその廻廊の曲り角から覗く様にして望んだその先は予想以外のものだった。もうその廻廊は尽きていたのだった。喜悦と安堵とまた軽い失望とが相錯綜しこれに伴って極度の緊張の後の反動としての弛んだ気持で休息した。「大箱」はそこで終わっては居たが峡谷は益々深くなってゆく。しかし河幅はやや曠(ひろ)く、水勢を加えて河相はあの「箱」のなかの沈静からまた限りない流動の姿となっている。

要するに「大箱」の通過は、増水の場合は兎も角割合に容易なものであろう。しかし全く様子を知らずに上流からこの峡谷の関門を通過せんとする場合は少っと前途が見えず、こんな地形なら、それから先はどうかと危まれるのは是非もないことだろう。そして「大箱」は下流からこれを溯っては、これに似た幾多よりの壮大な地形が連続しているのだから興味は浅いことであろうと思われる。

「大箱」は通れたがまだ「小箱」と言うのがあるが「大箱」でこんなならば「小箱」はなお容易に通過出来るだろうと思ったので全くそれから以後は軽い気持で歩いていった。ゆくに従いこの狭い河道を押し狭んでいる両岸の牆壁は益々高く屹立して来るが、その河道に沿うては極く狭い磧や急斜面の樹叢があるのであって楽に歩ける。河道は深淵もなし滝もなく平板な姿ではあるが、しかし峡谷の巨大な牆壁の姿は、あの広大な盆地を還流していたこの大河が、前途を堰塞した流紋岩の厚い壁嶂をその河流特有の作業を以って全く我々の考え得ぬ長き年月の間にこの壮大な流路を形成した撓まぬ努力、耐忍を想わせてある渺茫たる感慨に打たれる。絶壁には種々な奇怪な形態した岩塊や、絶壁より直下する滝などがある。それに皆もう前途の困難のないことが解ったので、全く「名勝見物」と言った様な調子で「あれが夫婦滝」「これが材木岩」とか指呼して所謂何処の「名所景勝」の地にありがちな地名を言いながら歩く。しかしその名は如何にも人間味の多い者だが、当の御本尊は人間の暖かい手が触れたことは勿論まだ録々人間の姿さえも見慣れないものだ。しかしそれでも、昼近くになっているが、食うべき米がないので気忙しく足を運ぶ。対岸にシューマフレペツ[48]らしい褐濁した沢の本流に落ちる地点まで来たときは空腹に堪えられなく、足も進められない程になったので、仕方なく秘蔵の菓子のわずかな残りを分けて食い、水をしたたか飲んでまた歩き出した。若し午後四時までに層雲別の温泉に着かなければ、イワナを釣っていよいよ飢を凌ぐことにした。恐ろしい岩壁の崩壊せる箇所に来て、そこは通過出来ないので二百米突も登って迂回する。脂汗がたらたら額から滴るが足は遅い。蹌踉ながら、粗造な、でもまだ樹の香のする程新しい温泉の小舎に這い込む様にして腰を下したのは三時であった。

七月二十九日。晴、後雨。

今日は温泉の対岸の北鎮沢（ワッカペケレペツ）[49]を溯ってヌタクカムウシュペに登攀する予定であったのだが、予め留辺志部[7]の水姓氏に御依頼して置いた米と副食物がある手違いからまだ着していないのと、草鞋がないので、一日を滞在してそれらの準備に費やした。温泉は材木こそ新しけれ、その内部は薄汚く、蚤の多いことなどで極めて不愉快だ。それにここは各所に温泉が湧出して暖かいので、多数の蛇が集団をなしていて戸外は勿論便所にも、浴槽にもいて、踏みつけたり、知らずに摑んだりすることはザラにある。そしてまた竹内亮氏の「石狩川上流の旅日記より」[50]を読んで、この温泉に纏わる忌わしい物語などを下心にしているから、その不愉快の感情が一層強められる。

午後からアイヌがそれよりアツシを製すると言うオヒョウの樹皮を温泉の背後の林叢か

ら剝いで来てそれを四人総掛りで、細く裂いて、草鞋を作る。各々に数足分を作ったので草鞋の準備は出来上った。まだ米が来ないので、それを断念し、温泉宿に無理に頼んで米と味噌を譲って貰って全くの準備が整ってしまった。

夕刻浅市と嘉助で協力して石狩川に架橋しようとしたが河畔には対岸に達する程の樹幹を有(も)った巨木がないので、これは不成功に終わってしまった。

夜は降り出した雨はひどい。

七月三十日。雨　後晴

夜中の雨で今朝は石狩川は二尺以上の増水であって、たださえ困難な徒渉は全く不可能である。終日寝ながら二人の山の話に耳を傾ける。夜になってまた雨は激しく降り出した。

七月三十一日。晴。

あんなに激しく降り続いた豪雨もカラリと霽(は)れて戸の隙間を洩れる朝の光りはかがやかしい。しかしこの大雨後の石狩川の増水は全く素晴らしく到底徒渉し終せるものではなかった。遂にヌタクカムウシュペの登攀を放棄して、直ちに留辺志部に下ることにした。

八時に温泉を出発して、高い岸壁の脚下の陰暗い林叢の間にわずかに踏みならされた細径を辿って河水と同じく下流へ下りてゆく。その細径の上を覆い被っている緑葉の繁茂は、晴れ切った真夏の空からふり灑(そそ)ぐ強い日光を精一杯に吸収して、なおその洩れ残った光りはひょろひょろした下草にも何かしら生々とした姿を与えている。その静寂な林叢の間の細径をただぼんやりと、しかし全く軽い調子で吾々は歩いて行った。眠いような翅音（はおと）をさせながら虻（あぶ）が身辺につき纏い、処々の樹叢の途切れにはぱっと明るい河の姿が展開して磧（かわら）が続いて居る。その日に眩しく閃（きらめ）く磧の砂地や白い石塊の上に無心に日を浴びていた蜥蜴（とかげ）の驚いた小さな姿が、あわてて雑草の暗い蔭に走り込む。そうした細径は長かったが、でも次第に河幅は広くなり、両岸の開けてゆくのが感ぜられる。温泉から二時間も経ったとき、今までの鬱蒼たる針濶混淆林は明るい緑に輝く草地の拡がりへ続いて、その間にニョキニョキと黒く焼け焦げた太い樹幹が立っている。そうしてもう遥かの彼方にあの壮大な峡谷の姿を形成していた黄白色の絶壁が低く連らなっている。峡谷はもう尽きたのである。ニセイケシヲオマプ[52]の冷たい流れを渡ってゆく。石狩川も極めて緩く滑らかに流れるその水面にはキラキラ漣波（さざなみ）が閃いて、河畔の水湿地には水々しい緑葉をつけたハンノキなどが連らなっている。

少時その焼木の突き立った草地をゆくと、道の傍らには、汗と泥土に塗（まみ）れてその逞ましい筋肉と日に焼けた皮膚の色を見せて、半裸体の人々が、懸命にその焼け焦げた樹幹の根を掘り起こしている。それがゆくに従い彼処にもここにも点在してその同じ労働に従事する人影がある。層雲別（ソーウンベツ）の開墾村に来たのである。更にゆくとだんだん草地は瘠（や）せた貧しい畑地に何時しか変っていて、燕麦の緑のうねりや馬鈴薯が白い寂しげな花を点彩している。そして前方に数軒の極めて粗末な小屋のような農家がまばらに点在して見渡された。その吾々のゆく道の傍らにあった一軒の農家では、家の前庭に堆（うずたか）く積まれた泥まみれの樹根の間に二三の汚ならしげな小児が何にか群れ遊んでいて、通り過ぐる吾々の見慣れぬ後姿を馳け寄って見送るのであった。自分にはこの貧しい開墾村の人々に就いて考えさせらることが多かった。遠い南の国の肥沃な地味を持った土地からこの北地の更に又その辺陬（へんぴ）なこの地に移住して来て、人々は先ずこの暗く生い茂った森の樹を伐り、その残った下草を焼き、土を掘りかえして、そのわずかずつ拡がってゆく畑地を耕してその貧しい収穫を有（も）って長い冬を送り、春の雪消えを待ってまた激しい開拓の鍬（くわ）を手にするのであろう。自分は又これらの人々が、この地味の瘠せた収穫に乏しい耕地の年毎に、拡がりゆくのを望んでは胸に湧く堪え切れぬ歓びと大きな将来の希望を抱きながら、黙々とただこの地にこびりついている忍耐強さにはなおさらに深く考えさせられるのである。そしてまた同時に放縦と怠慢に充された自分の日夕がつくづくと顧みられるのであった。

　層雲別を過ぎてから道は広く、よくなって常に石狩川を左に望んで行った。しかし日は暑く頭上から照りつけて、喉はひきつれるように渇き、足元からは日に白く乾いた道路の熱いほこりが舞い上る。行っても行っても川沿いの道はまだ遠く眼の前に走っているので皆もうあきあきしてしまう。しかしやがて一軒の農家が現われる。そこが真勲別（マクンベツ）の部落であった。対岸に石狩川を渡船で越えて、涼しい河岸の樹蔭で昼餉をした。

真勲別のまばらにある農家を過ぐると、前方には極く緩い傾斜を有（も）って河面に傾いた曠（ひろ）いひろい畑地が展開されて、その緑の表面を貫いて、北海道や樺太などの開墾地に特有な二里も三里も一直線の道路が白く白く眼路（めじ）の限りに走り続いている。処々には河面から吹く涼しい微風にサヤサヤとその広い長い葉をそよがせる玉蜀黍（とうもろこし）の丈高い茂みもあるが、全くこの緑野は馬鈴薯畑ばかりであった。それがまた際涯もなく続いている。ワツカペケペツ[53]の低く窪んだ川岸には水力を応用した小規模の馬鈴薯の製粉所などがあった。

強烈な午後の日に熱し切った大地から蒸しのぼる暑気と疲労と、それにいくら歩いても尽きない様な単調な河沿いの耕地に倦怠した自分等が幅広い埃の深い直線路に一歩一歩疲れた重い足をはこんでゆく時、ふと背後を顧みた眼底には遠く展けて来た緑の野と暗緑にその野を半ばかき抱く丘陵とを前景にした大きな山々の姿が映じて来た。それが如何に広い、また印象深き山々の展望であったろう。西に傾いた日光にその半面を眩（まば）ゆい黄金色に照しだされてヌタクカムウシュペの峰々と、如何にも雄偉な姿のニセイカウシペが背後の赤黄色に熱したような夕映えの空に鮮かに聳（そび）えている。自分の倦み疲れた全身は一時にこの山々の姿で爽快になってしまった。振返り振返り山の姿を顧望して自分等は歩いていった。そして真勲別原野もほぼ尽きて、対岸に留辺志部の市街地が丘陵の蔭に指差される程になった時に道は再び石狩川を対岸に渡るのであった。寂しい渡船所にかかった時、これまで殆んど途切れとぎれながらその遠い上流の荒々しい姿態から親しみ深くその姿を見続けて来た石狩川はまたしても眼の前にあった。しかしその冷たい水が満々と河幅一杯に渡って緩やかに多くの屈曲を描きつつ迂曲り（うねりまが）流れてゆく姿は、もう上流の趣きも峡流の範囲をも脱した平原を流れる河流の姿であった。滑らかなその水面の上に渡船の静かに曳いた水尾（みお）の細波（さざなみ）が落日の斜光にゆらゆらと金色に揺らめいた。やがて少時（しばらく）して四人の姿は、まだ夕焼のほてりで蒸し暑い留辺志部の市街地に入った。その街並はどこかしら開墾地の地方的中心らしい、如何にも乾いてカサカサした、硬ばった感じを与える。市街地の端（はず）れにある低い丘の上の新しい小学校の校舎に兼ねて紹介されていた水姓氏（みずうじ）を訪ねて、氏の懇切な歓待を受ける。自分と田中君は水姓氏の好意に依り、ここに泊まることとなり、嘉助と浅市は比布（ヒップ）駅を経てそれぞれ自家へ帰ることになってその夜は越路（コシジ）まで行って泊ることになった。自分等は今この二人の山人と別れる時に全くそれに対して無関心な平静な心境を持して居られなかった。十幾日間の間同じ労苦と悦楽を共に頒（わか）ち、幾夜となく共に焚火を囲んで土に寝たこれらの人々と自分等との間は決してただに契約に依って一方が支払う賃銀に対して、他方がその報酬として労役を提供すると言った様な冷たく簡単なものではなかった。少なくともこの両者の関係はより複雑なものであった。多少なりとも相互の心と心とは触れ合うことが出来るものであった。たしかに相互に一致を見出すべき幾つかの共鳴点はあった筈である。自分等の前途の旅程の地に廻送を託した荷などを再び背にして彼等のまたと邂逅う機会もなさそうな、その去りゆく姿を街角に消えるまで凝っと校舎の前庭にあって自分等二人が見送っていると、そこに自ら「哀愁離苦」と言った様な感傷的な情緒が胸に湧き上るのを覚えるのであった。そしてその視線をやや西に転じた時、より強い衝撃が自分等を打った。丁度血潮の如く昂奮した真紅の色に染まった夕焼けの西空には、日没の最後の微光に火焔の如くその峰々の頂部を燃え立たせた、ヌタクカムウシュペとニセイカウシペが明確な力強い外廓線を浮かべて、それが一秒一秒に濃い暗紫色に冷たく褪め薄れてゆくのであった。殆んど立ち竦む様にしてまた自分等の視線はそこから少時の間動かなかった。

翌日自分等は北見峠を越えて、湧別川の流れに沿いつつ、冷たい霧深い北見の海岸へと旅程を辿っていった。

（「登高行」第三年、大正十年）

（1）松山温泉——現在の天人峡温泉。明治三十三年、松山為蔵が発見した（小泉秀雄による）。
（2）小泉秀雄（こいずみ・ひでお／一八八五—一九四五）。山形県米沢出身。盛岡高等農林学校を出て北海道旭川中学校ほかで教員。それを機に大雪山（ヌタクカムウシュペ）の魅力に捉えられ、特に地学と高山植物の研究に大きな業績を残し、「大雪山の父」と言われた。中でも「山岳」第十一年第三号（日本山岳会・大正六〈一九一七〉年九月発行）掲載の「大雪山登山記」と、「北海道中央高地の地学的研究」として全ページを小泉秀雄の論考でまとめた同第十二年第二・三号（大正七年八月発行）が秀逸。その名前は大雪山群の小泉岳（二一五八メートル）に残る。
（3）大正八年——一昨年であれば大正七年。
（4）層雲別温泉——現在の層雲峡温泉。アイヌがソウウンベツ（双雲別）と呼んでいたところから、大正十（一九二一）年、大町桂月が層雲峡としたという。
（5）ヌタクカムウシュペ——現在の大雪山連峰・十勝岳連峰・トムラウシ山群などの北海道中央高地を包括したアイヌ語名だが、その後は、この紀行を含めて大きな山塊全体を言う場合と主峰旭岳を言う場合とがある。
（6）ポンアンタロマプ——大雪山群永山岳付近を源流として愛山渓温泉を流れて石狩川にそそぐ。
（7）留辺志部——現在の上川町。
（8）出面賃——でづらちん／でめんちん。日当のこと。
（9）バロメーター——気圧計。
（10）ガンピ——北海道・北東北でシラカバのこと。雁皮、ガビとも。ここでは標高からダケカンバと考えられる。
（11）タシロ——アイヌの使う山刀。それで藪を切り拓いていった痕、であろう。
（12）榛莽——群がり茂った草木。
（13）華氏六八度——摂氏二十度。
（14）ニセイカウシペ——ニセイカウシュッペが正しいようだ。アイヌ語で「絶壁の上にある山」の意という。いわゆる大雪山とは石狩川をはさむ位置、層雲峡の北にそびえる。一八八三メートル。
（15）北見岳——武利（むりい）岳（一八七六メー

トル）か。小泉秀雄によれば北見岳は無加岳の北方半里。「山岳」第十二年第二・三号附図では、現在の武利岳の位置に北見岳と記している。
（16）無加――武華岳（一七五九メートル）。
（17）連亙――聯亙。長くつながる山稜。
（18）ユクリヤタナシ――北見富士（一二九一メートル）。石北峠の東。
（19）「花、葉、場所」を意味する――小泉秀雄による。現在は「ぬらぬらした水苔の多い山」の意味とされる。
（20）悚然――ひどく恐れること。
（21）低夷――平らに広がる。
（22）ヌタプヤムペツ――ヌタクヤンベツ。地理院地図では発行年、縮尺によってメタクヤンベツ川、ヌタプヤンベツ川、ヌタプカンベツ川がある。
（23）山岳十二年二、三号一七五頁――「北海道中央高地の各論」「山岳」同号一七五ページではなく一七八ページ。
（24）矗々――草木がよく茂る様子。
（25）マキリ――小刀。
（26）シャモ――アイヌが和人（日本人）を指して言う言葉。
（27）同じところに長くとどまること。
（28）石狩沢――現在の石狩沢ではなく、ヌタプヤムベツ川が石狩川に合流する地点の約五百メートル下流の右岸に注ぐ無名の沢と考えられる。この沢は前出「山岳」附図に石狩沢と記載されている。
（29）正確な地形図の有難味を知った――陸地測量部の五万分一地形図「旭岳」「ヌタクカムウシュペ山」は大正十三年、「石狩岳」は大正十四年発行。大島亮吉は「山岳」附図を携行したと考えられるが、実際の地形と異なることが多く、前石狩岳からユニイシカリ沢、層雲峡温泉付近の記述は現在の地形図と一致しないところがある。
（30）前石狩岳――どのピークを指すか不明。「山岳」附図では現在の音更山の位置に記載されている。
（31）ヌタクカムウシュペ――ここでは大雪山群ではなく旭岳を指していると思われる。
（32）二〇三五米突――現在の標高値は一九六七

メートル。

(33) パナクシポロカメトクヌプリ――上ホロカメットクのことか。「神の渡る山」ではなく「激流の奥にある山」の意とされる。

(34) オトプケ――音更。

(35) ハコ――沢の両岸が壁状に切り立つゴルジュ(廊下)状のところ。滝があったり、激流の中を泳いだりして通過する箇所。函と書くことが多い。層雲峡の大函、小函はそれが固有の地名に転訛したところ。

(36) 右は即ち……――この辺の地形描写も現在の地図と合致せず不確かな面を持つ。

(37) 一八一三米突――現在は一七五六メートル。三角点はない。

(38) 朽敗――腐って形が崩れる。

(39) Treacherous――あてにならない。

(40) lean-to――差掛け(片流れの)小屋。

(41) イナヲ――イナウ/イナオ。アイヌの祭具で、木の枝を削って薄い木片を房状に下げた形にしたもの。

(42) カムイ――神、神霊。

(43) 留辺蘂峠――現在の石北峠か。「山岳」附図では、ポンルベシナイ川から無加川に越える峠で、現状と合致しない。

(44) 磅礴――満ちふさがること。

(45) 大箱――現在は大函と表記。(注35)参照。

(46) このあたりは現在は大雪湖。

(47) ……と言う処――現在の国道三九号、新大函トンネル付近。

(48) シューマフレペツ――赤石川支流で、現在の黒岳ロープウェイの架かる尾根の東側の川。

(49) 当時、層雲別温泉は石狩川右岸にあり、対岸の沢は黒岳沢になる。「山岳」附図では現在の白水川が北鎮沢とされていて、石狩川との合流点付近の対岸にソウウンベツ温泉が記載されている。

(50) 「石狩川上流の旅日記より」――「山岳」第十四年第二号に掲載。

(51) アッシ――アイヌの衣類に用いる織物。

(52) ニセイケシヲオマプ――ニセイテシオマップ川。

(53) ワッカペケペツ――ワッカペケレベツ。現在の白川。

三月の槍ヶ岳

常念乗越の日没時

緩(ゆる)やかな雪の谷をさかのぼる長時間の登行。そしてその最後の急な狭い谷の硬い雪に刻んだ細かいツィクツァック。[1]重く肩にこたえるルックザック。そうして漸(ようや)く自分らはその日の太陽の最後の光線のうちに、朝から遠く望んでいた雪の輝く常念(じょうねん)の乗越(のっこし)に疲れきって達したのであった。

しかしその乗越の日没時――この厳(おごそ)かな雪と氷の世界への関門をなすその鞍部(あんぶ)よりの大きな景観は、なおこのような遅い時に於てさえも、日没時の魔術的な色彩によって美しく、かつ印象的に展開されたのであった。倦(う)み疲れた自分らの全存在は、これを望んだ瞬間に、全く爽快となってしまった。

ギザギザと鋸歯状につづく穂高の鋭稜、夕映の空に突き抜けて尖った槍の尖峰、それにつづく東鎌尾根の鋭く波打ちつらなる雪のグラート。[2]そしてそれらが暗い黒紫色に力強く描く、鋭く荒い不規則な波状線——その頂部はなおまだ眩ゆい一線に輝いている。そして静かに薔薇色がかったこの乗越につづく波打つ雪面。やがてそれも淡い灰青色にさめ変りつつ消えた。そしてまた終いに輝かしい山々の接空線が一度ちらっと炎のように燃えあがって消えた——その夕映の最後の痙攣！

雪から掘りだされた小舎[3]のなかに這い込んだ時までもなお、自分らの眼は永くこの印象的な視覚を留めていたのであった。

槍沢の一日

二日間つづいた荒れの後の晴れきった朝——小舎[4]の外には眼に痛いほどに眩ゆく朝の太陽が雪に燃えている。

空は青黒いまでに澄みきった深藍色。谷全体に光り、溢れる眩ゆい雪の反射。谷の両側に高く聳えるけわしいグラートの雪庇の上に激しく噴煙の如く舞い立ち靡く粉雪の煙。のし仰ぐばかり基底から削ったようにそそり立つ赤沢の壮大な岩壁。槍沢はたしかに素振らしく大きな景観だ。

この好晴の日に登山を中止して終日小舎に待ち暮す苦痛——しかしそれは確実な登山法によろうとするものの必ず有たねばならぬ忍従だ。荒れつづいた多量の降雪のあとに来る快晴の日――そのような日には必ず乾いた新雪より惹起するシュタウプラビーネ(5)の危険があると見なければならぬ。それ故にどうしても谷筋をゆく行程をとる登山は、一日以上は必ずその雪崩の危険に対して待たねばならぬのである。殊にこの槍沢のように谷底の幅が狭く、両側の斜面の極く急峻な、殆んど到る処に Lawinenzug(6) を有った谷に於ては特にその必要はあったのである。

谷の広い純白な、雪崩のない斜面をえらんで、雪の眩ゆい反射を浴びながらする滑走の練習。大きな急な斜面に一筋に強く引かれる痛快な直滑降の条痕、シュランゲンボーゲン(7)の美しい曲線、鮮やかに描かれるシュヴング(8)の舞い立つシュプール――その大きな、静かな、誰れも他に人影のない谷の斜面での練習。鋭いグラートの上には粉雪が吹き舞い、氷と岩とのシュピッツ(9)は空高くそそりたっている。そして真昼の谷の静かさに遠く反響して穂高の方角からラビーネの底力のある音響が、微かにひびいて来る。山を好むシーロイファー(10)にとっては理想的なシーフェルト(11)。

実際ここは雪崩の危険の少ない冬か、あるいは全くグルンドラビーネ(12)の落ちきってしまった四月以後に於ては、他にあまり類のない立派な、大きなシーフェルトであろう。五月のアルペン(13)が有つ壮快なグレッチャーシーファルト(14)、そのフィルムクルステ(15)、レッヒャークルステ(16)、テレマルククルステ(17)の魅力にもここでも味わわれそうに思える。

昼飯には、雪の上に毛皮を並べ敷いてその上に寝そべりながら、コッホアパラート(18)で熱くテー(19)を沸かし、麵麭(パン)や菓子を噛(かじ)り、パイプをくゆらす。雪に燃え輝く真昼の太陽はのどかな幸福な印象を与える。殆(ほと)んど暑いほどに反射するその強い光線。甘やかに浸みこむ暖かさ。その安逸な興遊。その穏(おだ)やかな静かさ、心安さに浸りきって自分らは全く放心して深く自然の懐(ふところ)にかき抱かれた。

午後三時――この深い谷にはもう薄青色の冷たい陰影が半ばを這っている。そして雪崩の危険な日中の時間は過ぎ去ったのである。友のHと二人で静かに谷をさかのぼってみた。その純白な、傾斜の見分けのつかない大きな谷に、小さな黒点となってしずかに登りゆくシーロイファーの姿――見上げる前も右も左もただ冷たい雪と氷と黒い岩のそびゆるばかり――胸の拡がるような大きな谷の光景――新らしい驚異のうちに二人はたゆまずゆるやかなテンポをもってのぼりつづける。

やがて限られた谷の奥が自分らの視野に開けた。そしてそこに眩ゆい夕映の空に逆光線となって浮き出した大槍の鋭く尖がった半面影像(シルウエット)――それはこれまで見たこともなく真黒に、高く、そしていかにも厳かに見上げられた。疲れも時間も忘れてひたすらにツィクツァックにのぼりつづける。そしてやがてその白い限りない雪の斜面にあらわれた薄鼠色の一点、それは坊主小舎の新らしい骨組[20]だった。しかし雪面はすでに硬いウィンドクルステ[21]の急な斜面となった。小舎の僅か下でスキーは棄てられた。そしてナーゲル[22]の痕を残しつつ硬い雪に足踏みしめて、雪に埋まった小舎の屋根に達した。その時はもう冷たい薄暮の影が谷底の雪に凍っていた。しかし高い、雪、氷、岩はすべてなおまだ日没時の最後の光線に輝き燃えている。水晶のように澄んだ冷たい薄暮のこの高い空気、脚下に横わる濃い藍色に影った大きな谷、眩ゆく光に向って輝くグラートの雪波、そして次第により眩ゆく光った西空を背後に、その黒い輪廓を一層濃く際立たせてゆく槍の尖頂。自分らの小さな姿はわずかばかりそこにとどめられた。

　帰途の壮快な滑降——小舎の下につづく斜面は急であった。そして硬いウィンドブレット[23]だった。慎重なシュテムボーゲンにそれを下りてゆくに従い、傾斜はゆるやかに、谷底は幅広くなり、そして終いに軟かい滑りよいクルステ[24]面から悦ばしい粉雪につづく谷底の理想的な滑走路——そのゆるい凹んだ斜面を引き絞った箭のように突進してゆく火のでるような一本のシュプール。そこには壮麗な直滑降の絶頂があった。

三月の槍ケ岳

午前一時――煙に燻ぶった暗い小舎と暖かいシュラーフザック(25)のなかのまだ充たされない眠りを後にして自分らは暗黒の谷を再びのぼりはじめた。深い谷の上を蔽う漆黒の夜空に宝石の如く燦やかに鏤められた無数の星光。肺臓を刺すように冷えた爽やかな夜気。そして黝い夜影のうちに沈黙して横わる深い大きな谷。

ラテルネ(26)のゆらめく薄光を先に、ゆるやかな谷底のプルツファー(27)の上を自分らのスキーは、音もなく滑らかにすすんでゆく……そのゆるやかな、休息なき無心の登行に、自分らは次第にこの荘厳な限りなき雪の王国のうちに入ってゆくのである。けれどもまだ充分に満たされなかった眠さは自分らに幾分の苦痛を与えた。殆んど半眠の状態で機械的に九人のシーロイファーは、静かにひとすじのシュプールを残して谷の奥へと進んでゆくのである。スキーはスキーの後へと滑り進む……始めは右のスキー……次は左のスキー……そしてまた右と、繰返えされて、その単調な運動は運動に連続される。幻影のようにゆれ動くラテルネの光に照し出された九つの黒影が、皆黙してただ歩いている。そしてそのように絶えず同一の歩調を以て緩慢に休息なく自分らのスキーは、この厳かに静まり返えった暗黒の谷の高き粉雪の上に、深い一条のシュプールを静かに引いてゆくのであった。

すでに自分らは二時間以上もそのように登りつづけていた。谷底の斜面が次第に傾斜を加えて来た。そして雪面は漸くウインドクルステになり始めて来た。その急な暗い雪面に幾つも大きなツィクツァックは刻まれてなおも登行は休まずつづけられてゆく。頭上の青黒色の夜空からの小さな光の点々――それはいま自分らにはある親しみある厳粛さと天候に対する安全を投げ与える――さわやかなこの美しい高山の星の夜――その寒冷な夜気に全身を曝露しつつ黙々としてゆく緩やかな登行――この説明に不可能な、何かしら暗示的なあるものを感得させるような時のひとつ。

雪面は終(つ)いに風によって波立ったSkavla[28]となった。スキーのカンテン[29]は利かなくなって、登行は困難になった。先登の手に提げたラテルネの鋭い光りは、その波立つクルステの薄白い幻影のうちに音もなく吸いこまれてゆく。そしてクルステはますます硬くなっていった。岩さえも裸出して来た。終いにスキーを肩に、直(す)ぐ上に朦(おぼ)ろに見定められた坊主小舎の屋根を目指して、ラテルネを振り振り昨日の足痕(あしあと)をさがしつつ登った。

槍の肩あたりから猛烈に粉雪を吹きまくる風がやって来る。屋根のみ僅(わず)かに露われた小舎の片影に風を避けて、深く深く自分らのスキーはそこの雪に突き刺された。いまこの坊主小舎を自分らは“Skidepot”[30]と定めたのである。

Skidepot——そこはシーファーラーの愛するスキーが数時間の間を雪に埋もれつつ忠実に、その氷と岩との闘いに向ったヘル[31]の安全な帰途を黙思して待ち詫びている処(ところ)である。それにまたこの Skidepot は、このようなスキーの滑走と雪、氷、岩との登攀を組合せた所謂(いわゆる)「コンビナティオン」[32]の登山法の場合に於ては、その地点の選択は登山そのものに重大な関係を有(も)つのである。そしてそれに対してのコンビナティオンの登山法の原則としては、可能的にその Kletterstrecke[33] の距離を短縮して、可能的に最小傾斜度の斜面に従って、Abfahrtsstrecke[34] の距離を短縮容易にせしむるようにそのもちろん Skidepot を選み求むべきであると言う。しかし勿論(もちろん)この根本的の原則は、地形、雪質、それに天候その他の各条件によって種々に変化適応せらるべきものであるのである。

粉雪の吹き舞う小舎の風淀[35]に手を凍えさせながら、ラテルネの揺らめく薄光の下にシュタイクアイゼンがスキーにかわって靴につけられた。皆を待つ間、自分はその硬いクルステの暗い雪面を無暗(むやみ)にシュタイクアイゼンで歩き廻った。その堅硬なクルステの表層を突き通してしっかり喰い込む八つの Zacke[36] ——そのザクリザクリと確実に気持よく喰い込んで止まる一歩一歩が如何にも sicher[37] な感じを与え、それがまたある一種の昂奮を自分の胸にただよわせる。

もう明けやすい明星が輝かしい銀光に先触（さきぶれ）する黎明にま近く、再び自分らはラテルネの光を頼りに先登の足痕を正しく踏んで、静かに槍の肩に向って登っていた。やがて黎明の微光が遠く東の地平線の山波の頂に（原文一字アキ）れはじめて、薄く次第に色づいてゆくにぶい肝臓色の東方のほのかな明るさ――それと共に次第にまた星影がひとつひとつに消えてゆく――そして漸く来たこの高山の黎明！　青白い夢幻的なこの高き雪の上にラテルネの光が神経を抜きとられたものの如く、力なく薄黄色にさまよいゆれている。見上げる黎明の空は鋼鉄のように黒ずんだ青さ。それを背後にそそり立つ硬い黒紫色の槍の尖峰――そして見下（みおろ）す深い谷の暗き陰影にはまだ覚めきらぬ無音の夜が執拗にこびりついている。

なおも自分らはこの黎明の硬い雪面を静かに急がず、一歩一歩正しくシュプールを踏んで登っていた。この高山の深い黎明の呼吸は決して自分らを疲れさせない。

やがて東の地平線から、ギラギラした眩ゆい黄金色の数条の放射光――その幅広の光の幅が一条また一条とふえてゆく。そして鋭い槍の尖頂から大喰（おおばみ）への岩、氷、雪がすべて輝かしい曙光（しょこう）に薄薔薇（うすばら）色に映えたモルゲンロート[38]。輝かしくその頂線の銀白色にきらめいた鋭い東鎌尾根の波状のシュネーグラート[39]。薄く金色の波頭のごとく光る雪波。そして終いに眩ゆい、燃え立つ炎の円球はくるめきつつ地平線の山波からのぼった。

その朝の輝かしい光りにあふれた、冷たく黒い岩と雪のみの境地を、なおも自分らは正しい歩みに登った。仰ぐ頭上の空は晴れきった濃い、深い紫藍色。眼の前には純白の急な雪面がつかえるようにつづいている。自分らは始めてそこで休んだ。槍の肩はもう眼の上だ。粉雪が烈しくそこに吹きまくられている。当然自分らはすべて槍の穂先に登攀する準備をここでしなければならない。ラテルネがたたんでルックザックにしまい込まれる。そして朝食のいろいろのものがまたとりだされる。テルモスの熱く甘いテー、ウルスト[40]、麺麭(パン)その他。それから手袋が更(さら)に一枚重ねられる。ザイルが、ルックザックから解かれた。そしてこれまで常に先登にあった槇さん[41]が再び先登に、次が自分、S、T、H、M、S、M、Iの順序に百呎(フィート)と七十五呎[42]の二条のザイルに各自適当な配置を以て結びつながった。――ザイルの一条にお互いのすべての危険と安全を平分に負担すべく、固く結びつけられたこの九人のクレッテルパルテイ[43]。ここに於て始めて自分らは人間として、友達としてお互いを知り、自己を認むるのである。

そしてまた、このアルペンの偉大な峰々のその岩角に擦りへった、栄(はえ)あるザイルに自らを結んで、相信ずる友と共にこのそそりたった氷と岩の尖峰に、ふるい闘わんとするいま、自分は自らに対してある一種の誇らしさを感じたのであった。皆ザイルを各々(おのおの)左手にたぐめもち、右手のピッケルを雪について再び肩への急な雪面をのぼり始めた。

七時に肩についた。凍った雪と岩との三千米(メートル)突の鞍部。寒冷な強風は日に焼けた頬に烈しい痛感を与えて吹き過ぎてゆく。槍の穂先は仰ぐ眼の前に吃立（そばだ）っている。直（ただ）ちにそれに向って登り始めた。この肩から穂先までが真実の意味に於ての Kletterstrecke なのである。

ただ氷と岩とのシュピッツ。その鋭い穂先の凍れる岩と、硬き氷との登り。強い緊張が九人のクレッテラー[44]のあらゆる筋肉をつかんだ——先登の振うシェンク[45]のピッケルは朝の光りにきらめいて、新雪を蔽（おお）うた硬い氷の面に、ひとつひとつ静かに刻まれてゆく Stufe[46]——氷面に深く突きささる八つのツァッケの異常な触感—— Fest[47] にあって、ザイルを引きしめて頭上を攀じ登りゆくクレッテラーに備え待つ時の緊張しきった意識。いま自分らの筋肉はすべて足趾[48]から指先まで、血管はことごとくその末梢に到るまでただ登高の一念に向って燃え立っているのである——その緊張した、尊い、意義ある生命の燃焼！

八時に自分らはこの Tour の目的点たる槍の尖頂三一八〇米突（メートル）の雪を踏んで立った。その朝のかがやかな光波のなかに眩ゆく照り輝く氷雪の世界と、そのまっただ中に立つ自分ら。槍はこれらのうち連らなる山々のうちに立つ最高のもの——それをめぐって全視圏に充つる輝く峰々、頂、鋭くうちつづく雪の稜、深く雪に埋もれた谷々の陰影。穂高の雄々しい、黝（くろ）い岩壁と鋭いゴーニッシュ[49]のグラート。薬師の大きな純白な山容、黒部五郎、黒岳の岩と雪の姿。なお数知れぬ氷の峰々、雪の頂の一時に網膜を射るその鋭く冷やかな光り。いまこの視域にある限りの氷雪の頂から頂へ、谷から谷へ、鞍部（あんぶ）より鞍部へ、山稜より山稜へ、そして峰より峰へとそれを追うて自分の眼は思うままにさまようた。真実自分は心からそのようにこの雪、氷、岩のみの世界を自由にきままに彷徨（さまよ）い歩きたいと思った。しかしこの連らなる山波のうちをほしいままに Gratwanderung[50] や Passübergang[51] をなすことが出来るような設備のされる時はまだ近くには来そうにもない。

束の間の夢のようにこの山頂に費さるべき休息の時は過ぎ去った。再び自分らはザイルを引きしめつつ、急な氷の Stufe、凍りついた岩の Griffe[52]、岩角にザイルを巻きつけての Sicherung[53] に、慎重なザイルテクニークを以（もっ）て肩にまで下りた。肩からは日光に軟らめられた急なクルステ面を一直線に下りつくして、十一時には坊主の Skidepot. その雪の吹き払われた小舎の屋根の上で、ザイルはクレッテラーの身体からほどかれて丁寧に巻かれ、シュタイクアイゼンはルックザックの背面に結びつけられた。屋根の上で再び食事をした。三月の太陽はこの高き雪の上にも眩しく燃えて光り照る。そして眼の上に鋭く連らなる高いグラートヴェヒテ[54]の上には、例の如（ごと）く粉雪が白い煙の如く舞い狂っている。

この坊主の Skidepot. から下は例の大きな、純白な谷底に沿うての滑走路——その槍沢小屋までの七百米突の長い滑降――いまこそクレッテラーの緊張した集注的な意識は、シーロイファーの壮快な滑降の歓喜と変えられるのだ。やや硬い急な斜面に美しく幾条も引かれた大きなボーゲンの曲線。そのボーゲンに速度を調節しつつ九人のシーロイファーの姿は悠々谷心へと小さく消えてゆく。緩やかな谷底の軟かい粉雪面――そこには熱き血の湧く突進的な直滑降と冷たい雪面の絶えざる連続と、そして眩しく雪に燃える暑き太陽とがある。水の流れるように滑らかにその直滑降のシュプールの縦線は、今朝暗いなかに苦しんで自分らの刻んだツィクツァックの登行痕の無数の横線をよこぎってゆく。歓喜にふるうシーロイファーの感覚、喜悦にかがやくその眼光、かすったようなシュプールを雪の上に残して、斜面から斜面を飛ぶように軽くスキーは滑った。

梓川の谷

幅広い谷の川床に眼路の限りにつづくその雪の無際限な白い展開。その上に軽くシュプールを印して一直線に自分らは滑りすすんだ。

雪の香りの高い晴れた午後。この梓川の谷は印象深く、美しかった。藍の一線を挟んだ白い広い雪原の拡がり。その雪の美しい銀盤に浮く落葉松の暖かい赤褐色に芽ぐみ燃えた梢のつらなり。そしてその上に蒼く黝ずんで聳える氷と岩との穂高の雄姿。すべてそれらの晴れやかな光景の一端を外にしても、なおそこには樹指の匂い深い暗緑色の森があり、その高い氷雪の白き沈黙のすがたから滴り流れて来た美しい薄緑の雪解けの水のせせらぎがあり、そして白樺の樹肌あざやかな叢林(そうりん)に駒鳥の歌う春の前奏曲があると云うことに於てただ岩と氷雪と寒冷のみのなかに幾日かを送り来ったシーロイファーの感覚が、喜ばしめらるるところはすこぶる大きいのである。スキーが河原の湿った粗い粒状雪の上を快(こころ)よい走音と共に休みなく滑りゆくその平地滑走の幾時間。雪原は絶えず落葉松の赤褐色に点彩されて、小鳥が白く光る雪の上にその陰影を流して飛んでゆく。つややかな銀灰色に膨んだ川楊(かわやなぎ)の芽も早春の光沢にそのめざめつつある谷の春を呼んでいる。そして水はますます滑(なめ)らかに流れてゆく。谷の深い堆雪の下にうごめきわたる春の生命――力強い内湧の示現に充ちたその姿。

しかし高い峰々はまだ閉じられた冬の姿だ。その氷と岩との高きに送れる幾日かのこの快よく印象深い帰途――大きな幸福は自分らの若やかな生命と混淆(こんこう)し、それがまた解し難い魅力のひとつとして、その後もなお繰り返えし繰り返えし自分らに味わるるのである。

すでに黄昏(たそがれ)の陰影は深く、夕靄罩(ゆうもやこ)めた河原の雪面をなお自分らは梓川の谷沿いに、上高地の温泉をさして急ぎつつ滑りすすんだ。[55]

(一一・三・二五――三一)

(「登高行」第四年、大正十二年)

（1）ツィクツァック――zigzag［英］［仏］＝ジグザグ、稲妻形。
（2）グラート――Grat［独］＝山稜、尾根。
（3）小舎――大正八（一九一九）年、山田利一らによって建設された常念坊乗越小屋であろう。
（4）小舎――大正六年、穂苅三寿雄によって建設されたアルプス旅館（槍沢ロッヂの前身）。
（5）シュタウプラビーネ――Staublawine［独］＝塵雪崩。乾燥新雪雪崩。
（6）Lawinenzug――ラヴィーネンツーク［独］＝雪崩路。雪崩がよく落ちる斜面。
（7）シュランゲンボーゲン――Schlangenbo-gen［独］＝スキーの連続回転。
（8）シュヴング――Schwung［独］＝スキーでの回転。
（9）シュピッツ――Spitze［独］＝鋭く尖った岩峰。
（10）シーロイファー――Schiläufer［独］＝スキーヤー。
（11）シーフェルト――Schifeld［独］＝スキーのできる斜面。
（12）グルンドラビーネ――Grundlawine［独］＝底雪崩。全層雪崩。
（13）アルペン――Alpen［独］＝アルプス。
（14）グレッチャーシーファルト――Gletcher-schifahrt［独］＝氷河スキー。
（15）フィルムクルステ――Filmkruste［独］／film crust［英］＝雪面上の薄い氷の膜。
（16）レッヒャークルステ――Löcherkruste［独］＝でこぼこの雪面。
（17）テレマルククルステ――Telemarkkruste［独］＝テレマルク（テレマーク）向きのクラスト。
（18）コッホアパラート――Kochapparat［独］＝煮炊きの器具。現在のコッヘル。
（19）テー――tè テ［伊］、thé テ［仏］お茶、紅茶。
（20）坊主小舎の新しい骨組――大正十年、赤沼千尋、穂苅三寿雄によって坊主岩小屋近くに建設された大槍小屋であろう。
（21）ウィンドクルステ――Windkruste［独］風に吹かれて硬くなった雪面。
（22）ナーゲル――Nagel［独］＝滑り止めのため

に登山靴の底に打ち込む鋲（びょう）。日本では転じて鋲靴のことも言う。

(23)ウィンドブレット——Windbrett［独］＝風の強い作用で雪面が固く滑りやすくなったもの。

(24)クルステ——Kruste［独］＝外皮、殻。雪面が風や日射によってフランスパンの外皮のように固くなった状態。［英］はcrust。

(25)シュラーフザック——Schlafsack［独］寝袋。

(26)ラテルネ——Laterne［独］＝ランタン。ろうそくを使う携帯照明具。

(27)プルツファー——Pulverschnee［独］のことであろう。粉雪。

(28)Skavla——シュカブラ(ノルウェー語起源)。本来は吹き溜まりを表したが、アルプス地方に伝えられ、強風でできる固くなった波状雪面のことを言う。

(29)カンテン——Kanten［独］＝スキーのエッジ。

(30)Skidepot——スキーデポ。dépôt［仏］から。スキーを脱いで置いておくところ。

(31)ヘル——Herr［独］＝主人。

(32)コンビナティオン——Kombination［独］＝複合。スキー滑走と登攀を組み合わせた登山。

(33)Kletterstrecke——［独］＝クレッターシュトレッケ。登高区間。

(34)Abfahrtsstrecke——［独］＝アップファールトシュトレッケ。滑走区間。

(35)風淀——「かざよど」か。風除(かざよけ)。風の当らないところ。

(36)Zacke——［独］＝ツァッケ［独］＝アイゼン(クランポン)の爪。

(37)sicher——［独］＝ズイッヒャー。確実な、安全な。

(38)モルゲンロート——Morgenrot/Morgenröte(モルゲンレーテ)［独］朝焼け。

(39)シュネーグラート——Schneegrat［独］＝雪稜。

(40)ウルスト——Wurst［独］ソーセージ。

(41)槇さん——槇有恒。アルファベットの順に、佐藤文二(または久一朗)、田中薫、早川種三、松方三郎(または善雄)、佐藤久一朗(または文二)、松方善雄(または三郎)、伊集院虎一と思われる。

(42)百呎と七十五呎——一呎(フィート)は約

三十・五センチ。ここでは約三十メートルと二十二メートル。

（43）クレッテルパルティイ――Kletterpartie［独］＝登攀パーティ。

（44）クレッテラー――Kletterer［独］＝登攀者。

（45）シェンク――Schenk。スイス、グリンデルワルトの鍛冶職人、ピッケル作りの名工。

（46）Stufe――［独］＝シュトゥーフェ。踏み段、足場。

（47）Fest――［独］＝小文字のfest（固い、確実な）で「足場のしっかりした場所」という意味で使っていると思われる。Festは祭り、祭日のパーティ。

（48）足趾――「そくし」または「あしゆび」。足の（指）先の意味であろう。

（49）ゴーニッシュ――Konisch［独］コーニッシュのことであろう。円錐形の。

（50）Gratwanderung――［独］＝グラートヴァンデルング。山稜縦走。

（51）Passübergang――［独］＝パッスベルガング。峠越え。

（52）Griffe――［独］＝グリッフェ。手がかり。

（53）Sicherung――［独］＝ズィッヒェルング。岩登りなどでの確保。

（54）グラートヴェヒテ――Gratwächte［独］＝山稜の雪庇。

（55）この槍ヶ岳行（積雪期初登頂）に関連する参考資料として次のものがある。板倉勝宣「春の上河内へ」（一九一九年三月の記録）、同「春の槍から帰って」（一九二一年四月の記録）。いずれも『山と雪の日記』に収録。松方三郎「春の槍沢入り」は大島たちとの同行記録で、『山とスキー』第十八号（一九二二年八月刊）に収録。

我国に於ける岩登りの前途にまで与う

最近の、殊（こと）に昨年より今年の夏あたりまでの間に於いて、純然たる岩登りやそれを多分に混えたような登山のやり方が一部の人の間に行なわれました。そしてこれからはますます岩登りの方に次第に特殊化されてゆく登山傾向の一部の前途の展開を求めてゆこうとしていることが明らかに私等にまでみとめられます。少（ちよ）っと数えても新しく岩登りの技術でもって登られたものに、小槍[1]、屏風[2]、八峰（やつみね）[3]などがありまして、縄やトリコニイ鋲（びよう）[4]、アイゼンなどが正しく使われました。これからはもっと進んだ岩登りの技術に必要な、壁鈎（マウエルハツケン）[5]、綱輪（カラビーネル）[6]の類が使われて、いろいろな岩の困難な個所が登られてゆくことでしょう。ただひとつここで考えてみたいことは岩登りの発達のために欠くべからざるその練習場のことでありますが、この点よりみまして、一体岩登りはこれから我国の如きでも進歩し、発達し得べき可能性ありや、またありとしてもその程度は如何と云うようなことに就いて、私一人の考えで申しますと、それはあるにはある、けれどその発達し得べき程度は例えば独逸（ドイツ）の低き岩山やティロール伊太利（イタリア）境のドロミテンなどで行なわれるような、あのような程度まで進むことはあり得ないことと考えます。こんなことは勿論（もちろん）我国には大体あの地のようにあのように偉大な岩山もなく数もないのでありますから誰にでも直ぐうなずくことの出来る明白なことであります。けれども、とにかく我国でも岩登りらしいものの出来る岩の多い山としては、まず第一に槍、穂高、剣あたりを思い浮かべますが、しかしまだ単に岩登りの練習を目的としての岩盤のようなものならば、相当の大きさのものが他の山にもずいぶん沢山あると思います。北アルプスの山で例えて見れば、大概一か所位いは相当な岩壁をもっています。そういうのをさがせば、たとえ大きな純然たる岩山は少なくとも相当に岩登りの練習は出来ようと思います。しかしなんと言ってもそう彼地と比較してたくさんあるのではないから、遠からず皆登攀しつくされてしまう時が来ます。そうすると今度はいろいろ進んだ岩登りの道具を使って登る。それも発達し得べき点はそう遠くにはありませんから、ある極点に達します。もう今度は進む余地がないからただこれまでのをくり返すに止まるようになって来ると思います。勿論それが何時頃来るとは言えませんが、今日のこの調子でゆけば、そう永い年月はかからないと思います。この岩登りの進んでゆく有様は、とりも直さず彼地でこれまで経て来た岩登りの発達の歴史的経過です。そのような点まで参りますと、その岩登りはただそれだけをとってみると、もうひとつの単なるギムナスティックな運動となって終わっているのであります。ですから岩登りをひとつのスポートとしてみとめた時には、それはもう登山とは全く内部的に離れた別のスポートとなってしまっています。現在独墺あたりの岩登りの状態は丁度このように、余りに岩登りそれ専門となって山を登らないで、低い岩山の岩壁ばかりを漁り歩いていて、登山そのものから離れてゆこうとしている時であります。このような分化された登山の極端なる傾向をみて、それに対して、最近登山者の立場より辛辣なる警告的の小論文を書き、以てその傾向のより進まんとするをとどめんとしたある登山家があります。私はそれを読んで感じさせられました。いま我国では漸(ようや)く岩登りが、今後盛んになってゆこうとしているときではありますが、何しろ岩登りの練習場の少なくそして狭い我国のことですから遠からざる前途に現在の独墺のような状態が到来しないとも限りません。それ故私はとって以てその登山家の小論文をばまた我国に於ける岩登りの前途にまで与えたいと思います。そう言うと少し言い過ぎるようです。むしろそれはこれから岩登りをやってゆきたいと思っている私自身にまで私自身が与えるものとして置きます。でも題はおこがましくも「我国に於ける岩登りの前途にまで与う」と言うような大きなものと致しました。その点はよろしく御諒察を願います。

岩登りの技術を書いた著書としては登山界で評判よく、可成り版を重ねたDas Klettern im Fels[7]の著者、及びティロール・ザルツブルク、独逸北カルクアルペン、オーバーバイエルン、カイザーゲビルゲ山等その他の岩の「登攀案内記（クレッテルフューラー）」の著者として、つまり一言して言えば岩登りの方面で名を知られたる登山家フランツ・ニーベル(8)（Franz Nieberl）が一九二二年八月のミュンヘンで、発行されている月刊山岳雑誌アルペンフロイント誌上に発表した「登攀者に対する考察」Nachdenkliches für Kletterer なる一文こそ、先に申しましたある登山家の小論文です。僅か二頁の短いものでありますから以下その全文をここにのせましょう。読みよくするためにいくらか文体は自由となって居ります。

「往昔、登山史上の初期時代に於いては、登攀者（クレッテラー）と言えば、それは一般に登山者（ベルグシュタイガー）を意味したのであったが、今日に於いてはそれは単に登攀者なる文字上そのままの狭き意味である。わが若き山の愛好者等よ、君等はこの故を以て直ちに往昔に於いては非常に困難なる岩稜や岩壁などは登ることが出来なかったのだと考えてはならない。しかしかくの如き難場は、多くは偉大なる断崖や峻（けわ）しき山稜を登って、頂に達せんとする時の問題に属する。登山者が最初より彼の登らんとして求めし登路を辿って頂に達したならば、難場やたやすい個所の変転がいかに賑わしく、且（か）つ豊富に現れ来るかは、もとより最初から彼に判然していたことである。それ故に彼等登山者にとって困難な個所は、楽な個所と等しく、共に単なる目的のための手段に過ぎないものと見られたのである。

しかし今日ではこの難場の登攀は著しくそれ自身が登攀者の目的となっている。近来の若き人々の登山傾向は著しく低き岩山の難場と称せらるる小さき場所の登攀のみに企てらるが、この傾向は不幸にして登攀そのものをなすためよりも、多くは他の目的のためになされる。私はこのことを余りよいこととは思わない。難所の登攀に対する彼等一般の見解に従えば、それはこれまでの「肉体及び精神を鍛える」と言うことに対して、しばしば誤解せらるる言葉、即ち「民族の訓練」なる語が用いられる。而(しか)して、いかにして彼等は訓練せらるるかと言うに、君は何等偏見なき眼と耳とを以て日曜日に例えばミュンヘンの近くの低き岩山を訪れ、意をとめてよく観るとき「訓練」なる合言葉の下にそれら岩山に於いては万事がいかなる状態となっているかを直ちに知ることが出来よう。そこにはなんら精神的要素によって感ぜらるべきものはひとつもない。ただ指先や登攀靴(クルッテンシュウエ)の底の縁が岩の上に機械的に動いているのみだ。一言にして言えば身体と技術なるこの二つのものがその種の所謂(いわゆる)登山と称せらるるものを支配しているのだ。往昔の登山に於いては、巨大なる岩壁の間に、或いは鋸歯状にうちつづく鋭き岩稜の上に、一条の登路を開くためにひとつの精神が働いていた。往昔の登山者は高き岩の上に立ちて、そこより目的の峰までの行程の長短を知り、めざす頂の鋭い尖りを眼にした瞬間、その精神の緊張を強めた。しかし今日に於いてはこれらのことは第二義的のことだ。今日の登攀者はその登るに価値ありと認むる岩の困難な個所は、種々なる人工的なる登攀の補助具を使用して登るのである。即ちある困難なる個所に対しては綱輪と縄とが機械的に懸られてある壁鈎を打ち込み、それに依って安全容易に、むしろ極めて安直、便利に登り終えて、所謂近代的の英雄となりあがる。リュックザックは？　そんなものは彼等には不必要な重荷にすぎない。服装なども軽くして、上衣などの代りにせいぜい青いジャケツを以て、気持よくやれる。縄、縄輪（ザイルリング）、綱輪、壁鈎、それに槌。それで道具は充分。食料は二枚の板チョコレートそれで充分。防寒具などは不必要だ。天候は既に安定している。私はかく軽快に準備をした登攀者が、背嚢に多くの露営や暴れの時に必要な品々を背負っている登山者より、より軽快に迅速に登ることが出来るのを容易に認める。氷河をこえて来た登山者が、高き岩に達して漸（ようや）く必要でなくなったこれまでの鋲靴を登攀靴に代えて、それをリュックザックに入れているのは正しく重荷に過ぎぬことをも認める。

　しかし、わが愛する登攀者等よ、私は敢えて君等にまで告げる。すべからく往昔の登山者等のとりし、かの方法に還れと。単なる登攀それのみに心身を委（まか）して、登山者たることを失うなと。何故ならば、若（も）しこの近代的の傾向がより一層深く進んだならば、それは全く邪道に陥り終わって、必ずや登山者そのものの退化を来たすこととなるであろうが故に。また単なる競技的精神をも取り去れ。斯（か）くせば再び君等はまことの登山者にまで立ち返り得るであろう。最後にいまひと度、君等は単に技術の発達のために山に行くのではないことを考えみよ。技術は君等の登山の最終目的ではなく、それは今日充分に発達し理解せられたる登山の目的のための手段に過ぎない。この目的のための手段としての岩登りの技術練習は、ある時は高き岩山を求めて、君等——例えばミュンヘン人——をして、土曜日の午後、かのティロールのクーフスタイン[9]、若(もし)くはガルミッシ[10]行の汽車の乗車券を買うことを喚起せしめる原因となることも稀にはあろうが、その多くの場合は極めて低き近くの岩山か或いは一個の単なる岩壁である。いまひと度、君等はわが言いしことをよく了解せねばならぬ。勿論(もちろん)私は君等にまで彼のヘルマン・フォン・バルト[11](Hermann von Barth)が、登山史の初期時代に於いて考案した、あの旧式な不完全なシュタイグアイゼンを足につけ、長い山杖(ベルグシュトック)を手にして山に登ることを勧めようとは考えぬ。何故ならば吾等は既に登山の技術がひと度達し得た高き程度をまた遽(にわ)かに初期の発達せぬ時代にまで逆行せしむる必要はないからである。しかしかのヘルマン・フォン・バルトの抱きし如き、あの登山の精神は常に君等が心のうちに残されねばならぬ。さすれば、君等がある大なる登山を企てるために高き山上のよく近代的な登山の準備の整える登山小舎に到っても、君等の低き岩山に於いて修練せし登山術のひとつを直ちにそのより大なる登山のために実行し得べく、何等登らるる山と、それを登る人の技術との間の調和を整うべき下準備の必要を見ないであろう。かくすることが即ちとりも直さず、君等にまで自らヘルマン・フォン・バルトの精神を齎(もたら)すものなのである。

　わが愛する登攀者等よ、君等、いまひと度独逸山岳会会報（D.O.A.Z.）の九九六号を手にし、以てかのオスカア・エリッヒ・マイエル[12]の「山の時代思想」なる一文を読み給え。彼のこの登山に対しての内部的に深く鋭き思索の痕を追う時私は非常に深く感銘せざるを得なかった。そしてその結末をなす数行の文を読んだ時、そこには私の心をして感動せしむること更に甚(はなは)だしきものがあったのである。即ち彼は記して「嘗(かつ)て一八八〇年の夏、高名なる英国の登山家、エー・エフ・マンマリィ[13]は、当時困難なる未踏の峰として知られたシャモニイの針峰(エギュイユ)、ダン・デュ・ゲアン[14]（Dent du Géant）を登攀征服せんとした。しかし彼がその峰頭の登攀に対して打ち勝つことの出来ぬ困難に際会し、やむなく人工的の補助具を使用してその頂を究めたとき、彼はそれがこれまでの普通の方法では絶対にその峰の頂に登攀し得ぬことを名刺に記入し、そして頂の積石(シュタインマン)の間にそれを差し入れて残して置いた。それは実に美わしき、まことの登山の精神である。後世の登山家の登山思想、及び人工的の補助具を登山に応用するに当っての考えは、多く彼自身に依って最初に示されたのであった。

　しかるに、一九二一年の秋、三人の登攀者がプラシキマレルシュピッツェ[15]の北壁を最初に登らんと試みた。而してその際そのうちの一人は岩壁のとある突出部で滑落し、彼等が最初の登路を開くに欠くべからざる『錠前』のごときものである壁鈎その他の道具を失い落した。そのため進退の自由を失って彼等三人は数日間をその岩壁で、救助されるまで過ごさねばならなかったのであった。登攀するに際して、人工的補助具のみに依頼していた彼等は、まこと道具の奴隷となり終わったのである。――ああ、そのかみの古き、まことの登山精神は、唯だ空しくもダン・デュ・ゲアンの頂の積石のなかに埋められてあるのである」と。

この二つの登山のことがらを記せる短き文章の、一語一語を精しく比較してみると、そのなかに含まれている著しき対照が判る。即ちそれは、登山者対登攀者――または美しいまことの競技的な感覚と単なる道具の奴隷との相違などである。特に最後の、かの往昔の登山者が、もちしまことの登山の精神を葬る、悲しくもまた意味深き弔詞をば注意して読み給え「古き、まことの登山精神は、ただ空しく埋められてある――おお、わが愛する山の友よ、希わくば再びヘルマン・フォン・バルトの精神の人たれ。彼が冷たき墓石の思想に、深く入りてみよ。謙譲にその墓前に頭を下げて誓え。否、汝、素直にして、純なる登山精神よ。汝はいまもなおマイエルが言葉のごとく、空しくかの冷たき岩の間に埋もるる必要はない。汝の再びわが心に湧き来りて、私をして、それを他のものにまで教えしめよ。

吾等が精神の終に鍛冶屋の仕事場に於いて溶け失せらぬがために。
　吾等は再び古人の精神に還らねばならぬ。私はその古き精神を心情深くに印し置きて、山々を登りつづけるであろう。さすれば、その精神は、今日の高く発達したる技術を支配し、それを説明するであろう。即ちその時に於いては、かの壁鈎の如き人工的の補助具は、単に難処を征服するに万能の器具たるにあらずして、偉大にも高きへの吾人の聖き欲求の吾等を護る従属的補助具に過ぎないのである。
　競技的難処登攀の演技場より出でて、
　永劫の山岳の王国に入れ！」

　以上がフランツ・ニーベルのその論文であります。拙(つた)なき邦文に移してみても、その文章はなかなか鋭い言い表わしであります。現在の独逸の若き登攀者等にとっては痛刻にして、的を射るような警告であり、鋭い批評であろうと思われます。而(しか)してそのことは暫(しばら)く置いて、ここに私等はニーベルがあのように文中で度々言いました彼のヘルマン・フォン・バルトの所謂(いわゆる)登山精神と云うものに就いては、この文だけではただそのごく漠とした輪廓を知ることが出来るに止まって、果たしてその精神なるものがどんなものであるかを知ることは出来ないのであります。勿論フォン・バルトのもっていたその登山の精神は彼地の登山家のうちには充分理解されているものなのでしょうが、私は彼の著書をよんだこともないし、第一にそれがあるのか、ないのかも知らないし、また登山に関しての思想的なものや、歴史を書いた著書のなかでそれを書いたものも知りませんから結局それがどんなものであることを知り得ることは現在見出せないのであります。しかしいろいろの山に登る人たちの著書を読んでおりますと、時々紀行文の間とか、技術を書いたものの終局としてや、あるいは短い、少っとした感想文などのなかに、これら山に登る人たちに共通して、登山には普通一般の他のスポートとは著しくちがった、ある精神的なあるものがあると言うことを窺い得るような言葉がよく見出されます。それらの言葉は勿論各人に依ってちがってはいますが、思うに山に登っている人々が皆もっているその精神的なあるものと言うものが、即ち登山精神と云う言葉で総括せられて言い表わされているものではないかと思います。してみればほんとに山を登っている人のその登山精神なるものは、例え時の相違はあろうとも、また意識され表現されるに差異はあろうとも、それが純正なるものであるかぎりは互いにその根本に於いては共通したひとつのものであると言うことが言えはしないかと思うのです。とりも直さずフォン・バルトの精神はまたマンマリィの精神でもあり、マンマリィの精神はまた現時の登山家の精神であると言えると思うのです。この故からゆけば、特に私はフォン・バルトの精神を求めようとする必要はないわけだとひとり考えました。さてまた少しその方向を転じて、前述した登山者がみな共通にもっている、その登山の精神なるものを、また多くの登山家は山を登る精神的の根拠としていて、それを離れてはすべてもう登山ではないとするのです。一体に登山家は自己を持するに偏狭であって、いろいろに登山者と云うものの人格を他から区別し、より進んでは山に登るもののうちでさえも、こう云う目的の登山をするものは、まことの登山者ではない。そのような登山のやり方をやっているものはこれを登山者とは言わぬなどと云うような程度までやかましく言っている登山家もいます。このひとつの例として、ノーマン・コーリイ[16]はその著 Climbing in Himaraya and other mountains[17] の一章たる「失われたる稿本よりの断片」と云う文中に見出されます。

即ち――「……断片」のうちで「私等がまことの登山者であるとか、或いは山の真の愛好者であるとか呼び得る人は、その山を登ることの愛を正しい限度に於いて有(も)っている人を言うのである。その愛の足らざるものは、登山に真の理解のないものか、似世登山者で、その愛の過度に過ぐるものは登山狂(オロマニア)[18]である。前者は、望遠鏡や登山電車で山を登り、あるいはただホテルの喫煙室にいて想像で山を登って決してホテルのない山へは行かずに、ロープの端に自らの生命をつないで危険に打ち曝しつつ、凍った雪に装われた大きな山を登り、人気のない山地をさまようことを好むような人をあざけっているものや、いかにして自分が高い、困難な、そしてしかも人跡未踏の峰を登ったかを得意で人に語り、あるいは多くの山の名を詩句に入れて歌い、時には自らのなした以上にことを誇るものを言い、後者は無意義にただ山を多く登ろうとしていて、全くこの点に対しては肆欲（しよく）[19]なるものを言う。そして更に後者は例えばある峰が未だ登られざるものであることをきけば、直ちにそれを登って以てこれまでの記録を破り、地方新聞に自己の名の表わるることを望むような卑俗な欲望をもつものを言うのである。まことの登山者は山に登ることそれのみを愛するものであると共に、また山を登るにアクチイーヴな力を以て登るの他、一部分は思索に依って山を登るものでなければならぬ」と言っている。

かくのごとく多くの登山家は、その登山精神なるものを護ること固く、従ってその態度は、普通の登山なる語に依って意味せらるるものよりみては、少々堅苦しい偏狭な排他性を帯びている厭（きら）いがあると思わるる位いその自らを持することが高いのであります。フランツ・ニーベルが拠って立ちて書きましたその立場は正しくこの狭い、そして一段と高い処なのであります。前掲のニーベルの文を読まるる人の当然抱かるる疑問に対して、ここに私がこれだけのつけたしをしました。しかしこれは私一人だけの考えであることをお断りします。

更にもう少し前述したことに就いての私の貧しい考えを書きますと、二十年も三十年もいろいろの山を登りつづけた高名な登山家が、その長い年月の間に登山より得た深い感化、或いは山に対する思索の片鱗が、ふと文字として表わされたのを読んでさえ、私等、若くして未だ登山の幼稚なる途を歩みつつあるものを、知らず知らずいろいろと想わせ啓発することは多大であるのは当然のことです。そしてそれらの大登山家のある一部の人が、自らをある狭い範囲のうちに高めて、以（もっ）てまことの登山者はかくかくであらねばならぬとするのもまた当然の帰趨と思います。しかしまたなかには、このようなことに就いては非常に寛容な態度を示している登山家も居ります。そのひとつの例としてはMountain Craftの著で名高いウインスロープ・ヤング[20]で、氏はその著の序文の冒頭で「マウンテニアーとは、ただに山に登るものをのみ称するものではなく、山を歩き、山を想い、山に関しての著書を読むことを好むものもまたマウンテニアーである」と云うようなことを言っています。とにかく私等のごときものも、登山に志してはその高きに立って登山そのものの核心たる登山の精神なるものを親しく了解したいと思います。それには長い年月山をのぼりつづけてゆくことがなによりでしょうが、また大なる登山家のこれに対する言葉を聴くのも、勿論よいことでありましょう。これらの意味よりして、またさしづめの問題に関するものとして私はフランツ・ニーベルのこの「登攀者に対する考察」を意義深く読みました。槇さんが今年になって「岩登りに就いて[21]」と題して、岩登りの技術その他に関して始めて我国で、専門的な岩登りの記述を紹介されました。槇さんは岩登りを私等に勧めておいでです。そして我国に於いて岩登りをやるに当って、そのやる目的、意義に就いては別に明らかにお書きにはなっていません。しかし我国で岩登りを始めよと言うのは、ただそれの独壊に於けるがごとく、技術の発達を最終目的とするのではなく、矢張りそれはより大なる登山の目的のための手段としてなされるものだと言うことを言外に於いて暗示しておいでです。即ちその意味が来る文とは「此の冬の登山と岩登りの両者はもっと詳しく云えば、雪と氷の山稜や斜面に就いての技術及び断崖を上下する技術の二つであります。而も此の両者を会得せぬ限りは雪線以上の山例えばアルペンとかヒマラヤに向かっての試みは不可能であります」（登高行第四年、七—八頁）であります。私のここに「我国に於ける岩登りの前途にまで与う」と題して、うやうやしくひとつの翻訳文をもち出して来た理由は、いつにこの槇さんの数行の章句の補遺ともならんかと思ったからであります。

我国に於いて、岩登りは丁度はじめられました。その高き発達を望みます。そして新しいノルマン・ネルダ[22]や新しいゲオルグ・ウィンクラー[23]のような人が登山界にあらわれて、彼等のなしたような勇ましい登攀の挿話のくりかえされる時が来ることでしょう。

（「山とスキー」三十四号、大正十三年）

（1）小槍——大正十一年八月、土橋荘三（つちはしそうぞう）らがおそらく初登攀。

（2）屏風——穂高岳屏風岩。大正十三年七月、慶應義塾大学山岳部の青木勝らが二ルンゼ—慶應稜（二ルンゼと北壁の間のリッジ）初登攀。

（3）八峰——剱岳。大正十二年八月、学習院の岡部長量が初縦走。

（4）トリコニイ鋲——トリクニ Tricounis［仏］＝滑り止めのために靴底に打つ鋲（びょう）。本来は商標名。ビブラム底ができてそれに取って代わられた。

（5）壁鈎——［独］Mauerhaken。現在のハーケン、ピトンのことであろう。

（6）綱輪——［独］Karabiner。カラビナ。

（7）Das Klettern im Fels——［独］＝岩壁登攀。

（8）フランツ・ニーベル（一八七五—一九六八）はドイツの登山家。オーストリアのカイザー山脈（カイザーゲビルゲ）などの登攀で知られる。

（9）クーフスタイン——Kufstein クーフシュタイン。南オーストリア・ザルツブルクの南西。北部石灰岩アルプス、カイザーゲビルゲ Kaisergebirge（カイザー山塊）の町。

（10）ガルミッシ—南ドイツ・バイエルンのガルミッシュ・パルテンキルヒェン Garmisch-Partenkirchen のことであろう。カールヴェンデルゲビルゲ Karwendelgebirge（カールヴェンデル山塊）の山岳都市。前記の町とともに東部アルプスで岩登りの盛んなところ。南ドイツ・ミュンヒェンから日帰りできる。

（11）ヘルマン・フォン・バルト（一八四五—一八七六）はドイツの登山家。単独行が多く、身長よりも長い杖を用いた。

（12）オスカール・エーリヒ・マイエル——Oskar Erich Meyer（一八八三—一九三九）。ドイツの登山家、作家。「小屋・焚火・夢」（注4）参照。

（13）エー・エフ・マンマリィ——Albert Frederick Mummery（一八五五—九五）。イギリスを代表する世界的登山家で、近代登山の唱導者。一八九五年、ヒマラヤ、ナンガ・パルバートで行方不明となる。マンメリーという表記が流布していたが、現在はママリーである。著書に『アルプス・コーカサス登攀記』（*My*

Climbs in the Alps and Caucasus）がある。

（14）ダン・デュ・ゲアン――ダン・デュ・ジェアンDent du Géant（巨人の歯〈峰〉）。フランス・アルプス、モン・ブラン山群にある顕著な岩峰。Aiguille du Géant とも言う。四〇一三メートル。

（15）プラシキマレルシュピッツェ――プラクスマーラーカールシュピッツェ Praxmarerkar-spitze。オーストリア・カールヴェンデル山塊。二六四二メートル。

（16）ノーマン・コーリイ――John Norman Collie（一八五九―一九四二）。イギリスの代表的登山家のひとり。アルプス、ヒマラヤ、ロッキーなどで活躍。ママリーが行方不明になったときのナンガ・パルバート遠征に参加。X線の医学利用やネオンを開発した化学者。

（17）*Climbing on Himalaya and Other Mountain Ranges*。

（18）オロマニア――orology（山岳学）の mania（熱狂者）。

（19）肆欲――「欲するがままに」の意か。

（20）ウインスロープ・ヤング――Geoffrey Winthrop Young（一八七六―一九五八）。イギリスの登山家。著書 *Mountain Craft* は登山技術書の古典とされる。

（21）「岩登りに就いて」――槇有恒『山行』所載「岩登りに就いて」のこと。岩登りとは、Rock cilimbing, Felsen Klimmung, Klettern を意訳したもの、とあり、岩登りという言葉がここに誕生した。用具、縄の結び方、技術など、日本に岩登りを体系的に紹介した最初の文章。「登高行」第四年（大正十二年）に発表された。

（22）ノルマン・ネルダ――Ludwig Norman-Neruda（一八六四―一八九八）。イギリスの登山家。ベルニナ山群、ヴァリス山群などに初登攀の記録を持つ。ドロミテのフュンフフィンガーシュピッツェでの事故で死亡。

（23）ゲオルグ・ウィンクラー――Georg Winkler（一八六九―一八八八）。ドイツのアルピニスト。ドロミテなどの単独登攀で知られ、その名のついた岩峰がある。ヴァイスホルン西壁で転落死。一九五六年に氷河末端で遺体が見つかった。

穂高岳スキー登山

穂高岳に於けるスキー登路及び大正十三年三月二十四日より同四月十五日までのスキー登山記録よりの抜粋。

一、三月三十一日。横尾谷野営地より涸沢（からさわ）を経て奥穂高岳へ登りし行程記録。

二、四月六日。横尾谷野営地より横尾本谷を経て北穂高岳の北壁を登攀して頂に到りし行程記録。

一　穂高岳の峰名に就いて

穂高岳の各峰名については現在でもいろいろと人によって異って使用せられているようであって、ある記録を発表するに就いても甚（はなは）だ紛らわしくて困ります。しかしここで私等は決してそれに就いてのトポノミィカル[1]な研究を発表するのではありません。ただ私等の以下に於て発表する記録のうちに使用した峰名に就いてのお断りを書くに過ぎないのであります。

私等はその可否の如何を暫くおいて今日最も一般に使用せられていると思惟せらるる峰名をとりました。しかしなお念のためその峰の位置とその峰名とを併せ記して左に掲げますと、陸測五万分ノ一[2]の焼ケ岳図幅に穂高岳（三〇九〇・二米突）とあるを前穂高岳とし、地図の上の穂高岳の山稜と地図の上の前穂高岳の山稜との交点を奥穂高岳とし、同じく地図上にて横尾谷の本谷と唐谷[3]を分岐する山稜の最高点を北穂高岳としました。なお記録中に出ずる峰名にて、地図の上の前穂高岳（二九〇八・六米突）とあるを西穂高岳とし、同じく奥穂高岳（三一〇三・一米突）とあるを涸沢岳（または空沢、唐沢とも宛字するようであります。）とし、同じく北穂高岳（三〇三二・七米突）とあるを南岳としました。それから北穂高岳の下のカールから出て横尾本谷にはいっている狭い峡谷状のザイテンテールヒエン[4]を北穂高沢と仮称致して置きました。

二　穂高岳のスキー登山登路に就いて

穂高岳はその山体概ね急峻にして、かつその岩稜の状態は鋭く、加うるに主稜側稜のある部分は紛雑している点に於ては本邦に於ても最も顕著なるもののひとつであると思惟せられます。そのような山勢を有するものは元来スキー登山に適した所謂彼の地に於てSkiberg[5]（独）とか称せられて一部登山者の区別するもののうちには入らざるものでありましょうが、またそのようなことを置いて、ただこれを一瞥してもあのような山容の山に於てのスキー使用の効果如何、あるいはもっとスキーの使用の殆んど不可能ならんと思わるるは当然でありましょう。

されど私等いささかこの穂高岳に於けるスキー登山登路に就いて意をとめて求めたる登路に於ては、その登行高距は意外にも大にして、もし雪質状態が良好ならば全くその主稜にまでスキー行路を求め得ることを確めました。而して実際に於ては二六〇〇――二七〇〇米突ほどの高距まで達することを得ました。以下それに関しての私等のとりしところに就いて書き記してみましょう。

勿論穂高岳の如き山勢の山に於ては、その各峰の頂に達するには概ねその登路の最後の部分は岩稜、または岩壁あるいは時として鋭い雪稜の登攀をなさねばならないものであります。ここに於てその登路はスキー登山に於ての一登山法（Kombination）である結合法の法則によって求められねばならないのでありましょう。その結合法の根本的な法則とは、すでによく知られておるように、可及的にその登攀区域の距離を短縮して、可及的に最少傾斜度の斜面に従って、滑走区域の距離を短縮容易にせしむるように登路を求めると云うのであります。私等は大体これに従って登路を求めました。

しかしここにもうひとつ考慮すべきものがあります。それは雪崩の危険であります。雪崩の危険に就いては、敢(あえ)てこの穂高岳のみに限られたことではありません。到る処の山岳地に於て常に考慮すべきものでありましょう。けれどもこの穂高岳はその山勢(さんせい)上特に雪崩の危険率は、恐らく本邦に於ける他の何(いず)れの山岳に比しても、決して劣らないほどに大であると私等は思います。この雪崩の危険は勿論ある程度まで確実に、それに対する知識と手段によって避けることは出来ます。しかしそれは絶対的のものではありません。私等は登山術の上のひとつの法則として、不可測なる雪崩の危険を冒すよりは、労力大なりとも山稜の登路を選ぶべきことを教えられております。それ故(ゆえ)雪崩に就いての考慮はまた前記の法則に対しても重要な関係があります。

なおこの他に登路を求むるに当っての影響ある要素は、天候の如何(いかん)による雪質状態と、季節の如何による積雪状態であります。この二つのものはあらかじめ知ることは出来ず、最後に至っていよいよ探測にかかっての結果でわかるものであります。それ故この二つは後へ廻して、私等は前述の結合法の法則と雪崩に関する考慮よりして登路を求めて計画しました。

奥穂高岳の登路。最初穂高岳の最高峰である奥穂高岳に到るべき登路について計画しました。これに関しては飛騨側はスキー登路として問題になりませんでした。信州側に於ては大体に於て二つの登路があります。即ち岳川谷と横尾谷とであります。そして更に前者には前穂高岳への夏道をほぼ登って、山稜に達し、それに沿うて頂に到るものと、直接岳川谷より奥穂高岳に達するグラート[6]を登るものと、西穂高岳の天狗岩に登り、それより山稜を伝わって頂に達するものとがあります。後者は横尾谷の支谷涸沢を登って奥穂高岳と涸沢岳との鞍部に達し、それより主稜を登って頂に達するもの一つであります。

　結合法の法則よりして最初、岳川谷と横尾谷とのいずれをとるかと云う点よりみますと、登攀区域の最も短いのは横尾谷であります。そしてスキーでの登行区域の最も長距離なのもまた横尾谷であります。岳川谷はスキーの登行距離は僅かで登攀距離は長く、かつ概して困難であると予想しました。但しこの両路の出発点は同じではありません。岳川谷の予定出発点は五千尺、横尾谷の方は谷の入口から少し入った雪崩の危険のない森林地のなかの野営地と仮定しての比較であります。両者の総登行高距は、岳川谷はおよそ一六〇〇米突、横尾谷は一五〇〇米突であります。また登攀区域の長短の比較は、良好状態よりはむしろ正規状態に於ける雪質状態を予想して、仮定的に求めたるスキー置場（Skidepot）[7]によって計りました。それから登攀区域に於ける登攀技術上の困難の程度に就いての比較は、夏季に於ける経験と積雪時の状態を予想して定めました。以上の点では横尾谷の方が登路としては適しているように予想されました。

雪崩の点での両路の比較は甚だ困難で、かつこれに対する経験もないので決しかねましたが、夏に雪崩の出た後の著しい特徴ある地点などを注意し、また地形上に於ける傾斜、外形、斜面の性質等よりして大体横尾谷の方がよいように思われました。そしてこのためには是非探測をやることを必要とすることにしました。

而して実際の結果からみると、岳川谷より横尾谷の方がスキー登路としては甚だすぐれていることがわかりました。雪崩の危険は両路殆んど同じようでありますが、横尾谷の方が危険地の通過距離は長く、従って雪崩地通過の数は多くはないかと思います。

北穂高岳の登路。北穂高岳への登路としては横尾谷を入ってゆかねばならないことは明かであります。しかし、横尾谷に於てもまたとるべき登路は私等のみるところによっては三つありました。即ち涸沢と本谷との二つで、更に涸沢はこれを涸沢岳と北穂高岳との主稜鞍部に達してそれより主稜を頂にと向うものと、涸沢岩小屋の少し下に北穂高岳から派出して本谷と涸沢を分つひとつの大きなザイテングラート[8]から出ている小さな急谷があります。それを登ってそのザイテングラートに達し、それに沿うて頂にゆくものとであります。以上の三つの登路は奥穂高岳への登路をやった経験を主として選択しました。

本谷はよく観察することが出来ないのでわからないし、それからこの登路によると北穂高の北壁を登攀しなければならなくなります。この北壁は以上の三登路のうちで最も困難でかつ多大の時間を要する程度の岩登りを含むものであると推測したのでこれをまず棄(す)てました。

涸沢の方の二登路では登攀区域の点ではザイテングラートを登る方が困難だし、かつザイテングラートに達すべき急谷は午後遅くまでも雪崩の危険があるので、これを棄てて、主稜鞍部に達する方の登路をとることに決めました。但しこれは距離に於て最も長いものでありました。

しかし実際登ったときの登路は以上の点で選択したものではなくて、却(かえ)って本谷をゆく登路でありました。これはひとつの偶然な機会を摑(つか)んでやったことでありました。以上が、穂高岳のスキー登路の大体であります。私等は以上の登路のすべてを登ってみたわけではないから実際の比較は出来ないのでありますが、まず私等の実際にとった登路はその時の各種の状態を綜合した結果で最良のものであったと言うことには確信をもっています。

横尾谷の野営に就いて

奥穂高岳と北穂高岳を登る目的のためには、その最良の登路として横尾谷を登らなければならないと云うことは、既に書いて置いた。そのためには横尾谷に、根拠地となるべきものを持たねばならない。ところがあの附近には小屋はないので、どうしても野営せねばならない。雪上の野営として私等のこれまで経験したものはみな不完全で到底永い間をそこに送って、身体を休めることは不可能らしくみえた。それで今度は出来るだけ完全に準備した野営をしようとしたのである。そしてそのためには左のような準備をした。

(一) 天幕を充分に使って、天幕内での各人の使用出来る場所を広くしたこと。野営で疲れるひとつのものは天幕の中の窮屈さによることを深く感じたので、出来るだけ充分に天幕を使用したのである。即(すなわ)ち八人用屋根形一張に四人ずつとして、八人のために二張使用し、人夫三人のために五人用一張を用意した。人夫にも充分なことを与えるのはやはり持久のとき必要であると思ったからである。

(二) 馴鹿(となかい)の毛皮のシュラーフザックを各人にもったこと。これは防寒のためである。これよりいい防寒具はないからである。今年の寒さはマイナス一九度まで行った。これまでのような防寒具では到底野営に堪えられなかったろうと思っている。

(三) 登山の人数をふやしたこと。初めは八人の人数を二つの組に分けて、毎日交互に二組のものが、目的の峰を登るまで試みることにしていた。けれど雪の状態が例年と異って深いのと、岩稜登攀が奥穂高岳の場合はわずかでかつ容易なので八人全体を一組とした。北穂高岳では岩石登攀の場合は二組に分けた。スキーの登行とスキーを脱いでからの急な深雪の斜面を踏んで足場を作る、所謂(いわゆる)シュトゥーフェントレートアルバイト[9]に於てはこの八人と云う多人数が大(おおい)に利益した。

この他には特別な準備はない。ただ人夫三名は私等のこれらの準備品を島々から上高地、上高地から横尾谷まで運ぶその多大な労力と野営地での炊事の労力を軽減するために出来るだけの小人数を用いたに過ぎないのである。人夫は蒲田(がまた)のものである。

野営についての最初の準備は以上のごとくであったが、その次は野営地の選定であった。これはすでにその夏期に於ける地形を私等は知悉(ちしつ)していたので、大体のことは決められていた。即ち横尾谷が梓川のハウプトタール[10]に合せんとする扇形地の最上部、谷に入りこんだ最も奥の点にしようと思っていたのである。しかし、奥穂高の頂と野営地との間の登行距離を最も短かくしたいという意見もあったので、野営地は可能的横尾谷の奥にすすめることにしていた。野営地選定の第一条件は、雪崩の危険なき地点ということであった。他の条件はともかく、全くこれを欠くことは出来ない。なぜならば横尾谷はあの峡谷である。谷の片側はことにあのシュルフトフランケ[11]である。それで三月二十七日には天幕その他食料品の一部を運びながら、野営地の選定に行った。上高地の牛番小屋[12]に私等は泊っていたのであるが、横尾谷の入口までは二時間しか要しなかった。これは梓川の川床を自由にスキーでゆくことが出来たからであった。そして野営地選定のために横尾谷に入ってからは、ひとまず例の扇状地の最上部の地点に荷を置いて、奥へ行ったが、どこまで行っても野営に適当な地点が見つからなかったので、終に最初の予定通りの、先きの扇状地の最上部に決定した。そして天幕を充分しっかりと張ってまた牛番小屋にその日は戻った。横尾谷は夏は巨岩が川底に累々（るいるい）として甚だ歩きにくい沢であったが、春には雪がその大部分を埋めているので、スキーでの登行はさまで苦しくなかった。決定した野営地は、栂（つが）の森林中の空地と川床とに跨（また）がっている地点で、雪崩の危険に対しては充分安全だと思った。他に野営上の準備については、これまでと別に異（こと）なった点はない。

三　奥穂高岳

横尾谷より涸沢（からさわ）を経て涸沢岳と奥穂高岳の間の鞍部に達し、主稜を経て登頂

大正十三年の冬から春へかけての天候は変調なものであった。冬の間には一回の降雨もなかったそうだ。そして寒気は例年になく厳しかった。このことは春になってからの山に於てかなり影響があったようである。雪層はその最下層までも殆（ほと）んど粉雪で、わずかに薄いクルステ(13)が二、三層形成せられているのみだった。私らは初めこの事実を知って大に登山の上の可能を危ぶんだ。なぜならば穂高岳ほど雪崩の危険性の多い山は他にはないと思っていたからだ。そしてこの変調の雪層がどう雪崩惹起（じゃっき）の原因に関係あるかをよく知らなかったからである。それに山稜はかなり急峻である。雪崩の危険を除いても、登山技術

の上から同じく登り難い山だと思ったからである。穂高岳はやはり最も日本のうちでは難しいものだと信じていたからである。私らはこれに登れれば、かなり自信をもっていいと思っていたからである。だからこの最初に目指された奥穂高岳の頂を踏むまでは私らは実に緊張していた。私らは充分準備し、充分熟慮して行ったので、この奥穂高岳の登山には一寸の隙もなく、わずかの危なさもない完全な登山を行ったと私らは思っている。愉快なのはその点である。

二十八日は非常に荒れた。二十九日は快晴となったので牛番小屋から出発して正午に野営地についた。種々と準備をして、午後三時すぎになってから、半数の人数だけが、登路の雪質と雪崩の出そうな斜面の観察のために横尾谷を登って涸沢の入口の問題の岩壁や草の斜面あたりをみに行くことにしていた。午後三時すぎになってもまだ右側の急斜面には日が当っているので更に一時間を遅らせて四時になって、三田、早川、青木、大賀が出かけて行った。六時近くにかえって来た。涸沢の入口の狭い部分を登って広く開けた最初の「ダックリ」(14)まで登って来たのだった。登行時間一時間十分、滑降時間二十分。問題の屏風岩の岩壁は雪が殆どひっかかっていないので雪崩の危険はまずなさそうだと言うので、かなり楽観出来た。登行労力の僅少なのにもよろこんだ。そして明朝は十二時起床、午前二時出発とした。天候は紗（しゃ）のような薄い雲が去来して、星の薄光がチラチラするようなもので、大してよくもなかった。

三十日午前二時出発。谷の上から峰下し（みねおろし）の寒い風がかなり強く吹き下していた。空は雲の動きがはげしかった。しかし晴れるものと思って出掛けた。深い谷で、それに大きな石塊の間を通ってゆくのでラテルネ[15]を四個つけた。私らは夜の漆黒の陰影のなかを静かにのぼった。黄色の火光が明滅した。登行はかなり面倒のようであった。それに風が強いのでラテルネの火が度々（たびたび）消えるためなかなか手間どった。涸沢の入口近くになってからは、横尾の本谷からまっすぐに吹き下す風は非常に強く、どのラテルネもみな消えてしまったので、先登の一つだけを漸く（ようや）保つようにしてすすんだ。涸沢の入口まで一時間半かかった。先登をかえて登ったが夜の登行の非常に注意力を要して疲れることをだれも経験した。天候は次第によくなるに反して悪くなって来た。細かい雪がふって来た。涸沢の中途まで登ってあの広いカッレンフェルト[16]についた頃、夜があけだしたが、霧と降雪のために峰は少しも見えなかった。そして高い山稜の上では風がゴウゴウなっていた。たしかに山はこのときは威圧的だった。今日はとてもだめだと思った。それでもまだ帰る意志はなかった。東の方の雲が切れ出して、日がぽっと明るく出たから、まだ天気は見込みがあると思った。それで暫く（しばら）の間食事をとってから、カール[17]の平地より涸沢岳の真下の広い斜面へと登った。私らの目的としているグラートザッテル[18]のその下の斜面には二条の襞尾根（ひだ）(tributary ridge, Gratrippe, nervure, など云われているものと同じものであるが、仮にこんな訳字を当てはめておく。)[19]があってスキーでの登行には非常に邪魔になり余計に鋭いツィックツァックの数を増やさなければならないから、その左手の広い涸沢岳の下の斜面を出来るだけ登ってから右手の襞尾根にとりつき、それから鞍部に達しようとしたのであった。ところがその斜面に登ってから雪は深くて先登はシュプールをつくるのに非常な努力だった。それでもその三分の一は登ったろう。もう夏のあの岩小屋などはずっと下に見えるわけであった。二千六百米突（メートル）のKurve[20]には登っていた。その頃天候は一層悪くなった。雪はひどくふりだした。そして皆疲れたらしかった。五時間半ほどのうちに、それも夜が大部分で、この深い雪の千米突以上を登ったのだから、それはあたり前かも知れない。そこで私らは相談した。その結果は勿論（もちろん）ひきかえすことだった。そのときは午前七時五十分だった。すぐに滑降の準備をした。霧が深く、先がみえないので、慎重にゆっくり下りた。カッレンフェルトの大きなコンケーヴ[21]の斜面をゆるやかに一列になってぐるぐる廻って下りた。霧のなかでも谷心に沿って涸沢は面白く滑れた。そして九時に野営地にかえった。谷も雪がふっていた。けれどその日の午後は非常にいい天気となった。明日こそはいいと思った。

三十一日は午前四時出発とした。これは前日の経験でゆくと、意外にも登行時間が予定よりはかからないことがわかったし、夜間の登行が非常に疲れたことを感じたからであった。どんな場合の登山でも、それが夜でも少しの注意力を要しないほど地形が簡単で、かつ登りもわずかな場合ならばともかく、ナハトマルシュ[22]は出来るだけ避けた方がいいことはこの時によくわかった。勿論時間の多くかかる長い登行の必要な登山に於ては深夜から出発することは必要だし、また雪崩のおそれのあるためにそこを夜間に通過してしまわなければならないような場合は問題ではない。私らの場合では四時に出発して雪崩の危険区域である横尾谷と涸沢の下半分は夜明けまでに通過出来てしまうから、二時間遅らしたのであった。

涸沢のカールボーデン[23]までは前日と大差がなかった。時間に於ても。雪質に於ても。しかし天候はまるっきり別物だった。朝空には一片の雲さえもなく、奥穂高から前穂高にかけてのあのすばらしい山側は朝の太陽にギラギラと輝いていた。たしかにいままでのうちで最も壮大なものだったと私は信ずる。風も殆(ほと)んどなかった。涸沢のカールをとりまく峰頭がすっかりみえて、私らは登りつつ、登路について考えた。それというのは、前日登ったあの涸沢岳の下の大斜面からは、一条の雪崩が落ちていたからであった。私らの登っていたときはそれはなかった。私らが下りてから落ちたものなのである。それはたしかに雪崩の出やすい斜面だった。それで今度はそれを登ることは出来ない。それについて私らはいろいろと考えたのであったが、結局、私らの登ろうとするグラートザッテルのすぐ右手から下りている襞(ひだ)尾根[24]を労力と時間がかかってもいいから登ろうとしたのであった。そしてカールの底ではっきりとそれに就いてのことをみんなで決めた。長い間の休憩をした。雪崩はそばへ来てみるとかなり大きなものであって、そのデブリイ[25]のツンゲンビート[26]はカールの底の半ばまで及んでいて湿潤新雪雪崩だった。

七時四十五分にカールの底を出発してその襞尾根の最下端の岩塊まで約百米突(メートル)も登って、その岩塊の下をスキーデポーとした。襞尾根は雪の硬いところもあるらしいし、非常に軟かい処もあるらしいし、岩も露出しているらしいので、直ちにシュタイクアイゼンをつけた。ところがその大部分は軟かだった。スキーデポーからザッテルまでは、約三百米突ぐらいの登行距離だったが、その間は深雪のシュトゥーフェントレーテン[27]のために非常な労力を費した。雪面は全く最下層まで粉雪だった。一歩一歩踏む足は限りなく没した。わずかの処に二時間近くも費してしまった。これが人数が多かったからまだいいのであった。三人ぐらいならば随分の時間と労力がかかっただろうと思われる。ザッテルの上は予期したような大きな雪庇(せっぴ)も形成されていなかった。十時五十五分にザッテルについた。そして雪の上に腰を下して食事をとった。ザッテルウイント[28]さえその日はそよそよと緩和に私らの額を吹いていた。青空のもとにみなぎるまんまんたる日光。親しい頂やグラートは雪肌をみんなきらきらさせている。涸沢のカールの方を覗くと、カールの底には私らのツィックツァックのシュプールが夢のようにおぼろに白く眩ゆい雪の上について、急なカールヴァント[29]の襞尾根には一直線に私らのそのときまで苦しんで踏んできた足跡がはっきりとみえた。昨日に引かえてなんと申しぶんのない平和な天気だろう。空や大地がお祭をしているこんな立派な日の夜明け前から午後にかけてあるき廻っていると、この力強い淡彩の自然に身も心も飽和してしまいそうだ。

このザッテルから奥穂高の頂までのギッフェルグラート[30]はわけのない所だ。山稜の雪は硬く風に吹きつけられたクルステと岩ばかりであったので、夏と時間が変らないほどにはやく奥穂高の頂についた。二、三個所雪の硬い急斜面のクェーヤガング[31]に於てわずかのハックアルバイト[32]をもったばかりだった。殆んどさしたる予期以上の困難もなく私らはかなり以前から登りたいと思っていたこの奥穂高の頂に達したのであった。まだこのような季節には登られたことのないこの頂に対して私らは若々しいへーエンライデンシャフト[33]をもっていたのだった。それだけにつまらなかった。頂に達してまだそこに一つの足跡さえなかったのを見たとき、だれだかが「プルウミエル　アッサンシヨン　アン　スキー！[34]」

と、でも小声で叫んだ。するとまたそばにいた一人が、それをきいてか「大してギッフェルグリュック[35]も感じないや」と投げつけるようにまた小声で言っていたのをおぼえている。

　岳川(だけかわ)の谷をみると、かすかにシュプールがついていた。きっと学習院の連中のシュプールだなと思った。その時分学習院の連中は岳川の下で野営していた筈(はず)なんだ。この日の翌日、西穂高の山稜から連中は同じくこの頂に達したのだった。頂上でうまく出会って握手してからまた右と左に別れてゆこうじゃないかと前から話していたのに、こっちが一日先んじてしまったわけなのである。

　岳川にはかなり雪崩の出た痕(あと)があった。いくら天気がよかったにしても西からこの「ドライタウゼンダー[36]」の上を吹きすぎてゆく風はさすがに寒いので、そう長くは頂上にいずにザッテルに戻った。奥穂高の頂稜などは、風が吹かない日ならば問題にはならないほど容易だ。この登山で最も注意すべきことは帰路の時間と雪崩との関係である。私らは最も雪崩について心を労した。事実午後になってからはあっちこっちの急な斜面からは、雪崩の音が遠く近く静かな山上の空気に時々ひびきわたるのであった。私らの帰路のうちでは涸沢のカールの底まで襞(ひだ)尾根を下りてゆく間は全く雪崩から安全であったと思う。問題はそれ以下のスキーでの滑降路にあるのであった。それは殆んど全部雪崩の起り得るような行路であった。それ故それらの行路の上部の斜面や岩壁が全く日に蔭ってしまうまで私らは下ることが出来ないのであった。それまでには時間は非常に余っていた。私らはゆっくりとザッテルで休んだり、襞尾根の途中の雪の上で強い午後の日光を浴びながらコッヘルで茶を沸して休んだ。そこでは右からも左からも、背後の飛驒側からも、前面の前穂高岳の北尾根や屏風岩の岩壁からも絶えず、小さな、あるいはかなり大きな雪崩が反響して落ちるときの所謂ラヴィーネンドンネン[37]をきいていた。安全なこの場所からこの雪崩の落てゆく壮観を眺めているのは気持がいいことだ。

二時半頃になったとき、奥穂高岳の大きな青い陰影が涸沢のカールの半ばにまで横わるようになった。そしてそれが次第にのび拡がってゆくようになった。けれどまだ前穂高の岩壁や屏風岩のギザギザしたグラートシュピッツェ[38]には日があたっていた。けれど一日のうちの雪面の燃えるような日射しの最頂点は過ぎたのだ。その時私らはスキーデポーに下りついたのだった。頭上の山稜の上から吹き下りて来る夕風は雪面を冷してゆくので、たちまちに蔭っているところは薄いクルステとなっていった。

私らはシュタイクアイゼンをスキーにかえて滑降する準備をした。右手にカールの上の奥穂高岳の陰影だけの部分を滑ってカッレンフェルトの中央まで行って、またそこで、それから先きの行路の蔭になって行った部分を、滑ろうと云うことにしたのだった。雪の上の陰影を追っかけて滑ってゆくわけなのだ。大きなカールを前穂高岳の下まで斜滑降で半周したら、もうカールの底の平地にまで来てしまった。五、六分しかたたなかった。そこではルックザックを下してカールの平地を滑ったり、あっちこっちと歩き廻った。勿論陰影の範囲外には出やしないで。これから降りてゆく涸沢の狭い谷や、そこからはみえない横尾の谷ではさかんに雪崩の音がしていた。屏風岩の岩壁から落ちる小さな雪崩は滝のようにみえた。私らが明後日に北穂高岳に登るためにとろうと思っているこのカールの左手の北穂高岳から派生しているザイテングラートの窪谷にも小さな雪崩が五つ六つ出ていた。それでも時間のたつにつれて薄暮の青紫色の陰影が次第にのびて谷から、小谷と蔽(おお)いかげらせて、だんだんと日に温まった高い雪の斜面を這(は)い上ってゆくのをみていると安心してゆけた。この好晴の日の軽い微風がカールの上をさまよい吹いていた。四時。また陰影の這い拡がっただけ涸沢へとカールから滑りはじめた。急な斜面が次第にゆるくなっていった。雪は薄いクルステになっていた。もうクルステになっていれば、それが仮令(たとえ)どんなに薄いものであろうとも、雪崩の惹起(じゃっき)する要素は除かれたのだ。私らはクルステの上を安心して滑った。屏風岩の下の斜面にはたくさん雪崩のデブリイが落ちていた。そして狭い急な涸沢の出口から横尾の本谷に入ってからもタールザイテ[39]のいずれからも二、三個所雪崩が出ていた。みな湿潤新雪雪崩だと思った。横尾谷も屏風岩の下を過ぎては、雪崩の危険はなくなるのである。巨石の狭い間を滑べり下りてくるとき、「まるでセラックス[40]の間を滑べっているようだ」などと安心してふざけながら下りて来た。そして野営地についたのは四時半だった。

終末にこの登山の大体の要点に就て一言したいことは、あくまで雪崩について注意すべきことである。もし好晴の日で、雪質がスキーの登行に適していたならばこの奥穂高の春の登山は大して労力のいるものではないと信ずる。始めに登ったものは、非常に注意して、細心にやるから失敗はしても災禍にあうようなことは比較的少ないと思う。その後度々(たびたび)ゆくようになって少しでも油断するとかえってやられるようなことがあるのじゃないかと思うことをここにのべて置きたい。

時間：三十日　野営地二・〇〇　二六〇〇mの地点七・三〇――七・五〇　野営地九・〇〇
三十一日　野営地四・〇〇　スキーデポー八・〇〇　主稜鞍部一〇・五五　頂上一一・四〇
野営地四・三〇

四　北穂高岳

横尾本谷を登り、南岳下のカールに到りカールヴァントを越えて北穂高岳下のカールに達し、北穂高岳を北壁より登攀す

　三十一日の好晴にはじまって天候は全く安定して一日、二日の午前中までそれがつづいた。けれど私らは三十日、三十一日と二日つづけて千五百米突（メートル）もの登行をくりかえして、身体が疲れていたので、四月一日は非常な好晴であったのにもかかわらず、北穂高岳へは登らずにその日は身体を休めたり、新たな準備をととのえることにしたのだった。

　憩いの日——実にその一日を私らは愉快に、充分のびてやった。その朝は太陽の光りの雪に目映（まばゆ）い朝だった。はじめて春らしい天候となったのだ。それまでは実に冬の寒さだった。雪も冬の状態だった。それがその日には、雪は眩しい日光と春らしい風に溶けた。のびのびとした雪どけの日だった。朝の七時頃からもう屏風岩のあの巨（おお）きな岩壁にかかっている雪が日に暖められてはなだれ落ちるのが殆（ほと）んど間断なしにつづいて谷にこだまさせた。テントからとびだして岩壁を見上げると、小さな滝のように雪崩は岩壁から落ちていた。雪の量の割合に音は大きくきこえた。午前のあいだは少しく野営地から下にさがった谷の流れのふちの河原のでているところへ行って、日を浴びたり、散歩したりなど、さまざま

好き勝手にふるまった。まったくその日は急に春めいた日となってしまっていた。至るところ大地からは春の生命がどっと急に湧きおこったように感じられた。白い雪の波模様の間からは黄いろの枯草が黄金の細目（ほそめ）をあけた。明るい流れのふちへはこの間の寒気から放たれた小鳥が水を飲みに来ていた。落葉松（からまつ）の梢（こずえ）がほんのり赤くなって芽を萌やしている。その水際の河原は、静かで終日の日溜りで、半日ののび寝にも好適の場所だった。

屏風岩から落ちる雪崩の音は十一時頃でやんでしまった。日の当ってる所で、落ちるだけのものは落ちてしまったのだろう。その日は全く春らしく暖かだったので午後からは谷の奥の方で絶えず遠雷のように底力のある雪崩の音がこだまするのがきこえていた。

夕方からまた私らは緊張して明日の北穂高の登山のためのいろいろな準備をした。用具だの食料だのをそろえた。そして夕飯後は北穂高岳の登路について論議した。登路のことについては既に一般を前のセクションで書いて置いたが、大体私らがどういうようにして北穂高岳の登路についてそれを定めて行ったかと云うことを一言したい。最初私らは穂高岳の主峰である奥穂高を登ることにしたのは、それが穂高岳の主峰であるからと云うことと、穂高連峰のうちではこれも容易であると思ったからである。次には北穂高岳を登ることにした。これは奥穂高についでとりつきやすいものと思ったからである。そして私らは前穂高岳を最も困難でかつ危険なものと思った。そしてその結果は多少ちがっていた。

奥穂高岳はやはり最も登りやすかったけれど前穂高岳も案外たやすかった。[41]

北穂高岳は登路も悪いのをとった故か最も手強いものだった。私らは北穂高岳の登路についてそのとき三つを選んだ。即ち第一路は涸沢を登って涸沢のカールに達し、涸沢岳と北穂高岳との間の主稜鞍部にとりつき主稜を北穂高岳の頂にまで行くもので、第二路は北穂高岳より派生して涸沢と横尾本谷とを分つ側稜の涸沢カール側にある小谷を登って側稜に達し、側稜を北穂高岳頂上に到るもの、第三路は横尾本谷を登って北穂高岳の北面下のカールに達し、急峻なる北壁を登るものであった。この三路のうちから一をとるのに私らはその時論じたのだった。第一路は労力の最もいるものであるが、最も容易なものであると思った。第二路は第一路よりは労力はいらないものであるが、側稜の上は主稜よりは困難な個所が多かろうと思ったし、奥穂高の登山のとき観察したところによって側稜にまで登る小谷は午後おそくまで日が当って雪崩の危険があるために日の暮れるまで側稜上にまたねばならぬこと等の不便があると思った。第三路はスキーでの登行区域は最短ではあるが、雪崩の危険は他より多く、その徒歩登攀区域に至っては最難のものと私らは思っていたので三路のうち最も困難で登山の可能性の少なるものであるとみた。誰れも第三路はすてた。第一路は三田が主張し、第二路は早川が言い出した。いろいろと論じてから終に第一路をとることに決した。労力がいっても最も容易なものをとろうとしたのである。北穂高岳のこの第一登路は奥穂高岳の登路よりも長く、かつ労力のいるものと思っていた。

四月一日の夜の天候は申し分がなかった。美しい星空で風もなかった。けれども夜になっても気温はそう下らなかった。不釣合に暖かだった。これはあんまりいいことではないとは思っていたが、まあ天候については楽観していた。明朝は二時に出発することにして一時に起ることとした。

私らはこれまで多人数で登ったことは少くはない。けれど多人数の登山はどうしてもいけない。勿論（もちろん）そのことは前から知っていた。けれどこの冬に蔵王山は十三人の多数で登って何らの不便はなく、皆気が合って賑やかで面白かった。今度の穂高岳も八人であった。よく気が合っている。足も揃っている。大丈夫だと思った。けれど多人数の欠点はこの北穂高のときに現れた。人数が多いほどいろいろの故障が起きるのは当然だ。この北穂高岳に登る、出発の夜はいろいろの故障があった。三田は靴擦れがひどかった。青木は手を負傷した。大賀はシュタイクアイゼンの紐を焼いてしまった。自分はどうしたわけか一睡もしなかった。早川も睡（ねむ）り足りなかったし、田中も睡りたりなかった。要するに一体の気持がいらいらしていた。ある点ではダレてもいた。出発の準備はそんなことのためにおくれて二時二十分になって出発した。気温は異常に高かった。雨になる前兆かも知れないと思った。もし高く登ってから雨になったら私らは全く死地に陥ることになるのだ。だから非常に天候に注意した。気温はプラス二度で、星は夢のようにまたたいていた。はっきりとしていなかった。それでも出発はした。暗い谷を登るのにもその日はいやに疲れた。雪は薄くクルステになっているところもあるが、大部分は凍っていなかった。屏風岩の下にまで来たとき東の空がわずかに明るみをもって来た。そして東の方からは帯雲がこっちへやってくるのを認めた。そこで私らは天候について最も細心に話しあった。たしかに午後には雨になると思った。万一ならなくてもそれは問題ではない。この穂高の横尾谷から入る登路には絶体に天候はつかんでいなければならないのだ。少しでも天候、特に雨についてはゆるがせに出来ないのだ。そこで私らは登山を中止して帰ることに決めた。皆んなの気分もよくなかったし、いろいろの故障もあったのだから私はそれを却(かえ)って非常にいいことと思った。四時頃私らは野営地にかえった。その日はやはり正午頃から終(つ)いに雨が降りだした。私らはその朝登山を中止したことを非常によろこんだ。この自制はたしかに深く心に残して置く必要がある。その午後、雨がふっては当分登山も出来ないと思ったので、上高地へ帰ることにした。前日の暖かさと雨のために河原の雪はかなりとけてめっきり春らしくなっていた。夕暮れ雨にぬれて私らは上高地の五千尺についた。学習院の連中はその日の正午に奥穂高岳から降りて来たのだった。山稜の上の夜明(よあか)しやスキーデポーを雪崩におそわれた話などで賑わった。

三日と四日はまだ天候は落着かなかった。五日の日は好晴になったので私らは再び北穂高岳へ登るために横尾谷の野営地に出発した。

六日は午前五時に野営地を出発した。出発時間を奥穂高岳のときより遅らしたのは、いろいろの理由からだが、主としては夜の暗い間を長くラテルネの薄暗い光りをたよりに、歩きにくい谷を登るのは非常に疲れる労力なのと、特にこの横尾は谷が狭いうえに両側は高く、森の中をゆくので非常に気持が暗いからだ。それに時間の具合をみても、そんなに早くから出かける必要はないと思ったし、雪崩の方からみてもそんなに早くに谷を登ってしまわなくても大丈夫らしいと思ったからである。

五時となれば薄明るく東の方がなっている。天気は前夜から気をつけていたが、どうも気温が高い。午後八時にはプラス三・五を示していた。空には帯雲が出ている。屏風岩の下に来たときは五時半だった。気温はマイナス二度だ。どうも少し高すぎる。雲は空を半分も蔽(おお)っている。松井(42)は午後にはきっと雨がふると言った。私らもどうもそうらしいと考えた。そこで相談して北穂高岳を涸沢から登るのはやめて、本谷を天気が変る見込の確実についた時まで、クルステの軟(やわら)かくなるまで登ってみようと云うことにした。クルステは硬いから、スキーは谷の途中から曳いてゆくことにした。どうせ北穂高岳へは登れまいと思ったので、ザイルとピッケルとテルモスを一本不用だからそこへ残してゆくことにした。（これはよくないことだと後で思った。山登りは全くある機会をうまく、しかもある程度まで敏速な決断を以って摑むものだと云うことを感じた。だから大切な欠くことの出来ない道具などは少し重いと思っても、またいらないものを持ってゆく馬鹿らしさはあっても、やっぱしもってゆくものだと思った。）

四日目の雨の日に出たらしい雪崩のデブリイが、右手の横尾の側から二、三個所、それから屛風岩の直下の斜面からは相当に大きなのが一個所出ていて、その日屛風岩の下からのやつのツンゲ(43)なぞは、谷をこして右手の谷側へまで少しのりあげている。雪崩の性質はみなナッセノイシュネーラヴィーネ(44)だと思う。涸沢との分れ口に六時五分についてそれから本谷をまっすぐに登った。本谷は幅は涸沢の入口よりは広いが、同じような幅でぐっと奥までいっている。硬いクルステの上をスキーを曳いて、シュタイクアイゼンの快い歩みに登る。本谷を少しゆくと右手(45)から同じような幅の、両側がシュルフト(46)のような崖になっている支谷が入っている。これは北穂高岳の下のカールから出てくる谷である。けれど私らは本谷を登って行くつもりだから、そこへは入らずになお登って行った。

本谷の上には凹んだ雪の線がやわらかいカーヴを描いている。西の空は青い。天気もよくもないが、悪くもなく、薄日が雪面をにぶく光らしている。峰がその上には見えない。どんどん休まず登って、そこへ達すると、その上はひとつのカール状地であった。南岳と中ノ岳から分れた二つのザイテングラートによって囲まれて生じているものである。かなり広いものだ。こんな円(まる)く三方を急な山の側面が囲んだ、ほんとに大きな円形劇場のような形をした高い場所へ、狭い急なそして細長い谷を登ってパッと出るといい気持がする。カールの底の平らな雪の上で、はじめて食事をとった。天気はいまの良くもない、悪くもない状態を維持しそうな様子だったし、風も寒くなって来たし、西空はまるで青くなっているので、私らはまた計劃(けいかく)を延長した。カールの左手にあたって、圏谷壁にひとつの凹(くぼ)みがある。それでその凹みに達する急な狭い雪面を登ってその圏谷壁の上まで行くことにした。

そして、その圏谷壁を登りきって、寒い風の吹く硬い雪の上に出て東の方をみたときに私らは、平原のうえをすっかり蔽(おお)っている雲海と、そのうえにまるで島みたいに浮んでみえた遠い、近い山々の頂が、すてきにきれいな色にやわらかく光っているのに悦んでしまった。山のその島の色は光った紫色をして、はっきりとそしてびっくりするほどに近くみえた。いちばん遠くの富士さえが、まるで近くにみえる。南アルプスのギザギザした頂のどれもが、すっかり雪で、しかもそれが透明な紫色をしている。八ツ岳もすてきだ。それから雲海は薄いどんよりした朝の光りにまるでやわらかな真珠色に光っていた。実にいい色をした、めずらしいギッフェルアウスブリック[47]だ。しかしこれが天気の悪くなる前兆なのだ。だけれどこんな時は全く天気の悪くなることなんか暫くは気がつかない。この山脈の墻壁と墻壁とのあいだの、ほんとに穏な海のようにじっとしている雲海が、だんだん動き出し、波が立ちさわぎだし、風にあおられて、頂の島の岸辺に打ち寄せ、ついには荒れだして洶濤としてその山々の墻壁をのりこえて此方へやってきたら、もう天気は打ちこわれたのだ。どうせ数時間のうちにはやってくるにちがいない。

それからこの圏谷壁はまた北穂高と南岳とのザイテングラートによってかこまれた、ひとつのカールを形成しているものとなっている。そのカールの大きさは本谷のうえのとほぼ同じぐらいである。

西の方をみると、例の南岳の南側の岩壁は雪が下の方を半分以上もすっかり被っていて、岩の露われている部分はあまり多くない。大キレットの最低部から北穂高の北壁にかけては、あまり雪はくっついていないで、そのハウプトグラート[48]はいくつかの鋭いグラートツァッケン[49]を連続させて、北穂高岳の岩頂までまっ黒である。涸沢の上の方よりみえるように二つの頂になっては、ここからはみえない。

私らは天気は大丈夫北穂高岳を登って、降りてくるまでぐらいはもちこたえそうに思ったし、また少しぐらい悪くなっても、岩の部分はともかく、帰途のスキーで滑り下る雪の部分には雪崩のおそれはすぐはないと思ったから、北穂高岳に登ろうと決めた。そして急いでスキーは曳いたまま圏谷壁の急な、硬いクルステを斜に横切って、カッレンフェルトまでくだって、その底の平らな雪面のうえに露われている、岩塊のそばにスキーを突き立てて、そこをスキーデポーとした。いよいよこれから私らにとってはかなりむずかしいと予想される北穂高岳の北壁のクレッテルアルバイト[50]にかかるため、私らはまた二十五分ほどのエッスパウゼ[51]をとった。

私らはいまかんじんのピッケルとザイルとを置いてきてしまっている。それはかなりの弱味である。だけれどまた考えてみると、この北穂高岳の北壁は全く岩が主だから、ピッケルで硬い雪に足場を切らねばならないようなところはまずなかろうと私は思った。（事実はそうではなく、ピッケルは全く必要であった。ハウプトグラートの方へ向った連中もピッケルとザイルさえあったら、必ず登れるつもりでもっと努力したろうと言っていた。）ただザイルがなくて、アンザイレン[52]できないのが心残りだった。しかし、まあそれらもいいとしても、私はこの岩のひとつひとつがグズグズになっていて、触れればすぐに落ちそうな岩片がまるでひっかかっているような急な岩壁を八人の組が一緒に登ることは到底出来ないと思った。最もいまの場合気をつけなければならないのはシュタインシュラーク[53]の危険であると思った。それでそのためにはまず人数を四人ずつ二つのクレッテルパルティに分けて、早川、青木、大賀、西川は直接ハウプトグラートにとりついてゆくこととし、田中、本郷、松井とそれに私が、主稜より左によった小さな岩稜、あるいは岩稜の間の襞尾根のひとつと云う方がいいかも知れないものを登って、頂の一つ手前のグラートツァッケで一緒になるようにした。九時二十分スキーデポーを出発。

少しばかり急なクルステ面をのぼって、私ら傍稜を登る方の組では、直ちに岩にとりついた。はじめの方は岩はグズグズの所が多く、雪はとりついてみると、みたときよりなお案外に少く、またあまり硬く凍ってもいない。それ故墜石の危険はいかにも予想通り多い。ことにシュタイクアイゼンは岩にはとまりこそいいが、あんなにツァッケが長く靴底から突き出ているのだから、触感もにぶくなるし、それに凍りついた小さな岩片までも足をあげるときに剝して落すことがままある。こんなときには全くトリコニイ鋲[54]にかぎる。墜石を極度に注意してゆるゆる時間をかけて登った。四人でも人数は多すぎると思った。三人か二人がいい。グリッフエ[55]とシュタント[56]は多いからクレッテライ[57]としては少しも困難はしない。しかしいいフェスト[58]があるごとに休んでいった。主稜の方はいかにも悪そうだ。時々声をかけて両方の様子を話し合ったりした。

一時間半ばかり登って、丁度頂上とスキーデポーとの半分ぐらいに来たとき、主稜の上の長方形の岩塊の突ったっている所へ早川の方の隊の人影がみえて、そこからどうしても先へすすめなくなったと言っている。困っているらしい。そこまでくる間の登りも悪かって、今は下りを少し躊躇しているらしい。それでこっちの岩稜との間の急な岩壁をうまく雪と岩の間の境目に足場をとって横切って、こっちへやって来ようとしている。私らはまだ登れそうなので、ゆきつまるまでとかまわずにのぼっていった。だんだん岩と岩の間の雪が硬く凍っていて、登りはなかなか手間どるようになって来た。それと言うのも墜石の危険が多いからである。下をみると急だ。スキーデポーとしたあの岩が黒く小さな点となって足下にある。十一時十分に丁度三尺ぐらいの幅のある狭い段状の岩の所に来たのでそこで少し休むことにした。私が天気はどうかと東の方のあの雲海や山の色をみているると、だんだんあやしくなってくるらしい。山々のあんなに透きとおったように鮮やかに紫色をしていた輪廓が、第一にぼやけて来たし、雲海の波がもくもくと湧き立ってくるようにはげしく動いている。これは案外天気が予定以上にはやくかわりそうだぞと思った。まだ頂までには相当のぼらねばならない。そして心配な信州側をからむ悪場をまだ終えてはいない。それにこんなに墜石の危険を思って注意して登っていてはまず頂はだめかと思ったが、しかし私はなおも人数をへらして、のぼれるまでのぼってみたいと思ったので、田中、本郷の二人に相談してみると、その方がいいと云うので松井と私とがのぼってみることにした。いままで背中にしていたルックザックも終(つい)にそこへ置いて、私はチョッキの衣嚢(いのう)(59)へのこらず板チョコと干あんずをつめこんでまたのぼりだした。

その段のような岩のうえをのぼると私らは丁度ハウプトグラートへでるのである。すこしばかり足場の悪いそこをのぼってから、主稜をなす狭い岩稜をゆくと、心配していた信州側をからむ所は硬い硬いクルステとなっていたのでなんでもなく通ってしまって、小さな隆起した岩稜をこすと、あとはもうただ北穂高のギッフェルコップ[60]を登るだけだ。けれどそこの登りはそんなに容易ではなく、飛騨側は全く断崖のようにすごくそげてまっ黒に岩壁はずっと下までつづいているし、信州側は円味（まるみ）を帯びた急な硬いクルステの斜面が薄日に光っていて、下は全くみえない。私はその飛騨側の方の狭い狭い岩のでている間をえらんで松井に登るように言った。しかし松井は雪の方がいいらしいと思ってか、雪の方に主として足場を求めていった。彼（か）れは硬いそして厚いアイスクルステのうえに足場を鉈（なた）で切ってゆく。こんな急なところではピッケルよりもかえって鉈の方がきっと足場はきりやすいと思った。片手を斜面について、片手ですぐ手下の雪を切っているほどに急な所だ。鉈をうちふる度（たび）ごとにパンパンと気持のいい音をして雪片はとびちって、足の下の信州側にまるでヒュウヒュウと音でも立ててゆくようにはやく落ちてゆくのは愉快だけれど、また一生懸命にもなる。松井は息を切って手をやすめずに雪を切ってゆく。たしかに疲れやすくそして苦しいシュトゥーフェンハックアルバイト[61]だ。私は彼れのすぐ後ろからその急な階段のようにまっすぐにつづいている足場に手をかけて踏みのぼってゆくだけだ。彼れの息はますます荒くなってくるので、私がかわってやろうかと何度言っても、いいとただ断わって、手を休めずに切っている。もとより彼れはその心の底からの山人（やまびと）である。彼れの生れて、そして育ったその谷のうえにいつも高く聳（そび）え見下（みおろ）しているこの峰に、私のような他郷のものを導きつれてゆくことは、単なる山案内者としての義務というよりも、それは寧（むし）ろ彼れ自らの誇りであるのかも知れない。山仕事の荒さにきたえられた強い腕はそのためになおますます強く張りきってくるだろう。私なんぞは三つ四つも切ったらもうあとは切れないかも知れない。風が急につよく吹きだして寒くてたまらない。それでもはやく登るわけにはゆかない。漸（ようや）くにして、円（まる）くほんとに顔のつかえそうな気のするほどに急になった頂のすぐ下の雪面の足場を刻みのぼって、頂はすぐうえになった。斜面はぐっとゆるくなって、私はシュタイクアイゼンでもう登れると松井に言われたので彼れより先にすすんで、十歩ほどもゆかないうちに頂の雪を踏んだ。西からくる風がめちゃに寒くて身体をふきとおすようなので、少しも長くいる気がしない。ずっと下の岩の段の所に待っている一人の友に手をあげて合図をして、頂にのぼったことを知らせてやった。時計をみると十二時十分だった。わずかしか経っていないと思ったのだが、一時間もたっていようとは思われなかった。松井がのぼってくるまで待っていて、くるとすぐに下りはじめた。

　下りは気をつけて足場を一つ一つ丁寧に踏みかえしてゆっくりと下りた。十二時四十五分に二人の待っていたフェストにかえって来た。すると主稜に向って行き詰ってしまった早川の組は、うまく横切ることには成功して、漸くこっちの岩稜にとりつけたが、時間がないのでもう下りはじめていた。人数が多くなったので墜石の危険は前にもまして加わって来たので、先の隊員が下りてから、少しずつこっちの隊員が後を下りてゆく。時間はかなりかかる。最後にいて私は天気をみると、とうとう破れかけて来た。常念岳のピラミッドに平原から来る雲海の波がさかんにうちかけて、乗越をこえてこっちへとやってくる。風が寒く吹き出した。先の隊員は岩稜を左の急なクルステの斜面にとりついて早く下りようとしている。私がまだ岩稜をはなれないうちに、もう粉雪が風と共にとんで来て、南岳の岩壁の方はたちまち霧のためにみえなくなってしまった。その速いのには全くおどろいたほどだ。スキーデポーに下りついたのは二時五十分で、板チョコをひと噛りして、すぐにスキーをはいた。帰路は直ちにこのカールから本谷へはいっているU字形の狭い支谷を下ることにした。雪を混えた灰白色の深い霧ですっかりあたりはみえなくなった。カッレンフェルトのゆるやかな中の凹んだ斜面に腰をぐっと落してシュテムしながら先へ滑ってゆく七人の姿がひとつひとつ消えてはまたあらわれる。ネーベルファンタズイ[62]とはよく言ったものだ。急に霧が薄れるとカッレンフェルトの端で急な谷の落ち口にいる。谷に入るとクルステは軟かくなっていた。しかし雪崩は谷のうえから下までずっとつづいて両側からたがいちがいに出ている。その色の少し黄色にかわったデブリイとデブリイとの間の狭い雪面がツィックツァックにつづいている隙間をえらんでは滑（す）べり下りて漸（ようや）く本谷にでるまでは苦しい滑降であった。雪質は多分に湿気をふくんだ粒状雪だ。この谷の雪崩のおそろしく出ているのにはおどろいた。もっとも夏に通ると例の横尾の大滝が谷の側面の高い岩壁にかかっているような峡谷みたいな谷だから無理もない。

本谷からは谷底の斜面はゆるい。直滑降に一本、シュプールを谷のまん中につけてとばしてゆく。またたくまに涸沢との出合をすぎ、谷をどんどん下りて、例の通いなれた巨石の間の迷路もわけなく滑べって、四時二十五分に野営地の天幕にかえった。湿った雪がずっと降っていた。

北穂高のこの登山について概括的に言ってみると、まずその北壁の岩登りは実際に於て相当のクレッテルアルバイトだった。岩にくっついている雪の状態はまず登るのにはいい方であったと思う。もしあれがもっと硬く凍っている氷のようなものだったら、とてもあんなに早くはのぼれなかっただろうし、それからまた新雪が上の岩を隠すくらいにふりかかっていると危なくて登れない。だからその点ではいい状態だったと言っても差支えはないと思う。

ただ天気のあまりよくないことを知っていて、しかも大切な道具であるピッケルがなく、アンザイレンをしないで、このような登攀を試みたことについては自分ら自身としても少しも不満足がないわけではない。けれど私はひとつの機会をとらえてうまく登ったものだと思っている。よく安定した天気の日に、ゆっくりと時間をかけてアンザイレンしてあの岩壁を登れば、それは愉快でまた確実にやったと云うことの気持も得られるので一層気持はいいだろう。しかしこの北穂高の場合のように悪天候のくる前の数時間に機会をとらえてひとつの頂を登り終えるようなものもまた甚だ愉快であるように思われる。勿論それはその時の状況に対する正しい予測と自信とがあってのことではあるけれど。

それから本谷はスキー登路としては、谷の幅が全体に狭くて、急斜面がつづき、そのうえ大体に於てシュルフトの形だからあまり適しない。硬いクルステになっていて、スキーを曳いて行くことが出来るときにのみ利用すべき谷だ。雪が深ければ、ツィックツアックに谷を刻んでのぼる労力は大したものだろう。それに雪崩の点では硬いクルステにならなければどうしても通ることの出来ない谷だ。本谷のうえの二つのカールは、涸沢のように広さの点に於て壮大ではないが、気持のいい景色だ。夏にはそれがカール状地であることはよく気がつかなかったが、こう云うように雪のときに来てみると判然とわかる。

時間：野営地五・〇〇　屏風岩下五・三〇　涸沢本谷出合　六・〇五　南岳圏谷壁上八・一〇

――八・二五　北穂高下圏谷底スキーデポー八・五三――九・二〇　北穂高頂上一二・一〇
――一二・一五　スキーデポー二・五〇――三・〇五　本谷との出合三・三五　涸沢との出合
三・四五　野営地四・一五

（「登高行」第五年、大正十三年）

（1）トポノミィカル――toponymical［英］＝地名に関する。
（2）陸測五万分の一――「白馬岳スキー登山及び乙見峠越え」（注26）参照。。
（3）唐谷――現在の涸沢。
（4）ザイテンテールヒェン――Seitentälchen［独］＝小さな枝谷。
（5）Skiberg――［独］山スキーを楽しめる山。
（6）グラート――Grat［独］＝山稜、尾根。
（7）Skidepot――「三月の槍ケ岳」（注30）参照。
（8）ザイテングラート――Seitengrat［独］＝側稜、枝尾根。「涸沢岩小屋の少し下の小さな急谷」ということから北穂高岳南稜と考えられる。ただし、「本谷と涸沢を分つ」のは北穂高岳東稜であり、断定はできない。
（9）シュトゥーフェントレートアルバイト――Stufentretarbeit［独］＝踏み固めて足場をつくる作業。
（10）ハウプトタール――Haupttal［独］＝主谷、主流。
（11）シュルフトフランケ――Schluchtflanke［独］＝急峻な峡谷の側壁。
（12）上高地の牛番小屋―現在の上高地一帯は当時、夏には牛を放牧していて、牧夫（牛番）が滞在する小屋があった。徳沢が中心。辻村伊助の「神河内と常念山脈」にそこの瑞々しい写真が収録されている（辻村伊助『ハイランド』所収)。
(13)クルステ――「三月の槍ケ岳」(注24)参照。
(14)「ダックリ」――地形を指す言葉と考えられるが、どこを言うのか不明。
(15)ラテルネ――「三月の槍ケ岳」(注26)参照。
(16)カッレンフェルト――Karenfeld[独]のこと。圏谷内の緩斜面。
(17)カール――Kar[独]=圏谷。
(18)グラートザッテル――Gratsattel[独]=山稜の鞍部。現在の白出のコル。
(19)tributary ridge, Gratrippe, nervure――[英][独][仏]の順だが、使用の正確さには疑問がある。この辺の情景記述にも疑問が残る。
(20)Kurve――[独]=カーブ(曲線)のことだが、地図の等高線の意味で使っていると思われる。
(21)コンケーヴ――concave[英]=凹状地形。
(22)ナハトマルシュ――Nachtmarsch[独]=夜間歩行。
(23)カールボーデン――Karboden[独]=圏谷の底部。
(24)鬟尾根――白出のコルの右下から出ている尾根は、現在のザイテングラート。
(25)デブリイ――デブリ débris[仏]=崩落した岩石や雪崩の堆積。
(26)ツンゲンゲビート――Zungengebiet[独]=舌状に伸びた部分。
(27)シュトゥーフェントレーテン――Stufen-treten[独]=踏み固めて足場をつくる。
(28)ザッテルウイント――Sattelwind[独]=鞍部を吹き抜ける風。
(29)カールヴァント――Karwand[独]=圏谷の壁。
(30)ギッフェルグラート――Gipfelgrat[独]=山頂稜線。
(31)クェーヤガング――Quergang[独]=斜登降、トラヴァース。
(32)ハックアルバイト――Hackearbeit[独]=ピッケルで雪面に足場をつくる作業。ステップ・カッティング。

（33）ヘーエンライデンシャフト――Höhenleidenschaft[独]＝気高い情熱。

（34）プルウミエル　アッサンシヨン　アンスキー！――Première ascension en ski[仏]＝スキーでの初登頂。

（35）ギッフェルグリュック――Gipfelglück[独]＝山頂の幸せ。

（36）ドライタウゼンダー――Dreitausender[独]＝三〇〇〇メートル峰。

（37）ラヴィーネンドンネン――Lawinendonner[独]＝雪崩の轟音。

（38）グラートシュピッツェ――Gratspitze[独]＝山稜上のピーク。

（39）タールザイテ――Talseite[独]＝谷の側面。

（40）セラックス――Sérac[仏]＝氷河のクレヴァス帯にできる氷塔・氷塊。

（41）前穂高岳も案外たやすかった――慶應の一行は、この後、四月十一日に岳沢から前穂高岳にも登っているが、大島は参加していない。「登高行」の「穂高岳スキー登山」には、青木勝による前穂高岳の記録（奥明神沢―明神主稜）が含まれる。この前穂高岳、本稿の奥穂高岳、北穂高岳はいずれも積雪期初登頂。

（42）松井憲三（一八九五―一九七一）飛驒神坂の山案内人。昭和四（一九二九）年八月、藤木九三と滝谷初登攀。

（43）ツンゲ――Zunge[独]＝舌。雪崩の末端部。

（44）ナッセノイシュネーラヴィーネ――Nasseneuschneelawine[独]＝湿潤新雪雪崩。

（45）右手から――このあたり記述には曖昧なところがあるが、地形的にみて、この右手は左手でないとおかしい。横尾谷を大キレット方向に登っているのだから。

（46）シュルフト――Schlucht[独]＝峡谷。

（47）ギッフェルアウスブリック――Gipfelausblick[独]＝山頂の展望。

（48）ハウプトグラート――Hauptgrat[独]＝主稜。

（49）グラートツァッケン――Gratzacken[独]＝ぎざぎざした稜線。

（50）クレッテルアルバイト――Kletterarbeit

［独］＝登攀行動。

（51）エッスパウゼ——Essenpause［独］＝エッセンパウゼであろう。食事休憩。

（52）アンザイレン——Anseilen［独］＝ザイル（ロープ）で結びあうこと。

（53）シュタインシュラーク——Steinschlag［独］＝落石に当たること。

（54）トリコニイ鋲——「我国に於ける岩登りの前途にまで与う」（注4）参照。

（55）グリッフェ——Griffe［独］＝手がかり。

（56）シュタント——Stand［独］＝足場。

（57）クレッテライ——Kletterei［独］＝登攀。

（58）フェスト——fest［独］＝固い、確実な。「しっかりした足場」という意味で使っていると思われる。

（59）衣嚢——ポケット。

（60）ギッフェルコップ——Gipfelkopf［独］＝山頂部。

（61）シュトゥーフェンハックアルバイト——Stufenhackearbeit ピッケルで足場を刻んで行く作業。ステップ・カッティング。

（62）ネーベルファンタズイ——Nebelfantasie［独］＝霧の幻想。

小屋・焚火・夢

*山の夜に焚火(たきび)の焰(ほのお)がえがく人体のシルウェット。それはレンブランテスク[1]の力強い明暗の筆触。いや、それどころか、それは自然の描いた最も古い、静かな人物画。

*風の歌は山の歌だ。

*山と山との会話は風の音できき(と)るより方法はない。

*ザイルは君と僕との心をつないだ。

*山頂と谷底とがおなじように愉(たの)しい場所だとはだれが見出したのか。

*雲の湧きあがる峠路をひとりで辿(たど)ってゆくときの愉しさ。

*山の「窓」といわれている、ほんとに自然がつくった窓から時折は戸外を眺めてみたい。

*ひとりで山へでかけるときにはルックザックは自(おの)ずと重くなる。それが軽くなる日のいつくるか。

*山は共有のものだ。けれどそれが占有されるのをしばしば私は見る。そしてそれら占有者のよろこびを私もまた想像出来る。

*インデアン・サンマア[2]というような十一月のある日を、僕は落葉松(からまつ)の林のなかの枯草の

うえにねころんで、遠くの雪で光る山頂を眺めて空想していたい。
＊晩秋の峰は徳高き老翁のすがた。なんと気高い、なんと地味な姿で、その銀の高い額（ひたい）をかがやかしているのだろう。
＊ベルクシュタイガー[3]はみな山のなかにおのおののハイマート[4]をもっている。
＊以前は案内として使った者をただの荷担（にかつ）ぎとして使う現在（いま）の自分を悲しもうか、それとも喜ぼうか。とにかく、それは決して自慢にはならないことだ。
＊はじめて登った山頂に手（て）ずから積石を積むことを僕も望んでいる。
＊春に行ってよかった山へは、秋にもまた行こう。
＊ひとりで山を歩くものにとって、焚火は最も無口で、しかも陽気な伴侶（とも）である。心さびしいときは火を燃やせ、その陽気な顔をみつめよ。
＊Die Beiden[5]は僕にいいフラゲー[6]を与えた。それに解答の与えらるる時はいつくるか。
＊山を歩いて食物もないときには、せめて火でも燃そう。そのとき心は火を吸う。身体は火をなめる。
＊道のありがたみを知っているものは、道のないところを歩いたものだけだ。
＊山脈縦走、「頂、頂、頂、頂」。それはエトセトラ以上の効果はない。
＊山ふかくのなかの小さな山村。それは山々をさまよい歩くものにとって一夜を乞うにい

い、なんたる人生のあたたかい、情ぶかい露営地ぞ。
＊嵐は登山者の厳格な教師だ。
＊雪崩の音は春の明るい晴天の雷だ。
＊雪は最も完全に風を防いでくれる、大理石の豪奢（ごうしゃ）な壁だ。それが雪の上の露営のときに於ては。
＊山ほどその肌色をよく複雑多様にかえるものはない。たった光と影と風と空気の四つの染色素しかもっていないくせに。
＊山彦（やまびこ）は君が山に大声できいてみたとき、山がそれに対して答える返事だ。それは君がたずねたことをまたたずねかえす。
＊わが足音に木がパチンと音して起きあがるのを見た。四月の融雪の日に。
＊雪消えにいちはやくあらわれた枯草の地。大地の早春の眼。
＊雪はあるときには人間のつくった路（みち）よりもぐっと歩きいい、無際限な道幅をもった道路だ。
＊山は風景を尊大にさせる。なぜならばそれは背景として偉大だから。
＊君の山登りについてのHerzwort[7]をききたいと問われたら、ああ僕はなんと答えよう。
＊山案内者から僕は彼（か）れらの知識をうばおうとは心がけていない。

＊だれもただ山や谷を歩きまわることそれだけで口を糊（こ）していいるものはない。けれどそのことで心を糊しているものは、君いくらほどいるとおもう。
＊アイヌほど美しい地名をつける種族はないようだ。
＊尾根の悪いところでは羚羊（かもしか）の歩く路と人間の通る路とはひとつになる。ひどいヤブのなかではヒグマの歩いた路と人間の歩く路とは一致する。
＊落葉のうえを歩く足音ほど、心にひびく音はない。
＊日当りのいい晩秋の枯草の斜面。空想を拾う場所。
＊高い尾根の岩蔭で寒い山上の晴夜をすごすとき、われらはとぼしい偃松（はいまつ）の焚火をもって、星と大地に人間存在の象徴を示そう。
＊深い森の奥で、暗い夜を送ろうとするとき、われらは熾（さか）んなる焚火の火焔をもって森の野獣にまで、人間のみの有（も）つふしぎな力の存在を示してやろう。
＊エヴェレスト登山隊のひとりが、エヴェレストの南東の二万七千九百九十九呎（フイート）の峻峰マカルは到底登攀不可能な山貌だと言っているのを読んだとき、僕はおもわずも喜んだ。この地上の尊厳のために、はたまた僕ら山に登る者の前途のために、かかる山頂のあることそれだけでも僕の心は安んぜしめられる。
＊エヴェレスト登山隊の人々は積石（ケールン）を手ずから積んだ。けれどそれはエヴェレストの山巓（さんてん）

にではなかった。彼れらのうちで最初それに登るために命をささげた二人の山友達のために。

＊人ざととおい山中の古小屋は、まるで老翁の座ってでもいるように。

＊山中ふかいあばらやの書斎の花と雲との壁画のおくで、ああ、いつまでもわたしはだれの古書に読みふけろうか。

＊ああ、はやく僕たちの手で造った山小屋へ薪を割りにゆきたいものだ。たのしく口笛を吹きながら。

＊私は私らのつくる山小屋を落葉松の林でかこもうとおもう。その頑固な側面や、石屋根のゆるい勾配の線を、初夏のやわらかい緑色の針のような彼れらの葉で、柔かく生き生きと包もうとおもう。また晩秋には、その細かい無数の錯落たる枝張りをもって、つよくきっぱりとそれを編み合わせようとおもう。

そこは山腹のなだらかな傾斜地。清い小流れのそば。背後には鋭い山頂が聳え立ち、前面には遠く平原がみわたせる。そして夕暮れにはその樹々の梢に薔薇いろの落光の射すところ。

＊そこの雲の美しく、大気の爽やかな夏の夕暮れ。それはたしかに自分の楽しい夢想たるを失わぬ。

（「登高行」第五年、大正十三年）

（1）レンブランテスク——Rembrandtesque［英］＝レンブラントふうの。

（2）インデアン・サンマア——Indian summer 晩秋の穏やかで暖かい日。小春日和。

（3）ベルクシュタイガー——Bergsteiger［独］＝登山者、アルピニスト。

（4）ハイマート——Heimat［独］＝ふるさと。

（5）Die Beiden——［独］＝「ふたりの人」。オスカール・エーリヒ・マイエル Oscar Erich Meyer（ドイツの登山家）の『行為と夢想』（*Tat und Traum*, 1919）にある話。岩壁でビヴァークした若者が山の声を聞く。「若い命を山で落とすことになっても山登りをつづけたいか、都会にいて長い一生を送りたいか」。若者は前者を選ぶと答える。ある年、羊飼いが氷河のほとり、雪崩のデブリからその若者の遺体を見つける。遊び気分で山に入った別の若者が道に迷い、同じ山の声を聞く。彼は答える。「町で人生を送りたい、山はもうたくさんだ」。そして長い人生を終え墓場へ運ばれる。「きみが山を愛するのなら、後の人を軽蔑してはいけない。また、きみが一度も高い山に憧れたことがないのなら、前の人を尊敬したまえ。その死者には山での死が生だったのだから」。「我国に於ける岩登りの前途にまで与う」（注12）参照。

（6）フラゲー——フラーゲ Frage［独］＝疑問、質問。

（7）Herzwort——［独］＝真情を吐露する言葉。

涸沢の岩小屋のある夜のこと

自分達の仲間では、この涸沢の岩小屋[1]が大好きだった。こんなに高くて気持のいい場所は、あんまりほかにはないようだ。大きな上の平らな岩の下を少しばかり掘って、前に岩っかけを積み重ねて囲んだだけの岩穴で、それには少しもわざわざやったという細工の痕がないのがなにより自然で、岩小屋の名前とあっていて気持がいい。そのぐるりは、まあ日本ではいちばんすごく、そしていい岩山だし、高さも二千五百米突以上はある。これほど高くて、自由で、感じのいい泊り場所はめったにない。人臭くないのがなによりだ。穴のなかに敷いてある偃松の枯葉の上に横になって岩の庇の間から前穂高の頂や屏風岩のグラートとカール[2]の大きな雪面とを眺めることが出来る。そのかわりいつもしゃがんでいるか、横になっていなければならないほどに内部は低い。景色と言っては、なにしろカールの底だけに、ぐるりの岩山の頂上と、カールの岩壁と、それに前に涸沢の谷の落ちてゆくのが見えるだけで、梓川の谷も見えない。そしてそれにここにはあんまりくるものもいない。実にしずかだ。そこがいいんだ。そこが好きなんだ。米味噌そのほか甘いものとか、飲物のすこしも背負い込んで、ここへやって来て四、五日お釜を据えると、まったくのびのびして、はじめて山のにおいのするとこへ、きたような気がする。

　天気のいいときは、朝飯を食ったらすぐとザイルでも肩にひっかけて、まわりの好き勝手な岩壁にかじりつきに行ったり、またはちょっとした名もないようなNebengipfel[3]や、岩壁の頭に登ったりして、じみにGipfelrast[4]を味ってきたり、あるいはシュタインマン[5]を積みに小さなグラートツァッケ[6]に登るのも面白い。そうしてくたびれたら、岩小屋へ下りて来て、その小屋の屋根になっている大きな岩のうえでとかげをやる。とかげっていうのは仲間のひとりが二、三年前にここに来て言いだしてから自分達の間で通用する専用の術語だ。それは天気のいいとき、このうえの岩のうえで蜥蜴みたいにぺったりとお腹を日にあっためられた岩にくっつけて、眼をつぶり、無念無想でねころんだり、居睡りしたりする愉しみのことをいうんだ。その代り天気の悪いときは山鼠だ。穴へはいりこんで天気のよくなるまでは出ない。出られないのだ。しゃがんでいてもうっかりすると頭をぶっつけるくらいに低いところだから、動くのも不自由だ。だから奥の方へ頭を突込んで横になったきりにしている。標高があるだけに天気の悪いときはずいぶん寒い。雨も岩の庇から降りこんだり、岩をつたわって流れ込んだりする。風も岩の隙間から吹き込む。だがこれほど気分のいいとこはちょっとないようだ。天気でもよし、降ってもいい。自分達はそこで言いたいことを話したり、思うままに食って、自由に登ってくる。ヒュッテらしい名のつくようなヒュッテも欲しいと兼ね兼ね思っているが、それは冬のときや春のときのことだ。夏にはこんないい自然のヒュッテがどこにでもあるなら、まあ夏だけのものならばそんなに欲しいとは思わない。ここは夏でもすこし早く来るとまだ岩穴が雪に埋っていることもある。

とにかく自分達の仲間ではここへ来ていろいろと話したり、登ったりして好き勝手に日をすごしてくることが、夏の上高地へ来てのひとつのたのしみなのだ。ところで、ここにはそのひとつとして、その岩小屋のある年の夏のある夜のある仲間のことを書いてみる。これが自分達の仲間のある時期のひとつの思い出にでもなればいいと思って。

そのとき自分達は四人だった。自分達は丁度（ちょうど）北穂高の頂（いただき）から涸沢のカールの方へ下りてきたのだった。……そしてそれは夕暮だった。歩きにくいカールの底の岩のテブリイ[7]のうえを自分達の歩みは無意識にすすんで行った。

それは実によく晴れわたった、穏（おだやか）な夏の夕だった。眼のまえの屏風岩のギザギザした鋸歯のようなグラートのうえにはまだ、夕雲はかがやかに彩（いろど）られていた。そしてひと音きかぬ静けさが、その下に落ちていた。おおらかな夕べのこの安息のうちに山々は自分達をとりまいて立っていた。自分達はこれからこの涸沢のカールの底にある、自分達にはもう幾晩かのなつかしい憩いと眠りのための場所であった、あの岩小屋へと下りてゆくところだった。自分達の右手の高きには前穂高の巓(いただき)がなおさっきの夕焼の余燼(よじん)で灼(かが)やいて、その濃い暗紫色の陰影は千人岩[8]の頭のうえまでものびていた。そしてはるかの谷にはすでに陰暗な夜の物影がしずかにはいずっていた。自分達はそのころ漸(ようや)く岩小屋にかえりついたのだった。そして偃松(はいまつ)の生枝(なまえだ)をもやしては、ささやかな夕餉(ゆうげ)を終えた時分には、すでに夜は蒼然と自分のまわりをとりかこんできていた。それはまたすばらしくいい夜だった。すてきに星の多い晩だった。高いこの山上をおし包むようにおおきな沈黙がすべてを抱きこんでいた。

　火のそばをすてて、自分達は岩小屋のなかから外にでた。そしてその前にあった岩にみんなおのずと腰をおろした。冷やかな山上の夜は自分達のうえに大きくかかっていた。晴れきった漆黒の夜空のなかで、星が鱗屑(うろくず)のようにいろいろの色や光をしてきらめいていた。四人とも黙って岩に腰をかけたまま、じっと何かについて思い込んでいたりパイプばかりくわえて黙っていた。けれどもそれはこのような夜の周囲にはほんとにしっくりと合った気分だった。山は雨や風の夜のように底鳴りしたりしないので凄みはなく、圧迫的でもないけれど、あんまりおだやかで静(しずか)なので、そこにひとつの重味のある沈黙というものを示していた。「山は時としてはその傍観者に自らのムードを圧(お)しつけることがあると同時に、また傍観者はしばしば山が彼れ自らの気分と調和してくれるのを経験することがある」とマンメリイ(9)だかが言っていたが、そのときの自分達の気持はたしかに後者のようなものがあった。自分達のうしろにも横の方にも、闇のなかに真黒に岩壁や頂がぬっと大きな姿で突っ立っているけれど、自分達にはこの時はちっとも恐ろしくも見えなければ、もの凄くも思われなく、むしろこのぐるりを半分以上もとり巻いている山を、親切な大きな風よけぐらいにしか、親しくおもえてならなかった。そうしてその真ん中の小さな岩小屋は自分達のような山の赤ん坊の寝る揺籃(ゆりかご)みたいにおもえてしようがなかった。言い方が可笑(おか)しいかも知れないが、それほどいやに山が親しみぶかく見えたんだ。だけれど、ただひとつこのあまりの静かさが自分達に歌を歌わせたり、笑い話させたりさせないのだ。たしかにこの時の山のムードと自分達の気持とはハーモニイしていた。

自分達の四人はみな黙っていた。けれどみなこういう気持でいることはよくお互いに知りきっている間柄(あいだがら)だけにおのずとわかっていた。そしておのおのいま黙って考えていることが、ある一部の山を登るものにとっての必ず出っ喰わす大切なことであることも知っていた。自分達は先刻夕餉(さつきゆうげ)を終えた後での雑談のあいだに、偶(ふ)とその年の冬、自分達の仲間とおなじようによく知り合っていたひとりの山友達(10)を山で失っていて、その友達がその前の年の夏に自分達と一緒にこの岩小屋へやってきて愉(たの)しい幾日かをすごして行ったときのことが、ちょっと出たのだった。そして自分達はそれっきりで言い合したように、その話は避けてよしてしまったのだった。それから黙っているのだった。自分達は外にでて岩に腰をかけたのだった。そしてそのときまでも黙っていたのだった。

　そのときまで自分達お互いは心のなかで、光の焦点のように各々(おのおの)の心の中に現われている、あるひとつの想いについて寂しい路(みち)を歩いていたのだった。ふと涸沢岳のあの脆(もろ)い岩壁から岩がひとつ墜(お)ちる音がした。カチーン……カチーン……と岩壁に二、三度打ちあたる音が、夜の沈黙のなかにひびいた。そしてそれがすんでしまうとまたもとのような言いあらわしようもないほどの静かさだった。

　そのときだった、ひとりが考えにつかれたかのように、自分達の前にひとつの問いを投げだした。——

「おい、一体山で死ぬっていうことを君たちはどうおもっている。」

　自分達はみんな同じような気持で同じことを考えていて、誰れ(だ)かが話しの緒口(いとぐち)をきるのを待遠しく思っていたかのように見えた。そこへ、この言葉が落ちてきたんだ。勿論(もちろん)それは反響(こだま)した。全く先刻(さつき)から自分達お互いの心はお互いにこの高い山の上の、しかも暗いなかで、自分達のなかからその大切な仲間をいつ、誰かもわからずに、失わしめようとしているこの山での不幸なゲファーレン[11]というものについて、結局は自分達自らさえも山で死ぬかも知れぬということについて、新しい信仰をうち建てるようにと言いなやんでいたのだった。

ひとりがそれに対してすぐに答えて言った。――

「それは山へなんか登ろうって奴の当然出っくわす運命さ。」

「うん、そうか、それじぁ山へ登ろうって奴はみんなその運命にいつかは出っくわすんだね。」

「そうじぁないよ。みんなとはかぎりゃしないさ。運のいい奴はそれにであわなくってすんじまうよ。それから山へ登る奴だって、そんな運命なんかに全然逢着（あわ）ないように登ってる奴もあるもの。」

「じぁその逢着（あう）ような奴っていうのはどんな奴さ。」

「まあ、言ってみりゃあ、結局ワンデー[12]みたいな奴さ。俺はワンデーの兄貴が、あいつがやられたときに富山へゆくとき、途中を一緒に行ったが、そのとき言ってたよ。うちの弟は私によく言ってましたよ、俺はきっといつか山でやられるって、俺はそいつを聞いて感激したね。もっともその時はいくらか昂奮もしていたがね。そしてその時すぐにマンメリイのあの言葉をおもいだしたよ、ほら、なんていったっけなあ、よく覚えてはいないけれど、It is true the great ridges sometimes demand their sacrifice, but the mountaineer would hardly forgo his worship though he knew himself to be the destined victim.[13] とか言ったやつさ。そうして一晩中寝ないでHと話しつづけちゃったら、そのあしたへたばったよ。…………だからさ、ワンデーやマンメリイみたいなやつは、まあたとえてみればさ、そういうような運命に出っくわすのさ。実際ふたりとも出っくわしちゃったがね。けれど山で死ぬやつはみんなこんなやつばかりじゃぁないだろう。無鉄砲をやって死ぬのや、出鱈(でたら)目(め)に行ってやられるやつもいるさ。だけれど、そういうのは問題にはならないよ。注意し、研究もしてみて、自信があってやってさえ、やられたというのでなくちゃぁね。マンメリイは先刻(さつき)の言葉を、Penalty and danger of mountaineering.[14] っていう章のところで、山登りの危険を詳しく論じてから言っているんだぜ、山登りにはかくかくの危険がある。そしてそれはかくかくして避け得られるし、勝ち得られる。けれどなお登山者の不幸は絶対には避け得られない、と言ってその後へ先刻の言葉をもって来ているのさ。ワンデーだってそうだろう。「山とスキー」[15]に、「人力の及ぶかぎりの確さをもって地味に、小心に一歩一歩と固めてゆく時にはじめていままで夢にも知らなかった山の他の一面がじりじりと自分らの胸にこたえてくる」って書いていたじゃぁないか。おそらくそうやって行って、それでもやられちゃったんだ。そこまでゆけば、あとは運命さ、なんて言ったって俺は運命だと思うよ。だから、そういうようなやつらにとっちゃあ、山登りは趣味だの、またスポートだのって思ってはいないかも知れないぜ。」

答えたひとりは、熱心に、疲れることなく言った。

「スポート、趣味、勿論(もちろん)そうじゃないだろう。俺だっていま現在、俺の山登りはスポートだとも思ってやしないし、趣味なんかでもないや、なんだかわからないが、そんなものよりもっと自分にピッタリしたもんだ。」

新しいひとりが暗いなかで、すぐその前の言葉を受けて、強く言い放った。沈黙が暫(しばら)くつづいた。すると、

「とにかく、人間が死ぬっていうことを考えのうちに入れてやっていることには、すくなくとも、じょうだんごとはあんまりはいっていないからね。…………」と多くを言わずに、あとの言葉をのみこんでしまったように言ったのは、その死んだ友とそのとき行をともにした自分達の仲間のひとりだった。[16] 彼れ(か)こそは自分達の仲間で最も異常な経験をそのときにしたのだ。だから、山での災禍ということについては最も深い信念をば、彼れは特に自分達に比してもっているわけだ。けれど彼れはそれを自分達に語りはしなかった。彼れのおもい秘めたような心を自分達へ敢(あえ)て開こうとはしなかった。けれど彼れはただこういうことだけは言った。「俺はそのとき以来一層山は自分からはなしがたいものとなってしまった。立山は以前から好きな山だったが、あの時からはなお一層好きになってしまっ

た。」そしてそれ以上はなんにも言わなかった。話しはまたとぎれてしまった。各々の想いはまた各々の心のなかをひとりで歩まねばならなかった。

　自分自身の心胸にもそのときはいろいろのことがおもい浮んだ。暗い、後ろめたい思想が自分を悩まし、ある大きな圧力が自分の心を一杯にした。そしてついに山は自分にとってひとつの謎ぶかい吸引力であり、山での死はおそらくその来るときは自分の満足して受けいれらるべき運命のみちびきであるとおもった。そしてそのとき自分のたましいのウンタートーン(17)として青春のかがやかなほほえみと元気のあるレーベンスグラウベ(18)とが心にひろがってきた。死ということをふかく考えても、それを強く感じても、なお青春のかがやかしさはその暗さを蔽(おお)うてしまう。わけて自分達にとっては、山での死は決して願うべく、望ましき結果ではなけれ、その来るときは満足して受けいれらるべき悔いのないプレデスティナツィオーン(19)であるからだ。そしてそのとき夜はますます自分達の頭上に澄みわたっていた。かずかずの星辰(せいしん)は自分達にある大きな永遠というものを示唆するかのように、強く、燦(あき)らかに光っていた。ひとつの人間のイデー(20)とひとりの人間の存在というようなものがおのずと対照して思われた。すると、そのときだった。ふと夜空に流星がひとつすっと尾をひきながら強く瞬間的にきらめいて、なにかひとつの啓示を与えたかのように流れ消えた。万有の生起壊滅の理。突然そのときひとりの友の声が沈黙の重みをうちこわして、おおらかに放たれた。彼れはそのほのみえる顔に、溢(あふ)るるような悦びの色をたたえて言ったのだった。

「おい、俺たちはいつかは死んじまうんだろう、だけれど山だってまたいつかはなくなっちまうんじゃあないか。」

　このひとつの叙事文はこの通りのままの事実がそのままにあったのをそのままに書き表わしたのではないという事はお断りしなければならない。だけれどこの中に叙せられた山の上での経験についても、またこの中に織り込まれた会話体の部分についても、それらのものは皆実際にあったことである。ただそれらはそれぞれの時と場所を異にしていたという事にすぎない。それでここでは記述のうえの都合からそれを同じ時と場所に於て起った事象の如(ごと)くに取扱かったのである。

　私らの仲間はいつも集る度ごとに「山」について語った。それはいろいろのことを含んでいた。それは山登りのうえのプラクティシュ[21]なことを話したと同時に、またある時には山登りのうえのメタフィジィーク[22]についても大いに語り合ったことがある。私らは若い、だからそんな時には、夢中になって、さもえらそうに、いろいろのことをしゃべった。それ故(ゆえ)そこにはあるいは青年の純情とも言いつべきものがあるかもしれない。確かにその時どきのある一個の事象に対しては幼稚なまでに直路(ひたみち)なライデンシャフト[23]を持ってたかも知れない。あるいはこの後、ずっと時が経ってから顧みる時は、そこに恐ろしく生真面目な、空元気のある、深刻さがあった。そしてやや滑稽(こっけい)な空気が漂っていたのを認めざるを得ないかも知れない。しかしそれはどうでも自分にはいいことだ。人間は常に歩んでいるものだと私はおもう。

　昨日も今日とは同じきものではないかも知れない。だからその時と現在との間にどんな深いけじめがあろうと、どんな遥かな隔りがあろうと、それはなんでもないことだ。私らは私らのある時期の「想い出」ともなろうかと思って、こんなことをそこから「ありのままに」何の飾りもなく何の粧(よそお)いもなくひき抜いてきたのである。だからそこにはあるいは愚かしい私らの考えの一端があるかも知れない。けれどこの私の文はその内容を以って目的とはしていないのだ。それは愚かな、また誤った考えでもあったであろう。しかし私は敢(あ)えて言っておこう。私をしてこの文を成さしめた力は、すべて青春を駆って山を登るうえの真の一路に向わしめるその力によって、わが掌(て)に把握し得たものの一断片をここに投げ出すのだということに於て存したのである。つまらないよけいなことだが敢て附記した次第である。

（「登高行」第五年、大正十三年）

（1）涸沢の岩小屋——穂高岳涸沢圏谷、涸沢岳側斜面・北穂高岳南稜近くにあったが、崩壊して現存しない。三田幸夫「涸沢の岩小舎を中心としての穂高連峰」（『わが登高行』）に当時の様子がよく伝えられている。大島、三田のこの二篇は、ともに「登高行」（慶應義塾大学山岳部の部報）第五年に掲載されているが、その他の記事を含めてこの号は、日本の山岳文献のなかで屈指の内容を持つ。

（2）グラートとカール——Grat［独］＝山稜、尾根。Kar［独］＝圏谷。

（3）Nebengipfel——［独］＝ネーベンギップフェル。前衛峰または隣接峰。

（4）Gipfelrast——［独］＝ギップフェルラスト。山頂の憩い。

（5）シュタインマン——Steinmann［独］＝ケルン。

（6）グラートツァッケ——Gratzacke［独］＝山稜の突起。

（7）テブリイ——débris［仏］＝デブリ。崩落した岩石や雪崩の堆積。

（8）千人岩——前穂高岳北尾根の岩峰群を指すと考えられる（鵜殿正雄「穂高岳槍ヶ岳縦走記」「山岳」第五年第一号）。

（9）マンメリイ——「我国に於ける岩登りの前途にまで与う」（注13）参照。

（10）山友達——大正十二（一九二三）年冬、立山で遭難死した板倉勝宣（かつのぶ）のこと。板倉（一八九七—一九二三）は積雪期登山のパイオニア。学習院高等科から北大に進み、スキー登山を開拓。一九二二年一月、大雪山旭岳の積雪期初登頂、冬季槍ヶ岳にも挑戦した。学習院では松方三郎と同級。一九二三年一月、立山弥陀ヶ原松尾峠で猛吹雪に遭遇、遭難死。同行者が槇有恒、三田幸夫という当時の代表的な登山家であったため、日本の山岳遭難の重要事件と注目された。この遭難は槇有恒「板倉勝宣の死」（『山行』所収）、三田幸夫「松尾坂の不思議な幻影を思い返して」（『わが登高行』所収）に詳しい。遺著に『山と雪の日記』がある。

（11）ゲファーレン——Gefahren（独）「危険」という意味だが、ここでは山の遭難を表しているのであろう。

(12) ワンデー——板倉勝宣のあだ名。ワンデーは one day で、最初は勝宣の兄のあだ名だったが、昇格?したものらしい。

(13) It is true……——(大意)「山はいけにえを求めることがあるが、登山家は自分がその宿命の犠牲となるのがわかっていても、山を愛し讃える気持ちを捨てることはできない」

(14) Penalty and danger of mountaineering——『アルプス・コーカサス登攀記』の「登山の愉しみと罰」(The Pleasures and Penalties of Mountaineering)のこと。

(15)「山とスキー」——大正十(一九二一)年、北大スキー部(山とスキーの会)の加納一郎らにより創刊。昭和五年、九十九・百号で廃刊。大島亮吉は十三号から八十号に多くの論考、翻訳、紀行を寄せている(ほか八十六号、九十一号に遺稿)。八十一号(昭和三年五月)に伊藤秀五郎による追悼文「大島君を憶う」が掲載された。

(16) 仲間のひとり——板倉勝宣遭難の時の同行者、三田幸夫。

(17) ウンタートーン——Unterton[独]=言外の響き。底流。

(18) レーベンスグラウベ——Lebensglaube[独]=人生への確信。

(19) プレデスティナツィオーン——Prädestination[独]=あらかじめ決められた運命。

(20) イデー——Idee[独]=観念、理念、思想。

(21) プラクティシュ——Praktisch[独]=実践的な。

(22) メタフィジィーク—Metaphysik[独]=形而上学。

(23) ライデンシャフト——Leidenschaft[独]=情熱。

頂・谷・書斎

＊駒鳥(こまどり)は早春の淡彩色のなかから生れた小娘(こむすめ)。落葉松(からまつ)のこまかい花状交叉のなかで歌うところの。そして谷の散歩者にとっての、よい春の日の歌い友達。

＊山鳩。お前はよい春の日永(ひなが)を、森の奥でひとり歌っている、幼ない子供の唱歌をば。

＊やまうぐいす。夏の谷にとどまる春の名残の音階。

＊真昼の深山で木(き)を伐る音。もっとも自然の奥深くからひびくような、戛々(かつかつ)と云う音。

＊匂わしきこの夕暮の谿(たに)の陰影よ。もし、いまあの山巓(さんてん)に立ってこの谿を見下(みおろ)しているならば、どんなにか夕暮がしずかに、この谿の底より湧き出てくることか。

＊わがこころ、またこの谿の夕ぐれのごとく静かなれ。

＊尾根づたいに幾日も高いところを歩いていると、ほんとに水の流れている谷は恋しい。

＊この谷合いは僕を青い春風(はるかぜ)にみたし、この落葉松(からまつ)の林は僕を空想の主人にしてくれた。

＊あかるい谷沿いの、ゆるやかな曲線をたくさん持った善(よ)い路(みち)を歩こう。

＊谷に雪の消えるころ、試みに雪の下になっていた木の枝をへし折ってみたまえ。山の木々はどんなにつよい生きる力を持っているか。

*谷の夕とは、よく働いてよく疲れた、貧しい山人(やまびと)の眼のいろ。

*山躑躅(やまつつじ)。五月の谷の、燃ゆる、いろはなやかな季節の娘。

*石楠花(しゃくなげ)。それは日のひかりもあわい六月の深山(みやま)の径(こみち)に惻々(そくそく)としてうごく、なんたる哀(あい)憐(れん)な山林の章(しるし)であろう。

*平和な、谷川の小さな河原、水はそこを淙々(そうそう)と叡智のようにながれる。その砂原はなんとわれわれにとって、ねごこちのいいベットだろう。

*山は雲の棲家(すみか)のようなところ。どうしても無慾な者の漫歩するところ。

*うめばちそう。裾野の原をあるいて、ふと足に触れた夏の恋ぐさ。

*この古い中部日本の山をよく知るためには、わたくしはそこの深林のなかのこの世ともつかぬ青苔(あおごけ)のなかを逍(さまよ)おう。そこの谿かげのふかい苔をわけて歩(ある)こう。(秩父山脈に)

*うす青い四月のからまつの林。げにもほのかな、このましい林ではないか。

*四月のあかるい山腹の草むらみち。ああ、風のやわらかさ。雲の線のうすさ。かかるときわたくしの旅情は旅鳥のそれよりもかるい。

*寂しい樹のすがた。人しれずに生い育った深山(みやま)の大樹。

*あかるい谿間(たにま)の風を私は好む。

*南向きに山を背負った、樹深い、よい水の流れている村に泊れ。しかも草笛(くさぶえ)の音(ね)のする、

また明るい月の照る夜。
＊駒草（こまくさ）。これはふしぎな高嶺（たかね）の恋人。彼女のあんなにも美しい淡紅色（ときいろ）の顔をして、あんなにも粉がふいた灰緑色の意気な衣装（きもの）を着ているあの小柄な姿は。
＊偃松（はいまつ）。山の濃緑の頸巻（くびまき）。
＊雷鳥。お前は霧の日に尾根を歩くときのわれらの友。
＊紫匂う夕富士をみたことがあるか。どうしてあんなに火山系の古い山体はやさしく美しいのだろう。
＊霧は山をふかみづける、気まぐれな大気の幕。そしてきよらかな風の下絵。
＊樹氷。冬の大気の花。
＊冬の山脈の夕栄（ゆうばえ）は最も美しい色彩の変化にとんだ自然のページェント。
＊尾根のうえの木。みどりの風力計。
＊わたしのような貧乏な登山者はこれと言って家への土産（みやげ）を買うこともない。ただあの鋭い都会人に、やわらかい山中の風でも持って帰ろうよ。さあ、樹々よおまえたちの袖の蔭から、おまえたちの持ち合せの霧や青嵐（せいらん）をわたしの魂の袋にそそいでくれないか。
＊山へくると頬にも碧空のかがやきが映る。
＊あの裾野の大斜線。それはここからみると毎日毎日ただ雲の日記ばかり書いている。

(富士裾野滝河原廠舎（しょうしゃ）にて)

＊いま山は朝紅（あさやけ）の化粧に染まり、夏の朝のうすい靄（もや）に濡れ、ほんのりと煙ったまま、めざめようとしているらしいではないか。

＊そのもっとも平穏な日に於て、山の兇暴さをおもえ。

＊頂を吹く微風（そよかぜ）。疲れを拭い去る風。

＊夕栄よ、この山上の僕を照らせ。

＊いまこそどんなに自然の言葉があざやかにわが身にまでひびこうか。ひろびろとしたかがやく青空の海を仰ぎ、生きた、まあたらしい空気の焔（ほのお）に若者の悦びの旗をあげ、山上の花野に横（よこた）わって、もう独り真夏の白雲とあそびほうけた身には。

＊山の湖はそれが澄んでいればいるほど、深ければ深いほど、それは空に光りかがやく。

＊日当りのいい晩秋の短かい笹原。歩行者にとっての安楽椅子。

＊大きい岩壁。われわれの考えられぬほどの多くの年月を瞬間にして見せてくれる壁画。

＊夕栄するときの山頂。なんたるほがらかな時刻と場所であろう。

＊もう山上の人気（ひとけ）のすくない花園の魅美に飽いたわたしは、ただ空ゆく風のように、高根の花かきわけて、まっすぐに水の匂いのする方へ行こう。

＊深林を吹く山風（やまかぜ）は冥想のように。

＊竜胆（りんどう）のむらさきの花筒（はなづつ）は、宗教のようなこの山上の谷かげの秋の心に、わずかに艶を与えている、かすかにも彩（いろど）られた花の炎。

＊秋の山上の草原。日はまだあかるい、草もまだ青い、と言ってもどこか鋭い、そしてそれは冷たい。

＊雪のように高みをあこがれよ。

＊山へ行け！　君がその憂鬱のすべてをばルックザックに入れて。そしてこのあおあおと大気のながれる、あかるい巌（いわお）の頂（いただき）にのぼり来よ。しかるとき、いまや君の負うその重き袋は、悦びのつまった軽き袋とかわり心は風のようにかろく、気持は蒼空（あおぞら）のようにはればれと、ほがらかになり、しかも山上の花野のうえに横（よこた）わり、夕栄の圏谷（けんこく）の底に立っては、君はまさにたのしい夢想と懶惰（らんだ）の賓人（まろうど）(1)となるであろう。

＊鋭いグラートのうえに刻み登ったとき、突然私達にぶつかってくるような、颯々（さつさつ）たる山頂をわたる高層の風！　おお、その風に私達の髪の毛は草のように吹きなびき、顔も手も足もこおりきる。しかし私らの心は、そのとき最も朗らかなんだ。

＊マッターホルンとウインパー。——どんな魅力のある、インチメートな関係が、このひとつの山体とこのひとりの登山者とのあいだに結ばれてあることだろうか。(Scrambles amongst the Alps(2)の読後)

*わたしはジャヴェル[3]の「スウヴニール・ダン・アルピニスト」を、どんなにかそのひとの風格の風を身に沁(し)みつけて読んだことだろう。

*登山者は老ゆるにしたがって、現実の山登りよりはなれて浪漫的におのれが所有する山登りの回想のたのしみを、そのおのおのの山のふもとに於て求めようとする。おそらく幸福なる彼(か)れらはその想い出ふかき峰のすがたの前にしずかに座して彼れらの最後の夕栄までをたのしむだろう。(いまグリンデルワルトの谷に老後の余生をおくっているクーリッジ[4]を思って。)

*山。それは自分をはげしく動かす。さながら太陽よりも強く。

*一九〇六年から七年の冬にかけてのすべてを、ヘンリイ・ヘーク[5]はスキー案内書をつくるために、シュワルツワルト[6]をくまなく歩き廻った。そしてそれによって彼れの得たものは実にその案内書ではなかった。彼れはシュワルツワルトの二千メートルにみたない、低いワルトベルクから次のようなことを教えられた。――Man sollte nie glauben, eine Berglandschaft wirklich zu kennen, und wäre es nur ein kleines Mittelgebirge.[7]

*ほんとに山を知るには、と言って、ヒュウ・ローズ・ポープ[8]はこう書いている。――If he would enter wholly into the spirit of the hills, let him go alone into some remote valley of the Scottish Highlands, till the last footpath vanishes and the highest bothy is left behind. Let him make his bed in the heather undisturbed by any sign of the presence of man or of his handi-work.

*英国のある若き登山者はマンメリイについで、また彼(か)れの「登山者としての信条」を発表した。——The faith of a mountaineer is, and must be, that a life lost in the legitimate pursuit of our aims is not a life thrown away, but the forfeit of a stake set for an exceeding great reward, the rendering up of a soul to the hills that made it a worthy sacrifice. Charles Donald Robertson.

*ああ、僕も彼れのような、雲のようにおおきな、自由な旅情をもちたいものだ。(ヘークの Wanderungen und Wandlungen[9] をよんだ日。一九二五・七・一三)

*山では何をたべてもうまい。碧空と微風との甘味さえあれば。

*古い路(みち)をえらんで歩け。ことに古い、落着(おちつ)いた影のある静かな路を。

*オスカア・エリッヒ・マイエルの Herzwort (Ich lebe so tief in den Bergen, und die Berge so tief in mir, dass ich sterben möchte in den Bergen.)[10]

*信濃の谷の春は蕗(ふき)の薹(とう)から芽ぐみかける。

*沢蟹(さわがに)よ、おまえ谿川(たにがわ)の隠者。

*山はわがこころを占む。あたかも信仰のように。

＊はやくあの山上の透明な気圏のなかで、わたくしの肺臓を吹き洗い、つめたい山風（やまかぜ）にわたくしの眼を染めてこよう。

＊四月の日のひかりがひろびろとかかる、明るい裾野の原に、あちこちにうつむいている、雪の散るような一薬草（いちやくそう）の花々のみが、ただ旅人（たびびと）の情（こころ）をなぐさめるではないか。

＊この深山のさびしい石楠花（しゃくなげ）の花を愛し、深林のなかを吹く冥想ふかい山風を愛することが、あのひとには宗教とまでおもわれたのだ。（田部重治氏[11]の「山は如何に余を影響しつつあるか」の読後に）

＊レスリイ・スティーブン[12]の次のような言葉どおりのことが、この日本の小さな山登りのうえにも、ごく小規模に行われた。

It has always been my opinion, that a man should, if possible, qualify himself to climb without guides. Every vigorous young man should try to place himself in the class, which can displace with guides. That is the way to restore the charm of novelty to peaks already climbed. (Alpine Journal XIII.)

＊かさもちの花。これは眼だ。山中の情愛をあつめたところの眼だ。

＊憂心もない、愛慾もないこの山中では、わたくしらは花や風に心を托するより方法はない。

＊だれでも登山者としては、みなひとつずつ己れの Lieblingsgebiet(13) をもたねばならない。たとえばワイレンマン(14)にとってはジィルヴレッタ・グルッペ(15)があったように、ジャヴェルにはサレエヴ(16)のあの低い山地があったように。またもっとわたくしの身近くでは田部さんにとっては秩父があるように。

＊単独登山は山登りのうえでの最高の階段である。

＊Güssfeldt(17) はアラインゲーエン(18)についてにこう書いた。――ひとりで山へゆくときの孤独さが与える印象は、全く他のときとは非常に異っている。そのときまるで山は自分達に新しい言葉で話しかけるようだ。しかも力づよく印象ふかくに。そして自分達はそれを敬虔に、そして鋭い感覚をもって聴く。また精神的の緊張が肉体的の緊張に移ってゆくように思える。だから自分達は決して疲れない。

＊ひとりで山に近づこうという衝動と力とを自らに感じたものは、それに対して内在的な根拠をもつであろう。そしてその根拠について彼れは他人から云々される理由はないのである。（ハンス・ケーニッヒ）

（「登高行」第六号、大正十四年）

(1) 賓人——他から訪れてきた人、客。
(2) Scrambles amongst the Alps——エドワード・ウィンパー『アルプス登攀記』(岩波文庫、講談社学術文庫) の原題。
(3) ジャヴェル——Emile Javelle(一八四七—八三)。フランス人。スイスの山を愛して、レマン湖畔ヴヴェの大学で教職につき、フランス・アルプスとスイス・ヴァレ(ヴァリス) 州の山々を登った。モン・ブラン山群トゥール・ノワールなどに初登攀。結核で歿。歿後、遺稿集 *Souvenirs d'un Alpiniste* が刊行された。日本語訳は『一登山家の思い出』(尾崎喜八訳のほか近藤等訳)。
(4) クーリッジ——William Augustus Brevoort Coolidge(一八五〇—一九二六)。アメリカ人。近代アルプスの代表的登山家、登山史家。フランスのドーフィネ・アルプスほかで多数の初登攀記録を持つ。晩年はスイスのグリンデルワルトに暮らし、登山史などの執筆に専念した。
(5) ヘンリイ・ヘーク——Henry Hoek(一八七八—一九五一)。ドイツの登山家。母はイギリス人。著書に、随筆集『登山靴とスキー』などがある。
(6) シュワルツワルト——[独]=Schwarzwald ドイツ南西部、ライン川右岸に広がる森林山地。黒い森の名のとおり豊かな針葉樹林が広がる。
(7) Man sollte……——(大意)「(ある山地を少しばかり歩いたからといって) そこがすっかりわかったとか、ただの中級山地だなどと思ってはいけない」
(8) If he would enter……——Hugh Rose Pope の'British Hills'。*Oxford Mountineering Essays* (アーノルド・ラン編、一九一二年) に収められている。「登高行」第六年、岩波版ともに「ヒュウ・ローズ・ポーブ」となっているが、前掲書によれば「ポープ」が正しい。
(9) Wanderungen und Wandlungen——[独]=「放浪と変化」、あるいは「山中彷徨と精神の変容」
(10) オスカア・エリッヒ・マイエル——オスカール・エーリヒ・マイヤー Oscar Erich

Meyer は、ドイツの登山家。「我国に於ける岩登りの前途にまで与う」(注12)、「小屋・焚火・夢」(注5)参照。(大意)「わたしは山の奥深くに住み、山はわたしのこころに深く入りこんでいる。だからわたしは山で死にたい」

(11)田部重治――「三頭山」の(注4)参照。「山は如何に余を影響しつつあるか」は、大正八年六月、慶應義塾山岳会で講演したもの。「登高行」第一号に掲載、第五号に再録。現在は岩波文庫『新編　山と渓谷』、ヤマケイ文庫『山と渓谷　田部重治選集』所収。

(12)レスリイ・スティーブン――Leslie Stephen(一八三二―一九〇四)。イギリスの文芸評論家。アルプス黄金時代を代表する登山家。著書 *The Playground of Europe* は山岳書の古典とされる。作家ヴァージニア・ウルフは娘になる。

(13)Lieblingsgebiet――[独]=お気に入りの場所(地方)。

(14)ワイレンマン――Johann Jakob Weilenmann(一八一九―一八九六)　スイスの登山家。スイス、オーストリア、ドロミテで初登攀。スイス山岳会創立メンバーの一人。

(15)ジィルヴレッタ・グルッペ――Silvretta Gruppe　スイスのオーバー・エンガディン北部とオーストリアにまたがり、イン川の左岸に広がるアルプス中央部の山地。山スキーが盛んな地方で、その名のついたスキー用具で知られる。

(16)サレエヴ――Le Salève　スイス、ジュネーヴの南からフランスにまたがる穏やかな山地だが、適度な岩山が多く、岩登りが盛ん。

(17)Paul Güssfeldt(一八四〇―一九二〇)。ドイツの登山家。アルプスで画期的な登山を数多くおこなった。

(18)アラインゲーエン――Alleingehen[独]=単独登山。

荒船と神津牧場附近

中部日本の低い山あるきのひとつとして

一

その上信国境の山上の牧場というのを、はじめて私の訪れたのは、まったく偶然のことからだった。たしか大正七年の、まだ三月にはいってからわずかしかたたない早春の日に、ひとりで荒船にのぼるために、私は荒船の上州側にある三ツ瀬という山村の小さな旅宿を朝早くに出発した。

冷たい西風のつよく吹いている、よく晴れて、雲ひとつない、表日本の冬から春のはじめにかけての特有な天候の日だった。

元来そのとき私は、越後の関温泉へスキーをやりにゆく途中を、廻りみちしてわざわざ下仁田からその荒船の麓の村へやって来たのだった。荒船という山をわざわざめざして来たのだ。私はそのずっと前に、荒船という山を妙義からみて、ほんとに陸上の朽ちた船のような面白い形の山だと思っていた。そしてそいつに登って、あの平らな、ひろい頂上を歩いてみたかったのであった。そしてそのときはじめて、まだ雪のふかい荒船の頂上高原に、漸く急な雪の硬い斜面に鉈で足場を切ってのぼりついた。私は忘れない、そのときそこからみた山上展望の印象を。それは実によかった。雪にあおあおとかがやいている遠い山脈の波が、西風に洗われてするどい透明色に光っていた。私は登山者の貪慾を眼にかがやかして、むさぼるようにこの山頂のぐるりにひらける山上展望に眼をみはったのだった。それ以来ますます私は荒船が好きになって、度々その後、この山上の牧場にくる度に、私はそこへ行く。荒船のことは、別にあとでまた書くとして、とにかくそのとき私は、ながく頂上に休息し、頂上高原の雪原を歩きまわってから、自分ひとりのさみしい足痕をそこにのこして、信州側の方へ星尾峠に路を求めて下りて行った。

　そして内山峠の富岡街道にでて、こんどは初谷鉱泉の路を行った。ほそぼそとした路の奥の初谷鉱泉は谷あいのごく小さな鉱泉宿で、湯宿もたった一軒しかない。ここへもその後たびたびこの山上の牧場へくるごとに泊った。そこまで、みちみちはうつくしい、ほのかに芽ぐんでいるような落葉松の林のなかを通っていた。この鉱泉宿を過ぎると、短かい草原のなだらかな斜面の両側につづいた、あかるい谷にどこまでもかぼそい山路がつづいていた。

　私はそのときもうこの山上の牧場へ行くために途を求めていたのだった。どうしてこの牧場へゆく気になったかと云うと、ただ漠然と地図のうえで「神津牧場」と書いてある、山のうえの平らな高原らしいところに興味をひかれていたにすぎない。尤(もっと)も私は一体に、あかるい山上の草場のような、あるいは牧場のような、ひろい、異国風な風景がかなり好きである。そんなことからしてこの牧場を、まだどんなとこかも知らないとこを、しかも午後も晩(おそ)くに山を越えて行こうとしていたのだった。早春のあたたかい日ざしを受けた、あかるい谿間(たにま)をのぼりきると、なだらかな草山のだるみについた。こんどは一層ひろびろとした緩傾斜の笹原を敷きつめたような頂つづきの尾根なりに、牧柵がつづいて見えた。そしてそこへ行って、そこからこんどは向う側をみた。牧場をつまりみわたしたのだ。私がこの山上の牧場をはじめてみたのはこの時だった。

ひろい、山上の緩(ゆる)やかな傾斜地のやや凹(くぼ)んだなかに、眼の下とおく、小さく、黒ずんで、ひとかたまりに牧場の小さな建物が、所属の畑の真中に、しずかに、平和に、つつましやかに見えた。建物の玻璃窓(ガラスまど)はキラリキラリと夕日に光ったりなどした。小さく、黒い人の姿が、その建物のぐるりにうごいていた。とにかく私はぼんやりとその尾根のうえで、笹原にふかく腰を下したまま、この山上の牧場の、エキゾティックな、まったく私の心をとらえてしまった風景に見とれた。たしかにここの風景はひとつの明るい色彩にとんだ、ゆたかな階調をもつ、非常に美しい、童話風なものである。そしてそのときから、私はこの牧場を度々訪れるようになったのだ。

二

春のはじめには、この牧場はまだ雪が斑々（はんぱん）と残って、きよらかな、すきとおった自然色のうちにしずかに眠っている。ぐるりの山も雪でふかく、つよい西風（にしかぜ）が毎日尾根で晴天の笹原をざわざわと鳴らして吹きわたる。牧場の仕事もいたって閑散だ。牧夫たちは戸外へ出ては、殆（ほと）んど働くこともない。家畜はみんなあたたかい小屋のなかにいて、よほど暖かい、よい天気の日でないと、小屋の外には出されない。私はここの早春のころにいちばん愛を感じる。

この春あさい頃には、毎日よく晴天の日がつづく。そしてここへきては、私は毎日、この牧場の近くの、なだらかな山上の傾斜面や丘窪（おかくぼ）に残雪と枯草とを踏んでの散歩者となり、あかるい、落葉松林（からまつばやし）の谷あい沿いの細径（ほそみち）を歩き、雪の硬（かた）い山道をよじのぼっては、このあたりの山々の頂（いただき）を訪れる一日の山上の彷徨者となる。そして、またそのような散歩と山歩きとのあいだのある日には、この牧場の平和な、おだやかなペエイサージュ(1)のなかに入りまじって、牛舎の前の日当りのいい囲いのなかの牝牛（めうし）ののどかな、ながい啼（な）き声を、あるいはまた私の胸のなかへねむいまでの、のびやかさで平静を歌う牧夫部屋の暖炉つづきの側面架（ホップ）のうえの湯沸しのふつふつという音を、またあるいは日の当る斜面の牧柵に背をもたせて、秣小屋(まぐさごや)から洩れる秣をきざむザックン、ザクンという音と、秣を切りながら歌っている牧夫の鼻唄(はなうた)などそのほかのどかにも心を魅するこの牧場のさまざまなもののひびきをうつつのうちにききながら、ただわけもなく、まったくの憂心もなく、不安もなく、ひとり無為をたのしんだりするこれらのことが、私が早春にここへやって来てのほとんど毎日の日課なのである。

　それから、もうひとつそれに是非(ぜひ)ともつけ加えて置かねばならないのは、この牧場でのめる、新鮮な牛乳の味である。

　この山の牧場の乳搾(ちちしぼ)り場はちょうど、牧場のいろいろの建物のちらばっているまんなかに牛舎と並んである。そこへ朝むっくりと起きて、すぐさま高い山上の冷たく、さわやかな朝の空気を呼吸しながら、まあたらしい、搾りたての牛乳を飲ませて貰いにゆくのは、またおそろしく自分にとって悦ばしい、そうして健康なことなんだ。三月にはいったばかり、まだこの山の牧場のあちこちには消えきらぬ残りの雪の斑(まだ)らな時分には、この牧場の朝はすばらしい寒さだ。空気は氷のように冷えて、肺臓に沁(し)みわたるようだし、吐く息は(2)虹(にじ)になるくらい。凍りついた路(みち)が、重たい鋲靴(びょうぐつ)の下できちきちいう。

　枯れた草や畑や小屋の石屋根(いしやね)のうえには、霜がしろくきらきらとかがやいている。荒船つづきや、物見(ものみ)の頂のあたりの雪が光り、金の羊毛のような朝雲のたなびくなかに、とおい黒藍色の山影がうかび、そして牧場から信濃へ越える志賀越（しがご）えの路傍（みちばた）の、りっぱな落葉松のすらりと立った並木の枯枝は、まっかな朝日を浴びている。

牛酪（3）製造場の煙突からはすっと柔かに煙りが流れて消えてゆく。石を敷きつめた低い屋根の牛舎の間の幅広い通路にはいると、もう家畜特有の匂いがする。乾草（ほしぐさ）の香がせまる。

どこかの牧舎のなかで声高（こわだか）に話し合っている、健康そうで、快活な牧夫たちの話し声、遠くで吠えるあの羊飼い犬のなき声などとうちまじって、そば近くの牛舎の白いラック塗りの、窓からは、人なつこい、甘えたような、乳牛たちのもうが聴（きこ）える。牛舎の間の中庭（なかにわ）も、そこいらに散らかった寝藁（ねわら）くずも、水たまりもみな凍っている。みかけは燻（くす）んだ百姓家づくりで、屋根に石をのせた牧舎も、その内部はみな、さっぱりとして、明るい感じのする西洋風の白ラック塗りになっている。そして、ほのぐらい、むんむんと鼻をつくような牛舎特有のこんがらかった匂いのする内部には、栗いろ、白、黒、ぶち、など、すべて小山のようなゼルシイ種（4）の多産なおとなしい獣達が、でっぱった臀（しり）の先にぼんやりあたる薔薇（ばら）いろの朝日をうけて、立ったり、前足を折ったり、座ったり、反芻（はんすう）したり、涎（よだれ）をながしたり、生温かい呼吸をもうもうと吐いている。

搾乳（さくにゅう）係りの牧夫が手馴れた手附きで、淡（うす）薔薇いろの大きな乳房からアルミニュームの大きなバケツのなかへ、チュウチュウと白い線をほとばしらせて乳をしぼっている。彼女達はそのあいだ温順な眼つきをして、もぐもぐとただ乾草をたべている。甘ったるい臭気の中を、こんな寒さにも蠅がぶんぶん飛びまわっている。

ニュームのバケツから、その搾りたてのままを厚手のガラスの大コップへ一杯になみなみと注いでくれた牛乳の、なんという新鮮さ、なんという芳醇さ、冷えた身体に生あたたかい牛乳のほんとうのうす甘い味をもって、のどをぐいぐいとおるときのうまさ。

ああ、美しい、きよらかなこの信濃境いの山上牧場の春浅い朝に飲む、この芳醇甘美な一ぱいの牛乳！ 私は都会にいては米のとぎ汁みたいな牛乳はのまない。けれどこの牧場へやってくると、いつも毎朝、毎夕搾り立ての牛乳を、二合ばかりはいる大コップに一杯ぐっとのむ。それも朝は、はれやかな散歩や、一日のさまよい歩きにでかける前、夕は終日の山歩きから、ほどよく疲れて帰ってきて、すぐ渇いたのどに夕食まえにのむ。

また晩夏のある暑い日の夕ぐれだった。堆肥かつぎを手伝ってかなり疲れ、のども渇いたときに、私はまたそこの牛乳のうまさを知った。こんなことを私はそのときに思いだした。それはテオフィーユ・ゴオチエが、彼れの Récits et Croquis[5] という山歩きのスケッチのなかで書いたことだ。彼れが暑い夏の日に、ピレネエ[6]の山中を終日さまよい歩きまわって来た夕暮れに、とある谿間に降りてきてそこの小さな牧場小屋の傍らの氷のように冷たい流れのなかに冷してあった乳の一杯を貰ってのんだとき、それが彼れの生涯での忘れがたい美味のひとつだということなのである。私のこの山の牧場をこのんでくるいろいろな理由のひとつは実にここのまあたらしい牛乳の味を忘れかねてである。ただそこへ乳をのみにゆくことだけでも、それはじつに私にとって悦ばしい健康なことだ。

三

こんどは牧場のことについて言ってみる。この牧場はまず、実にいい場所にある。きよらかな、透きとおった場所だ。標高は千米突(メートル)から千三百米突までのあいだにある。山のうえの高いところに、よくもこんな、緩傾斜の広い場所があったものだと感心するくらいだ。物見の頂(いただき)まで、夏には牛たちが草を喰べにあそびにゆける。そして小さい流れが、このひろい山腹をほどよくうるおして、家畜らに飲水(のみみず)をあたえつつ熊笹のかげ、木の根っこ、草のなかをよろこんで流れている。夏にはこの牧場は一面かぐわしい牧草の匂いにみちる。ところどころに小高い斜丘があって、牧場の小屋の後山(あとやま)は岩塊と草との斜面と落葉松の疎林になっており、そのうえには円(まる)みを帯びた頂がつづいている。

牧場からやってきて、落葉松のまばらに立っている枯草の斜丘にのぼってきてみれば、春まだ浅い牧場の眺めはまだらまだらに山窪(やまくぼ)、谿隈(たにくま)に雪をのこしている。ここでも春は蕗(ふき)の薹(とう)から芽ぐむ。そして、ここへくるとき通ってきた上州のうす青い谷々や、淡紫色の低い山の遠景をみていると、春は平原からのぼってくるのだということが、つくづくとかんじられる。そして、そこの落葉松山もまた冬さびてはいるが、それでいて柔かになにか芽ばんで、かすんできた風物をみると、もうそこにもやがて遠い地平からかがやく春がさきぶれを送ってほのかにやってきているのに気がつく。

もしも物見か寄石の頂までのぼって行ったら、そこのぐるりにひらける山上展望に私はよわずにはいられない。雪ふかぶかに、西風に洗われて、水晶のように透明に光っている北アルプスをもっともとおくに、八ケ岳からつづいた蓼科は老い朽ちた死火山の影をはなち、浅間は吐くけむりもほのかに、みな雪にしろく、秩父は尾根くろぐろと高く、それとこことのあいだにある折り重なった多くの黒木山の林層のあいまには、ところどころ白く雪が光ってみえる。右は八風山につづいて起伏する斑ら雪山。のぼってきた後ろには妙義の黒い、骨ばった峰々。そして更に視線をとおく上州の平原へと延ばすと、それにつづく低い山々の折り畳みが、まるで固体の海の波濤でもあるかのように眺められる。私はこの物見と寄石との三月のある午前の山上展望によって、一度はとおざかっていた北アルプスに、つよくまた惹きよせられた。そして、そのとき急いで私は家にかえり、すぐさま友を誘ってそこへ出かけて行った。それから蓼科へも、そこからの展望によって誘惑されて、牧場を下りて行ったことがあった。おそらくここの展望は、この早春のころと、そして晩秋のころがもっとも私はいいであろうとおもう。

それは牧場全体のことだけれど、こんどは牧場のうちの小さいことを言うと、まず牧場の建物や小屋のことだ。ここの家畜小屋の構造(つくり)はまったくカラーム[7]やゴオ[8]の画や写真でみる通りに、アルプスのシャレエ[9]そのままだ。緩勾配の低い板葺きの屋根には雨や風に曝(さら)された、くろい石をのせて、白塗りの玻璃(ガラス)窓のはまっているあたりはことにそっくりだ。牛舎、秣(まぐさ)小屋、肥料小屋、物置小屋、牧夫小屋、牛酪つくり場、など、みなこのあたりの風景にふさわしく、無秩序のように、それでいてうまく、もっとも都合よく建てられてある。大体この牧場の建物や小屋は決して、アルプスのシャレエをまねて建てたのではない。外部を普通の信濃の山家(やまが)の構造(つくり)そのままをとって、ただ内部を牧舎や、それぞれの小屋の用途に適するようにかえただけである。日本の山のなかの百姓家とアルプスのシャレエとが外観の甚(はなは)だしく似ていることは、だれでも知っていることだ。ここの牧場の建物や小屋だけが特にシャレエに似ているというのではないのだけれど日本の山のなかの百姓家は外観こそ、シャレエには似ているが、その内部にいたっては、まったく採光の点では劣っていて暗く、湿っぽく、陰気でおまけにストウヴでないから、けむく、くすぶっていて、あまり感心しない。

けれど私のいつもこの牧場へ来て泊る牧場の炊事場と食堂をかねて、それに牧場への御客も泊るように出来ている小屋は、極めて気に入った内部のつくりだ。厚い一枚板の頑丈で、大きな食卓、その上で牧夫たちがおどろくべき健啖（けんたん）さを発揮して、いつも質素な食事をする。室のなかにはなんの飾りもないが、片隅の暖炉のそばのホップのうえの湯沸しはいつでもやさしく、つつましやかな歌をうたい、明るい玻璃窓（ガラスまど）はひとつの立派な戸外の風景をそのまま額椽（がくぶち）のように嵌（は）めこみ、そのうえ青い山上の朝霧の網をふるわして、薔薇（ばら）いろの日光がその室（へや）のなかに斜めに太く射しこむ時、その明るい窓はまったく、この部屋にとってもっともふさわしい生きた装飾となる。そうして暖炉のそばには、毛並のつやつやした、鼻先のとがって、いかにも怜悧（れいり）そうな顔つきの羊飼い犬が、おとなしく座っている。部屋は食事と食事のあいだは、如何（いか）にもこざっぱりと快適にまるでゴッホの素描のように、きっぱりした明暗と生気とをうけてととのっている。そして食事時（しょくじどき）の鐘がなれば、牛舎からも、秣（まぐさ）小屋からも、牛酪つくり場からも、仕事を置いて牧夫たちは、日にやけた、まっかな太い腕をまるだしにして、集（あつま）って来る。綿の厚く入った和製テルシャツの仕事（しごと）着（ぎ）で着肥ったそれらの人たちの体軀は、若さと健康とにはちきれるばかり。そして牛たちが草をたべるのとおなじように、さもうまそうに、もっとも質素な食事にむかう、おなじ慈（いつく）しみの空気は、彼らのうえにただよって、にぎやかな談笑が湧くようにそれらの人たちのなかから巻きおこる。

この牧場はもとは、この物見山の信濃側の麓にある志賀村の豪家、神津氏の経営にあって、それで神津牧場と呼ばれているのだが、この土地では物見山牧場の方がよく通じる。神津バタの名はよくきくだろう。それほどここはよいバタをつくる牧場としても知られているんだ。

牧場では年中乳を搾（しぼ）っては、それでバタをつくっている。牧場の生活は単調だ。牧夫のうちには、それぞれ乳を搾る役目、秣をきざむ役目、バタをつくる分離器を廻す役目、薪（まき）をつくる役目などときまっている。毎日それを、おのおのが繰りかえしているんだ。そして毎日の仕事がおなじなのと同様に、毎日の食物もまったく同じだ。朝から晩まで終日（いちにち）、三度三度が味噌汁と飯っきりだ。そして午後三時にはおやつに、小さい子供の頭ぐらいの大きさの握飯をこんがり焼いて、それに味噌をなすったのを、一人が二つずつ喰べることになっている。実にそれっきりである。そして文句はでない。だから牧夫はみなおとなしく、正直で、無邪気で、からだがつよい。そして子供のように好奇心にとんで、話ずきである。またそれだからとて決して仕事を怠けやしない。おそろしいほどはげしい労働を平気で、長いあいだ続けている。牧夫たちはみなこの牧場の麓の村々の者で、永くそこで仕事をしている者だ。だからその人達は全く他の生活というものを知らない。私はなによりこれらの素直な、不平なく愉快に働いている人々が好きだ。そこでは休息と団欒（だんらん）とのあいまの労働がそれほどにも、ひとつの美しい、正しい世界をかたちづくっているんだ。私はこころからこれらすべて労働する人たちの明るい、やさしい心をたたえたい。

私がこの牧場へきて、これらの牧夫たちと一緒になって、面白半分にやった仕事というのは、いちばんやさしい秣切りとエンシレーズ[10]かつぎだ。春には秣切りを、夏と秋にはエンシレーズかつぎをやる。その新米の秣切りの相手は、いつも「松」という、少し薄馬鹿な、涙のでるほどボン・ノンム[11]である若い牧夫だ。秣小屋のなかで、手のあいた一人が藁を挟んで、二人で交る交るに秣切りの機械のハンドルを手でぐるぐると廻すと、ザックン、ザックン、と歯ぎれのいい音をして秣が切れる。「松公」はこうして、いつも尻切れとんぼに終るわけのわからないような歌の始めを、鼻でうたいながら働いたり、歌を歌ったりしつづける。私もまた口笛に歌の譜をうつしたりなどして、おなじように仕事をしつづける。こうしてある日の午前が送られることがある。

エンシレーズかつぎは、なかなか苦しい。夏と秋のはじめには、牧場は最も生産力の旺盛なときで、牧場の人々全部が、朝から夜まで活動する。牛たちもみな朝から、ひろい物見の上まで自由に放しっぱなしにし夕暮にはまた牧舎までつれ帰ることをしなければならないし、それに乳搾り、牧草刈り、生乳の運搬などと、春や冬にはない仕事がふえてくる。夏と秋とには、そのように牧場は静かななかにも、幾分と忙しいところがある。それから夏にはこの牧場あたりは毎日霧の日が多い。この山上の灰色の霧が、またこの牧場の風景をなんとも言えなく、しめりふかく、ふかみづける。そんなような日に、霧のなかを、笹原や牧草の敷いたようにやわらかな、ゆるい尾根つづきを歩きまわったとき、私はその笹をヘザーにたとえて、本でよんだスコットランドの低い山々のヒル・ウォーキングをおもい起し、スウィスはカントン・ド・ヴァレエ[12]の高い谷の傾斜面にある Pâturage[13] をたのしくも想像した。そこには、霧のなかにソンネーユ[14]の朗らかな音のひびかないのが、なによりの物足りなさではあるが、この中部日本の、山上の牧場にも、霧のなかで姿はみえずに、時々、牛に食わす草を刈っている牧夫が歌う、この信濃の山国（やまぐに）のひな唄をきいていると、それは、ひとつのまた日本的な牧歌的情緒を生みいだすではないか。

　夏のゆうべの牧場の光景もまたそうだ。この山上の牧場の夏の夕べは谿（たに）からしずかに、煙りのようにのぼってくる。そしてそれは山の中腹を這（は）っている。するとおくであそんでいた牛の群れは、牛舎の前の、乾いた石を積んでかこった囲いのなかにひとりでに帰ってくる。乳牛たちはいまは黎明（あさあけ）から日没まで終日（いちにち）、暑い太陽に焼かれた、花と牧草の匂っている、ひろい牧場で草を喰べたり、流れの水をのんだりしているんだ。乳を搾る時間がいま来たわけなのである。乳牛たちはちゃんとそのことを知っているらしい。あるやつは起きたまま、じっとおだやかな、どんよりとした眼で私をみつめているし、また別のやつは、ながながと寝そべり、肢をのばし、大きな腹を溢れ出し、まるで乳房を圧しつぶしてはしまやしないかとおもわれるほどにして横になっている。みんな眠むそうだ。長い捷毛のふさふさと陰った下で、おとなしい眼を半ば閉じたり、つぶったりしている。そして、みんな規則的な、ものうい格好で、反芻している。淡薔薇色の鼻面からは、涎がゆらゆらと糸をひいて、ゆられている。

　すると炊事場の方から、カラン、カランという鐘の音がひびいてくる。乳を搾れの合図だ。乳搾りの牧夫がやってくる。つよい、大きな頭がひとりでにみんな起きあがって、大好きな塩をねだっている。牛たちがぺちゃぺちゃと湿った音をたてて、塩をしゃぶっているあいだ、牧夫はしゃがんで、ニュームのバケツのなかへ、雪のように白い、乳をチュウチュウ搾りだす。その搾る手先の運動は、ひとつのリトム[15]をもっている。泡立って乳はバケツにたまるんだ。

　谿からのぼって来た夕は、空から降りて来たすみれ色のヴェールと、この山上で一緒になってしまったようだ。コリイ種の牧羊犬の吠え声が、牧場の夕の平和をわずかにやぶる。炊事場の青い煙が、屋根のうえにただよっている。ようやく乳搾りのすんだ牛たちは、おだやかな、重みのある歩きっぷりで、一匹ずつ、囲いのなかから、牛舎へと連れこまれる。あっちこっちの牛小屋のなかで、低音のもうがきこえてくる。そして、とてもしずかにこの山上の牧場に暑い一日のあとの平和な夕暮が完全に来る。ここの、こんな夏の夕べの平静な光景は、たしかにエキゾチック[16]なものだ。ひとつのミレー[17]の小画板である。私はそんなとき、うれしくなっておもわずも、アルプスの牧人らから生れたヒルテンリート[18]などを、夕栄（ゆうばえ）の山頂にうつし、口笛にうつしなどして、その素朴な歌の調子をたのしんだりする。そんな風（ふう）に夏に来ては、ここのあかるい夕景と霧の日の灰色画（グリロイユ）[19]とが、もっとも私のふかい感興を染める。

この牧場へ来て、牧牛者のなかにいるときや、大きな牡牛（めうし）たちの前に座っているときに、はじめて私はあのフィリップ・アルボオの La vie pastorale dans les Alpes Françaises[20] のシャルマン[21]な頁（ページ）を想い浮べることができる。頑丈なシャレエと荒れさびた山上の牧場のペエイサージュを眼にすると、ジャヴェル[22]の愛したル・サレエヴの山谷をしのぶ。

まだ晩秋に、ここへやってきたことはないが、おそらく、他のいずれの季節にもましていいところがあるであろう。きっと、十月の終りから十一月のはじめの、あたたかい、よく晴れた一日か、あるいは、ほんとにサン・マルタン祭[23]にあたる十一月十一日前後の小春日和をえらんで、ここにきたならば、その山の中腹にひろびろとひろげられた牧場の、レンブラントの素画めいた風景は、おそらく私の瞳をあらうように、きよらかで、うつくしかろう。ことに、そのころの、あくまで澄んで、深遠な蒼穹（あおぞら）のもとに、水晶のように冷たくて透明な西風に吹きさらされた、あの国境の山脈の雪の光るのを眺めるにいい、晩秋の午後の座席が、あの尾根の笹原にはいたるところに見出されよう。日本の低い山を歩くにいいのは、どうしても早春と晩秋だ。

また、そんな暖かい日だったら、牧場の例の牛たちもきっと、牛舎の前のあの柵の内には連れ出されて、いつものように、乾草を食いながら、たのしそうに鼻息をつき、あちこちと重そうに歩きまわり、そうして始終長い尻尾で、脚や腹にたかる、年の最後の蠅たちを払っていよう。私の好きな、度々スケッチのモデルになってくれた、あの斑ら茶色のゼルシイも、私の傍へ寄って来て、また大好物の塩でもくれるのかとおもって、反芻動物特有のうらがなしい眼付で私を見、それから頭をさし出して、捲毛の生えたぼんの窪をさすって貰おうとするのにちがいなかろう。

四

あんまり牧場のことばかり書いてしまったようだが、大体はじめのつもりはこの神津牧場のぐるりの、ごくやさしく小さい山歩きについて、書いてみるつもりだったのだ。

一体私はこのあたりで、はじめて日本の低い、小さな山歩きのおもしろさ、たのしさを知った。そしてそれは私の山歩きの前途に、そのときまったく払暁的な新しさと望みとをあたえてくれた。私はここで、ただ私のあてもなく、いくたびか歩きまわって、しかも自分にはすこしもあきることのない、このあたりの山歩き、谷歩きについて、なんの次序もなく書きつづってみる。

神津牧場へくるには、軽井沢からがいちばん近い。半日でこられる。軽井沢高原から雨宮新田へでて、和美峠を越えて上州越へ下り、初鳥谷[24]から高立の小さい谷あいへ入る。高立からすこしゆくと一本岩といってドロミーテンのフェルストゥルムそっくりの岩峰が谷のまんなかに立っている。なかなかこのあたりではめずらしいものだ。だがのぼってみようという気はおこらない。そこまでは沢沿いの路だが一本岩からのぼるともう牧場となっている、ひろい山腹があらわれてくる。

これはごく普通の路で、もっと近いのは和美峠より右手の日暮山の裾の峠をこして、すぐと高立へでる路である。もっと変化のある路では、軽井沢から上発地へでて、そこから八風山へのぼり、やさしい、歩きよい、はばびろな尾根を歩いて牧場のうえの志賀峠の道へ下りてくるやつである。信濃の佐久側や、上州側はこれよりずっと遠い。

牧場のあたりは、いたるところ、私の好きな、草や笹の、短かくて、歩きよく、そしてひろびろとだだっぴろくて、あけっぱなしで、眺望のいい、あかるい山頂ばかりである。また谷も、あさく、あかるく、落葉松や白樺の林や、古びた、杉の匂いにしめった村のかげのある、このましいものが多い。八風山（一三一五・二m）、香坂峠（一一六五m）、物見山（一三七五m）、寄石山（一三三四・九m）、熊倉峰（一二三四m）、内山峠（一〇六六m）とこれらの山頂と峠とをつなぐ尾根尾根と、内山川の谷々、志賀、香坂の明るい、浅い谿あいとが、すなわちそれなんだ。そして、このなかでも、物見と寄石と八風のあかるい早春の日の山上展望はことに私をよろこばせた。東京から持って来た仏蘭西パンに、牧場でつくったバタとを入れた、かるいリュックザックを背に、私は、半日、または一日のさまよい歩きのために、これらの頂、尾根、峠、山腹、山窪、谷あいに、うす青い径を求めたり、笹原のなか、草ぶかいなか、雪のうえ、流れのほとり、林のなか、村の道といたるところ歓会を足先にひらいては、ほっつきあるいた。

春はやくにここへやってきたときに、牧場の小屋に泊っていて、私は毎日もって来た本もよみあき、牧夫の手伝い仕事にも疲れたときには、いつも、空気のいろが明るく、雲の流れも淡くひく、午前の透明な気圏の中の展望のために、これらの発感的な山の頂にのぼって、眼は風のながれる蒼穹のいろをそめて、そこにやわらかい草座を求める。とおい山脈の雪の光りが、そのときの私のぜいたくな倦怠と孤独とにこたえてくれる。エクスターズ(25)の一時間、また一時間。私は山のもつパッシィーヴな魅力というものを、ほんとにそのとき感覚できた。

ぼんやりと空想でもしていたり、本でも拾いよんだりするのには、たとえ西風のつよくふく日でも牧場小屋のうしろと、牧場小屋を少し下へおりた牧場のぐるりのうす青い落葉松の林のある斜面がとてもいい。日の光りは滋養物のように身にあたたかく、風もあたらず、しずかで、ただとおい川瀬（かわせ）のひびきだけが耳にほかほかとやわらかだ。

それから好きな山窪（やまくぼ）は、寄石の、山腹の日の光線がひろびろとかかる笹原の窪みで、牧場小屋からそこへやってくるにはかなりにとおいにしても、日のうららかな、あたたかい日の午前には、どうしても私はそこの笹ごしらえの寝椅子へねころびにでかけてしまう。笹原のなかにとっぷりと身をうずめてしまって、うっすらと笹原をわたる風の韻（ひびき）を耳に、青い眼の下の志賀の谷あいにのぼる山畠（やまはた）をやく、ほの白いけむりをでもみていることだ。志賀越えの峠道（とうげみち）を、牧場がよいの馬の鈴の音がしゃんしゃんと、それに馬子の唄声（うたごえ）がかすかに風のように斜面をのぼってくる。

谷で、小さくて、可愛らしく、流れと落葉松とのポエジイをもっているものは、初谷鉱泉（しょやこうせん）の谷あいだ。牧場から物見の尾根をどこでも越せば、もうこの谷だ。草ぶかい小径（こみち）を下りて、さやかな落葉松のなかの林径をゆけば、初谷の鉱泉宿がたった谷あいの一軒家となって、つつましやかに、いつもうす青い、湯をわかす煙りを屋根にはわせている。こんな谷あいの、都会もとおい田舎（いなか）のひとびとしかゆかない、春には蕗味噌（ふきみそ）と裏山（うらやま）からとってきた、うす青い筍とをたべさせてくれるほかには、なんの御馳走もないというような、そんな鉱泉宿のもつ、言いようもないデリカなシャルム[26]、ある清新なたのしさ、やすらかさについては、全く実際こんなところへ一度でも泊ったひとでなければ理解できないことであろう。私はそこで、ただ湯につかり本をよんだり、このあたりの田舎の湯治客と、湯宿のひとたちと、湯槽のけむりのなかで、雲のいろをみて、山の風をきいて、愚にもつかない、けれど飽きることのない山のはなしや土地のおしゃべりをしたりしてくる。ここは湯宿のひとがてずから薪を割って、湯を沸すほどに、小さな鉱泉宿なのだ。荒船、内山峠などへの山歩き、またはあてもなく、谷みち、村の道などのプロムナードのために、私はこの小さな、かわいらしい谷を愛して通ることにしている。

　牧場から、笹原ばかりの尾根すじに、ターゲスワンデルング[27]をするのには、私はいつも志賀越えの峠道をゆるゆるとのぼって、峠のうえにつき、それから幅のひろい、尾根ともおもえない位いのゆるい笹原をかさかさと歩いてゆく。西風のふかない、春の日向には、ここいらを歩くのは、まったくちょうどいいくらいのあたたかさだ。わかい午前の日のかがやきと匂やかなそよかぜは、私の影をきよらかにめぐり、半身に日を彩りつつ、眼のむけるどこにもは、うっとりとした、はるかな、はるかな春の山々のうすい山影。さすがにこんな日には、北アルプスの雪も、するどくは光らない。まるで夢をみているようなおだやかさだ。それをみるものも、また夢みて歩いているんだ。枯草は残雪のあいまに金いろに光ったり、紫の蔭に安らったりしている。そして私は香坂峠から八風の頂をすぎて、もっと先までもしらずしらずに行ってしまう。そしてついには、もうはる風のながれている信濃の村々をぼんやりと谷あいにながめながら、一一五五・五、の富士山という香坂の村の上の草山あたりまで、尾根のうえについた小径（こみち）を歩いて行ってしまう。そして今度は、谷の村々のひそやかな青紫の木立の影をめざして、尾根を下りてくる。草の斜面から、林、藪（やぶ）、小川、畑、百姓家とだんだん村のなかへ近づいてくる。そしてこれら信濃の山ふもとの春さきの、麦と落葉松と水車の村々を歩みぬけては、志賀の谷あいをのぼって、また山上の牧場へと、しずかな夕暮のいろこめたなかをかえってくる。そして峠のうえでふりかえれば、きょうも事なく暮れた平和な谷の村々が、遠ざかってゆく私を山裾や谷あいで見送っているようだ。そしてそんなとき私は、ああ、よくも散歩し、よくも歩きまわったその日一日の、快よいのびのびとした軽い心持と、疲れたのどをうるおす、新しい搾（しぼ）りたての牛乳の味とを、いつも心からたのしむのだ。香坂の谷も志賀の谷も、あさく両側のなだらかにひらけた、ゆたかな村々のある、谷間だ。ことに志賀越えの峠道は、村から山畠、雑木林、草っ原、落葉松林、笹原と、上へゆくに従ってかわる、ゆるい斜面をゆっくりのぼってゆく、趣きのある道だ。牧場への物資もみなこの峠をこえて、岩村田から馬背ではこばれるのである。牧場からは毎日のように馬が鈴をならしてこの道を通っている。それをきくとなんだかまだ往昔の街道の峠のような気がしてならない。

　牧場の近くにある山村でいいのは、西牧（さいもく）の谷へ牧場から下りてゆくと、すぐある、山腹のテラッス[28]のうえにわずかばかりの畑と木立とでかこまれた屋敷という小村だ。曲りくねった、急な折れまがりの岩道を下りてゆくと、この村の古びた、苔（こけ）ぶかい石屋根と白い障子がみえる。そこも牧場とおとらぬ平和なくらしぶり。玉蜀黍（とうもろこし）をずらりと軒につるした人のいい村の家の黒光りの椽側（えんがわ）でついでくれる、うれしい土瓶の茶の匂いに私はいつも感謝する。

　屋敷から更（さら）に下って市野萱（いちのかや）、中萱（なかがや）、三ツ瀬など、内山峠の街道沿いの村々へと下りれば、これらの黒ずんで、家のなかのくらい街道の村々の屋根のうえに、まったく巨（おお）きな難破船の朽ちたように、または屏風をめぐらした、古びた城墟のように、怪奇な荒船の山姿がのしかかるように高い。ことに内山峠へ向って、あの平らな頂上の突角が突如（とつじょ）直角に落ちて、ほんとに船の舳（へさき）のようになっているところをみると、たしかに荒船という名のふさわしいことを知る。

　私は三ツ瀬の小さい旅舎の暗い庇（ひさし）の下の二階の窓から、三月の夕ぐれにこの荒船の蒼い雪と黒い岩とで眼のうえに突き立った姿を見た。そして、それには夕日の薔薇（ばら）がまだちらちらしていた。低いけれど、なんとなく高く、おそろしく見えた。このように船のようにみえるのは上州側から見たときのみで、信州側からみれば、この荒船もただ頂上が一直線に長い、あまり見栄えのしない山だ。

三ツ瀬から荒船へのぼったときは、まず三ツ瀬から相沢の村へはいった。前にも書いた通り、西風のつよく吹く、すばらしい天気の日だった。相沢の村を過ぎると、途(みち)は小さくなって、すぐ雪が硬く凍りついていた。細い道は尾根のようなところを急なジッグザッグでのぼっていた。地図にはない径(みち)だ。朝の紫水晶いろをした空に、風のびゅうびゅうなるなかに、この岩の船が雪にあおあおと光って立っていた。径はしばらくして雪で埋まってわからなくなってしまったので、私は硬い、朝の凍った斜面をただ上へ上へとのぼって行った。そのとき幸い鋲靴(びょうぐつ)をはいていたので、この雪の斜面はあまりてこずらなかった。けれどいよいよ頂上へのぼりきる最後の雪の斜面は、おそろしく急であった。とてもはじめはのぼれなかったけれどついに持っていた鉈(なた)で、一歩一歩足場を切って這いのぼった。舳の突角の岩壁のそばであったから、非常に急であった。のぼったときはうれしかった。上州側からのぼったのはこのときだけで、その後はいつも信州側からのぼっている。

頂上にのぼれば、まともに吹きつける西風は眉にしみて、そこは全くの兎の足痕(あしあと)のみの雪の原で、ところどころに牧草が金色(こんじき)に光り、岳樺(だけかんば)がさびしく立っていた。私はその足のぽくぽく潜る雪原を、足を歩くにまかしてなんの制限も加えず、風のなかに、眼のかがやくままに展望をほしいままにし、よろこびにひたされてめちゃにこの頂上高原への尊敬と愛情とを、そこら中へふりまいて歩いた。頂上高原の南端には一四二二・五mのぽっちりと小高い円錐状の頂[29]がある。そこへのぼれば、南の方にかさなり、うち重なる黒木山、更に黒木の山ばかりが、雪をかぶった、きよらかな自然色をもって、つらなっているが、いきいきとした午前中の大気のなかにのぞめる。けれど私はそのときは、まだ北から西への皚々たる高い山脈に、ずっと心を惹かれていたから、この南の、これらの低い、午前の日のうすむ山々にふかく印象もされなかった。

けれど、二度、三度と、春はやくに、または夏晩くに、秋のはじめに、この頂に座し眺めるたびに、私はこれらの、低い中部日本の山々の古雅な、しずかな、日に光り、日に影りする山隈や谿影をも、また愛するようになった。こんな低い、ちいさな、名もない山々。こんな山々にさえも、またそこには私らにとって決してくみつくせぬ多くのものがある。そこにはまず、私みずからの心胸内に、以前とちがったものが、あることをみとめなければならない。もうそのときには、私はこの荒船の頂に座って、これらの山々をみおろしていては、あの低いバイエルン[30]の故郷の山々をかぎりなく愛して、生涯そこをたえず歩いたひとりの登山者の精神を、まるで鎮静な香炉からのぼる一すじの煙りのように、匂いふかく思念せずにはいられなかったのである。私はこの日本のミッテルゲビルゲ[31]を、また彼(か)れのごとくに愛したい。

信州側から荒船の頂上へのぼるには、星尾峠（一三〇〇ｍ）へ内山峠の街道からのぼってくる。いい道を、峠の頂上までくれば、そこからはほそい径(みち)が荒船の頂上へ通じている。星尾峠は上信のさかいになって、春には雪のかたい谿道が、信濃側へくれば落葉松の林のなかについている。私はいつもこの道をのぼってくる。道の途中には小さな百姓家の二、三よりあつまったところと、荒船不動の社(やしろ)がある。

とにかく荒船は、私にはたびたびのぼりたい頂だ。ことに早春、それが雪に光った古い城壁のように見える時にそうだ。それから、この秩父裏になっていて、また神流(かんな)川、西牧(さいもく)川、南牧(なんもく)川の上流になっている、上信の国境の低い、錯雑(さくざつ)している山地は、山の奥ふかくまでも、古い、小さな村々が、古くから人間生活の根をおろしている。そこには決して高い、顕著な山頂もなく、一帯に低い山が折り重っているだけだ。だから交通も開けなく、文化の風もふかず、村々はまるで動きのない、平和な生活をしている。荒船からみたこの山地の蒼古な山すがたに心ひかれて、私は昨年（大正十三年）の夏に、とうとう、峠ごえをして歩いてではあるが、この低い山々のなかを上信国境に沿うて歩いた。

この神津牧場のあたりが、軽井沢の高原へつづいて多く明るい、草山なのに比べて、内(うち)

山峠（やまとうげ）の街道から向うはほとんど黒木山ばかりで、感じも湿って、くらく、陰気だ。けれどまたいい草山や、草原の峠もある。余地（よじ）峠と矢沢峠がそうだ。それから栂（つが）峠も美くしい草山がつづいている。一体にここいらの低山地は、交通も不便だし、目立って高い山もないためか、また東京の近くの丹沢山塊や道志（どうし）山塊、御坂（みさか）山塊、多摩川と相模川との分水山脈のように、低い山を歩くことの好きな登山者にも、まだそんなに詳しくは歩かれてはいないようだ。またここいらの山歩きの記文もあまり私は見ない。『山岳』の奥上州号[32]には高畑[33]さんの「晩春の神流川上流へ」など、また近頃の『山岳』の荒船近くの記文と民話[34]は素的（すてき）に私にはうれしいものだった。たしかにこのあたりの低山地は、古いだけに、いろいろの歴史、伝説、民話にとんでいるらしい。その点でもおもしろそうだ。けれどまだそこは私にとってはLieblingsgebiet[35]ではない。私のCherished Haunt[36]はどうしても、神津牧場をまんなかにして、八風から荒船までのあいだだ。こんなつまらないところだけれど、私にもひとつのこんな、何度でも行って少しもあきないというところをもっていることはうれしい。そして私がこのあたりに時たまの遊行をなすことは、じつに私にとって山への愛を高めるひとつの手段なのだ。私の山へのしずかな小さな考えが、いかにここいらの枯草の山頂と落葉松の谷あいによって、ここ幾年、愛せられ、まもられ、慈（いつく）しまれてきたことだったろうか。そして、それによって、ほんとに山への、どんな熱情を私はとりもどしたことか。書くだけ気障[きざ]かもしれないが、私はここの牧夫部屋の窓枠ががたがたと西風に打ち鳴るような日など、ひとりそこに居残って、太い松薪のちらちら燃える暖炉の前で、しずかに、本気になってあるときは The Englishman in the Alps[37] にどんな幾篇を、またある時はあのジャヴェル遺著の幾頁を、ほんとに自分のために読みふけった。

ここいらはたしかに日本でも、低い、そして小さな山や谷だ。そしてなんのその土地に対しての知識もなしに、らくらくと地図をたよりに、自由にひとりで歩ける程度のところだ。だから私は決してここいらを、そんなようなことのために書いたのではない。ただ、自分にとって、たのしい、そしてまたいろいろの小さい山歩きのおもしろさを与えてくれ、それによってまた山へのひとつの別な愛をとりもどすことのできた、いろいろの点で自分の忘れがたいところなので、ただおもいだすままに書いたのだ。それからまた、これによって、日本の低い山を登るうえで、自分の気質のやや鮮明に生きてきたことを感じて、ひとりよろこぶのだ。そして私にとって、その山上の牧場は、またそこのもつ明るい、きよらかな自然と、そのなかに生きている美しい、平和なひとつの人生との、その一箇完全な調和の光景が、私をして実にここ数年来そこを傾倒すべく、愛すべく、かつ美しからしめ、たのしからしめているのである。

私はこれを東京の高台の兵営の、またその牧夫部屋とあんまりちがわないような装飾もない質素な部屋のなかで、もう九ケ月以上も山での生活と甚だしくかけはなれた兵営生活をしているあいまあいまに、心たのしくこれまでのことを回想の筆に托しながら書いたのだ。

（「登高行」第六年、大正十四年）

（1）ペエイサージュ——ペイザージュ paysage［仏］＝風景。

（2）吐く息は……——この「二」には、注記したほか数箇所に、尾崎喜八の詩「野の搾乳場」（『高層雲の下』（大正十三〈一九二四〉年、新詩壇社／尾崎喜八詩文集1『空と樹木』〈昭和三十四年、創文社〉所収）からの流用表現がある。

（3）牛酪——バター。

（4）ゼルシイ種——Jersey［英］＝ジャージー種の乳牛。

（5）Récits et Croquis——Théophile Gautier テオフィル・ゴーチエ（一八一一—七二）。フランス・ロマン派の小説家。アルプス地方の旅行記がある。*Récits et Croquis* は『物語とクロッキー』。

（6）ピレネエ——Les Pyrenées［仏］＝フランスとスペイン国境に東西に連なる山脈。最高峰ピック・ダネト［仏］Pic d'Aneto／ピコ・デ・アネト［西］Pico de Aneto。三四〇四メートル。

（7）カラーム——Alexandre Calame（一八一〇—六四）。スイスの山岳・風景画家。作品はジュネーヴの美術・歴史博物館 Musée d'Art et d'Histoire ほかで所蔵。

（8）ゴオ——Charles Gos シャルル・ゴオ（またはゴス／一八八五—一九四九）。スイスの登山家、小説家。山を舞台とした多数の作品がある。父のアルベール・ゴオは山岳画家。アルベール・ゴオについてのエピソードが藤木九三『屋上登攀者』（岩波文庫）所収「マッターホルンの曲」にある。

（9）シャレエ――シャレ chalet［仏］＝スイス、フランスのアルプス地方特有の建て方をした木造民家。

（10）エンシレーズ――エンシレージ ensilage［英］＝サイロに貯蔵して発酵させた飼料。silageに同じ。

（11）ボン・ノンム――ボノム bonhomme［仏］＝奴（愛情をこめた表現）、または善良な人、お人よし。

（12）カントン・ド・ヴァレエ――Canton du Valais［仏］＝ヴァレ州。スイス南西部、レマン湖東岸からローヌ川上流部。ダン・デュ・ミディ、マッターホルン、ヴァイスホルンなど、名山が多い。ドイツ語ではWallis。

（13）Pâturage――パーテュラージュ［仏］＝牧場、牧草地。

（14）ソンネーユ――ソナーユ sonnaille［仏］＝家畜の首につける鈴。

（15）リトム――rythme［仏］＝リズム。

（16）ピットレスク――pittoresque［仏］＝絵になる、趣のある。

（17）ミレー――フランスの画家ジャン・フランソワ・ミレ（またはミエ）Jean François Millet（一八一四―七五）。「晩鐘」「落ち穂拾い」など。

（18）ヒルテンリート――Hirtenlied［独］＝牧人のうたう歌。

（19）灰色画――グリザーユ grisaille［仏］＝灰色の濃淡で表現する画法。

（20）La vie pastorale dans les Alpes Françaises――『フランス・アルプスの田園生活』

（21）シャルマン――charmant［仏］＝魅惑的な。

（22）ジャヴェル――「頂・谷・書斎」の（注3）参照。

（23）サン・マルタン祭――la Saint Martin［仏］＝聖マルタン祭（十一月十一日）。l'été de la Saint Martin サン・マルタン祭の夏、小春日和のこと。

（24）初鳥谷――初鳥屋。

（25）エクスターズ――extase［仏］＝恍惚、忘我。
(26) デリカナなシャルム——［仏］délicat＝デリケートな。charme＝魅力、魅惑。
(27) ターゲスワンデルング——Tageswanderung［独］＝日帰りの山歩き。
(28) テラッス——terrace［英］、terrasse［仏］＝台地、段地。
(29) 円錐状の頂——荒船山山頂の経塚(行塚、京塚) 山のこと。
(30) バイエルン——Bayern＝ドイツ南東部の州。州都ミュンヒェン。南部はアルプスに続く山岳地帯。
(31) ミッテルゲビルゲ——Mittelgebirge［独］＝中級の高さ(標高千メートル前後) の山地。
(32)『山岳』の奥上州号——「山岳」は日本山岳会の年度会報。奥上州号は第十六年第三号(大正十二〈一九二三〉年五月刊)。ここで言う奥上州は、現在の奥日光から谷川岳、利根川源流域、西上州の広い範囲を含む。「谷川岳、茂倉岳、笹穴川上流」(注16) も参照。
(33) 高畑棟材(たかはた・むねたか／一八九七—一九五八)。西上州や東京周辺の山々を歩き、山登りと旅とを合流させて、詩、紀行、案内記を書く。著書に『山を行く』『行雲とともに』などのほか、「山岳」奥上州号には「晩春の神流川上流へ」が掲載された。評伝に浅野孝一『行く雲のごとく』(山と溪谷社) がある。
(34) 荒船近くの記文と民話——「山岳」第十八年第二号(大正十三年十二月刊) にある「観望台としての荒船及其附近」(吉岡八二郎) を指すと思われる。
(35) Lieblingsgebiet——［独］＝お気に入りの場所(地方)。
(36) Cherished Haunt——［英］＝よく訪れる大事にしているところ。
(37) The Englishman in the Alps——*The Englishman in The Alps* アーノルド・ラン編著。アルプスを題材としたイギリス人の紀行、記録、随想、詩を抜粋、編集した本で、一九一三年刊。

小倉山

小倉山[1]を最も立派に望み得るのは栂峠（約一六〇〇米　俚称[2]又これを相木峠と称す。）の頂上よりならん。この地点に於いて小倉山の山容は最も近く我々の眼前に迫る。南方よりは寧ろ平凡、余り我々の心を引くが如き山容ならず。然るに十石峠の上州側「ミズノト」の茶屋に到るまでの平坦なる尾根上の道を上州側より登り来て、やや西南方を望めば、神流川源流、三国山より西に連亙する一七〇〇米より二〇〇〇米を上下する針葉樹黒々たる連嶺に続きて更に一段高く小なる破風形をなす小倉山の山頂を望見し得て、宛然これ標高やや低き奥秩父の高嶺を想わしむ。

小倉山（オグラサン）はまた北相木村にては御座山（ゴザサン）と称し、頂上に御座山神社及び御岳山神社を祭る。里人の参詣のために登頂する者又多くは北相木村より為す。従って登路となすべきもの北相木村より二路あるに対し、南相木村よりは不完全なる一路あるに過ぎず。

北相木村字木次原（キツギバラ又は単にキツギ）より登るもの。坂上（サカウエ）山口（ヤマグチ）より登るものは前者の二路にして、南相木村上栗尾（カミクリオ）より唐沢に沿いて登るもの後者の一路なり。然して小生の実際採りしは木次原より登りて頂上に到り、降路を唐沢に求めんとして誤り一平沢（イッペイノサワ）を半途程下り、後唐沢に入りて上栗尾に降りたるなり。故に坂上山口方面よりの登路の実際に就いては知る事無きなり。木次原は北相木村最奥の部落なり。「名主木次シュウ蔵なるものの「ウケチ」として開墾せしものなればその村名起これり」とは里人の語りし所なり。山村としては村家各所に点在してしっとりとそこに永年の生活の痕を見せて纏（まとま）りたる感じなく、この地方の他の山村と趣を異にす。開墾地の新部落なるを以ってなり。然れど落葉松林谿（たに）の全部を蔽いたり。木次原は佐久鉄道(3)小海駅より俚称五里（実際は四里余ならん）にして達す。しかし小生は実際旅程上それを歩まざれば、何等語り得る所無し。木次原より小倉山への登路は北相木川(4)源流の極めて緩傾斜なる谷底に沿いて行くものにて、伐採の幅広き道路が傾斜緩なる間続き、それより好く踏まれたる山道となる。木次原より約一里余、時間にして一時間余にして小字名「クマノアナ」なる地に杣小屋と板割（いたわり）（屋根板となす薄き板片を作るを業とする者。）の小屋あり。陸測五万(5)十石峠図幅にてはその地点は明示し難きも、大略左の地点なるべし。即ち同図幅上「小倉山」なる山名の「小」の北上に小なる閉鎖曲線(6)あり。該閉鎖曲線より大略正北方右手に派生する山稜あり。而（しか）してその山稜に該閉鎖曲線右上より針濶混淆の林の記号ある余り顕著ならざる沢あり。該地点はその沢の一五六〇米の等高曲線の附近らしく思われたり。杣小屋及び板割の小屋は登山道より右手に少しく登りて前記の沢に入るものにして、小倉山登山道（御座山林道を殆んど頂上近くまで利用せるもの。）は真正に小倉山頂上東側より出づる源流を登りて頂上に到るなり。頂上近く十石峠図幅上「小倉山」の「小」の字にて蔽われた鞍部[7]にて林道は西へ山稜を下りつつ、坂上山口方面へと降る模様にて、その鞍部よりは栂の密林中に細き切開あり。それが御座山登路にて同地点には標杭あれば誤導せらるる憂いなし。切開路は可成り急に登り、やや傾斜緩となれば更に切開は左右に分る。左は弥次平（やじだいら）（十石峠図幅小倉山の東に連亙する山稜中独立標高点一九九一米[8]のある平坦なる山稜上の一地点を称する俚称。然れど同俚称に対する里人の説明不分明にて以上は小生の彼れ等の説明を綜合しての結果の想像である。）に導くものであり、右せば頂上に到る。木挽（こびき）小屋より小倉山頂上まで一時間五十分を要したり。小生の登頂せしは四月下旬なりしが、同登山路は正北面のため鞍部以上は全く残雪に蔽われいたり。上記の登行時間は精々急行せる傾向あり。それ故（ゆえ）二時間半と見れば充分にて、木次原より三時間半とせば可ならん。登山甚だ容易なり。

小倉山頂、殊に三角点と御座山神社の小祠ある高点は栂の層生せる山稜上に一段高き岩頂にて四辺開け、展望極めて広く此の地方一帯の山川皆四周足下に指呼し得て極めて爽快なる事秩父諸山頂中金峰山両神山に比するを得るものと信ず。殊にその岩壁及び岩頂を小倉山頂西方二〇二〇米の小なる鞍部より望見すれば一層壮快なる趣あり。洵に一言を以ってせば「頂上らしき頂上」とも称すべきものか。

上栗尾より唐沢を登り来る登絡は唐沢を直登して小倉山西方二〇〇〇米の鞍部[9]（二〇二〇米の鞍部の西方にあるものなり。二〇二〇米の鞍部と誤り易し）に達して、山稜を伝い頂上に到る由なり。該登路を降路と選びて下らんとせるも、前記二〇〇〇米の鞍部と二〇二〇米の鞍部とを誤認して小生はその登路を下ることを得ざりき。即ちこれは里人より聞きし御岳山神社の安置せられたる二〇四〇米の小倉山頂三角点のやや南方の小隆起をその西方の二〇二〇米の隆起と誤まり、それより直ちに下降する該栗尾路を精査せしに甚だ不分明なる登路なるにや、或いは又積雪のため蔽われ居たるにや、兎に角発見せられず、依って該路を求めずして唐沢を下りたる積りにて、その実は一平沢を下りたるなり。一平沢は路無けれども栂の密林中の登降容易なり。沢水又可成り上方までありたり。一平沢を一六〇〇米の等高曲線辺まで降りたる所に又上栗尾の里人の板割小屋ありたり。同小屋より上栗尾に到るまで良く踏まれたる路あり。同路は該小屋より一平沢唐沢間に小倉山頂より派生せる山稜一六八〇米の平坦なる地点（里人はトリイ峠と称し居れり。）を乗越して唐沢に下りて、十石峠図幅上「唐沢」の（沢）の字附近に降りそれより谷底を上栗尾に出づるものなり。小倉山頂より板割小屋まで約一時間、板割小屋より上栗尾まで同じく約一時間を要せり。降路又容易なり。

なお参考のため小倉山頂に登らずして木次原より栗尾三川（みかわ）方面に到る林道その他二三の峠路の事を記せん。右は小生の実地踏査せるものに非らざるも里人より聞き、又一部分歩める所なり。然れば大なる過誤は無からん。

木次原より北相木川源流を溯（さかのぼ）るに前記クマノアナの沢より数町下に於いて御座山林道は左に更に一林道を分岐す。これ弥次平（ヤジダイラ）林道と称せらるるものなり。両林道の分岐点には左の如く記したる標杭ありたり。即ち「字御座山巡視起点　右御座山林道ヲ経テ山口坂上方面　左丸岩及び弥次平林道ヲ経テ南相木村栗生三川方面」と記され、右の林道は小生の前述の如く小倉山登頂の為め採りしものにして、左は丸岩（全くこの地点に就いては里人の言なし。故に全然不明なり。栗生側にて聞きたるに唐沢右上にある十石峠図幅上に表われたる岩崖を称すと言うも右にては前記標杭に記したる丸岩と符合せず。）及び弥次平林道を経てと記してある如く、御座山林道と分岐して北相木川源頭の左手の沢に入り、前出独立標高点一九九一米の弥次平に到り、同点より南相木川[10]に下りて、川沿いに一路は上栗尾に到り、更に一路は南相木川と三川[11]間の山稜中独立標高点一七四六米の右なる鞍部を越えて三川に下り、三川に沿いて三川村に到るものの如し。右は木次原より上栗尾に来る最も近き路なりと上栗尾にて聞けり。

陸測五万十石峠図幅及び金峰山図幅に跨りて長野県南相木村三川村より三川を溯り独立標高点一七〇五米の国境山稜上の凹部を越え、群馬県多野郡上野村字中ノ沢に到る小径は現今通行者絶え路痕なき程なりと同じく上栗尾の里人より聞けり。然るに十石峠図幅上北相木村木次原より俚称「ブド」（ブドは山名の由なり）峠[12]を越えて前出中ノ沢に到る小径は大正十二年九月甲府の山砲大隊が栂峠及びこのブド峠を通過せし際改修され、その後通行者増え、群馬側よりは長野側の牧場に夏期間送る放牧馬の通過まで出来得る程度の良き道路となりたり。小生は実地踏査せざるも小倉山頂より明劃にこの道路の木次原側を望見せり。上州側より北相木村へ越す近路として通行せられ、十石峠のミズノト茶屋より栂峠を越えるが如きは全くの迂路となりたり。

栂峠、上栗尾三川の部落を繋ぐ三川峠又は栗尾坂、三川より千曲川の谿に越す「ダイモン」峠[13]、馬越峠の如きは敢えて記するに足らざるものなれど、山間の部落間を繋ぐ小なる峠路として又一種の興賞あり。殊に「ダイモン」峠に於いて然り。三川と居倉[14]とを繋ぎ、通行者も余りなき此の小峠の細路は草原に石塊の散在する緩傾斜面より黒木の蔽える岩骨露わなる山稜の一凹部の恰も自然の門の如き箇所をかそけくも越え居れり。

（「山岳」第二十年第一号、大正十五年）

(1)小倉山――現在は御座山(おぐらやま・おぐらさん)と書く。長野県南佐久郡北相木村・南相木村にまたがり、千曲川右岸。金峰山の北方。二一一二メートルの岩山。

(2)俚称――その土地で言われていること、または名。

(3)佐久鉄道――現在のJR小海線。

(4)北相木川――現在の相木川。

(5)陸測五万――戦前、大日本帝国時代の陸地測量部(現在の国土交通省国土地理院)作成になる五万分一地形図。

(6)小なる閉鎖曲線――御座山の北北東。現在の一九九二メートルの標高点。

(7)鞍部――現在の御座山と一九九二メートル標高点の鞍部。

(8)独立標高点一九九一米――御座山の東。現在の一九七四メートル標高点付近と思われる。

(9)小倉山西方二〇〇〇米の鞍部――御座山南西の御岳山神社を祀る二〇五〇メートル峰と二〇一七メートル標高点の鞍部。

(10)南相木川――現在の南相木川支流の栗生川。

(11)三川――現在の南相木川。「南相木川と三川間の山稜中独立標高点一七四六米の鞍部」とあるのは、御座山の南南東、現在の地図で一六二四・五メートルの標高点と「ずみ岩」(一七八九・四メートル)の中間点付近と思われる。

(12)「ブド」峠――現在のぶどう峠。

(13)「ダイモン」峠――大門峠。御陵(おみはか)山の東方の鞍部を越える。

(14)居倉――千曲川上流。川上村大深山(おおみやま)と梓山の中間。

瑞牆山

瑞牆山（みずがき）[1]は本谷川にては以前瘤岩（コブイワ）と俚称せるも、一般には「ミズガキサン」として今日その山麓諸村（勿論（もちろん）甲州側の）に通ずるが如し。その山体、大部分は極めて急峻にして峨峨（がが）たる花崗岩の怪奇なる形状の岩峰の集合よりなりて、その山容の著しく特異なるは秩父諸山中その比を見ざる所ならん。その望む方向によりて若（も）し霧の山腹以下を埋むる時は宛然（さながら）写真に見るドロミーテンの岩山に髣髴（ほうふつ）たるを感ぜしむ。小生は小川山頂方向を除ける諸方向より大略この山を望みたるが、木賊峠（とくさ）頂上の広濶なる凹状傾斜地より望める山容に最も印象深きものありたり。

瑞牆山に登るにはその西麓にある北巨摩郡畜産組合所有の松平（「マツダイラ」地名なり）牧場より為すが最も近く且（か）つ良好なり。金峰山里宮より為すも良く、又釜瀬川の黒森（クロモリ）の村より為すも可なり。

松平牧場は陸測五万分の一[2]金峰山図幅に於ける金山（かなやま）部落上方一五一八の独立標高点より釜瀬川左岸まで瑞牆山西麓一帯の緩傾斜地を言い、釜瀬川の「釜」の字の地点に於いて右に分岐する沢は「アマドリザワ」[3]と称せらる。松平牧場はこのアマドリザワを界にして北方を「旧牧場」、南方を「新牧場」と称す。新牧場は愛すべき山麓の風景に富む。牧場内に於いて宿泊すべき箇所は牧場事務所なり。その位置は金峰山図幅アマドリ沢左岸一三〇〇と等高曲線に記入されたる地点なり。同図幅上釜瀬川アマドリ沢合流点上の尾根上の小径下方より登りて左手にある「家」の符号ある地点には何等家無く、またアマドリ沢上流右岸一四二一独立標高点ある地点に同じく「家」の符号あるも、同点には以前旧牧場事務所として大なる石塊の庇蔽を利用せる仮小屋ありたる地点にして今日にては雨露を凌ぐにも足りず。寧ろそれよりも上方同図幅瑞牆山の「山」の字の西方より出づる深き小沢の右岸一四六〇米(メートル)の等高曲線上附近に三四人の雨露を避くるに足る岩小屋あり。又該岩小屋より二三町同等高曲線を北方に行きたる地点にも二三人の泊れる岩小屋あるも陰気なる場所なり。旧牧場には各所に炭焼道あり、又現に炭焼も入れ居れり。旧牧場は青草無く、伐採の痕著しく余り感じ良からず。

旧牧場より瑞牆山の岩峰肩の上に懸る。岩は良けれど、針葉樹間に生えて甚だ(はなは)悲観なり。さもなくば本邦一流の岩壁なるに。然れ(しか)どやや距離を置きて見る時は実に立派な岩壁なり。

瑞牆山名所として弘法大師文字及古代文字(4)なるものあり。共にアマドリ沢上流に在りて、大なる岩壁に刻せる文字なり。古くより「ヤマシ」(山師?)の間に知られたるものなりと言うも、近時山麓増富村青年団の道を開き、道標を打ちてその名所の喧伝に務め居れり。同文字は二ケ所に在りて、弘法大師が遊びに来て刻めりと伝うるものは、アマドリザワ左岸の金峰山図幅には無き小岩峰に二字二行に刻まれたものなりと言うも、小生は訪ねんとして道を発見し得ざりしため訪わず。ただ古代文字と称せらるるものを訪いたり。同地点は金峰山図幅上瑞牆山頂二二三〇・二米より正西に五峰の岩峰連続せる内最西より第二番目の岩峰の西側の壮大なる岩壁面にあるものにて、同地点まで微かなる道あり。文字は約一丈程の長さにて、平均二尺四方程の大きさの文字五六字を花崗岩に刻めり。風化して殆んど字形を止めず。最初はこれは人工のものに非ずと思いたるも、余りに不自然に字形をなし居ると、同附近岩面にこれに似たる皺襞を全然認めず、且つ、同岩壁の上方殆んど垂直にして十数丈程高き岩壁に縦に細長き正長方形の岩窟らしきものありて、同点までの岩登りは余程困難なれども、嘗つて岩茸採りが好奇心に駆られて登りみたる同岩窟内に剣一振奉献しありたりと聞きたるを以て、これと考え合せて、古く修験者の同岩窟に修行して、その際にでも刻みたるには非ずやと判断して、同古代文字の矢張り人工のものならんと小生も信じたる次第なり。然れど到底大なる足場にても造り為さざる時は人工にては不可能なる箇所に刻まれあるを以て、よく一人の修験者にして如何に時間と労力とを厭わざる者なりと雖も仲々に成し遂げ難きを思いて未だ完全に疑念晴れず。同文字より岩窟までの岩壁は殆んど垂直にして五六丈の高さなり。文字の凹みを登れば足場と手懸りは相当あれど、小生はロープなくしては下降不可能と思いて躊躇したり。右方に垂直のチムニイあり。それより登る事を得んも一ケ所下方より望みて悪場あり。同文字は垂直にして滑らかなるチムニイ左方の岩面にありて、岩窟に到る唯一絶好の足場と手懸りを成し居れり。察するに上方の岩窟に到りて修行せんとして来れる某修験者の文字を刻みて足場と手懸りを造りつつ、該岩窟に攀(よ)じたるものには非(あ)らずやとも考えたり。時夕刻斜陽赫(あか)く花崗岩の岩壁を照らし、仰げば岩燕はピイピイと囀(さえず)りつつ高き岩壁面の巣より出入りして夕空を飛び交い、前面遠くには南アルプス八ケ岳の諸高峰の山頂の残雪は落暉(らっき)[5]に染められたる朗らかなる眺望を展開せり。小生同岩壁下の一岩塊に坐して、今日我等の殆んど知らざる往昔の不抜なる修験者の事蹟を想到し、頭上の彼の岩窟に坐す白衣の彼れが姿を想像して、その人の信仰の力の驚くべきものを知り、甚だ尊敬の念を起こせり。明治末期となりて剣岳に最初に到りしと思いし人々のその頂上に同じく年月経て錆深き剣を発見して、それ以前既にそれを奉献せし人の在りしを知りし時も恐らく同様に感ぜられしなるべし。小生両神山にも又同様修験者修行の跡の岩窟を見たり。怪奇にして威嚇的なる山貌の山の比較的斯(かか)る事蹟の多きは修験者の求めて斯(かか)る山岳をその信仰力の試練場とせしがための如く思われるも如何。

瑞牆山の頂上の岩峰に登る登路はアマドリザワと釜瀬川と金峰山小川山間の山稜伝いとの三路あり。小生の実際に試みしは釜瀬川の登路のみにて他の二路は知らず。山稜より到るものは甚だ平凡なるものの如し。(登高行第四年年報一九頁参照)釜瀬川の登路は黒森より釜瀬川右岸に沿いたる小径を行くなり。同路は釜瀬不動尊に到る路なり。金峰山図幅上記入の小径の最終点附近までは炭焼の通う路にて極めて良く踏めたり。それより釜瀬川は俄然狭まりて沢は所謂釜瀬(カマセ)の名に背かず。然れど道は明らかなり。釜瀬不動尊は遂に発見し得ざりき。明白なる路は急に不明となればなり。後俚人に聞きたるに依りて大略位置判明せり。即ち不動尊の位置は一七二八米の独立標高点右上下二ケ所の懸崖の符号ある箇所の中間の小沢の右岸岩窟内に安置せられたる小なる石尊なりとの事にて、到底不案内にては到り難き由なり。同小沢は落口に於いて釜瀬本沢に三丈程の滝となりて落ち居れり。金峰山図隔は該地点の地形を表わすに甚だ不充分の点あり。谿谷深く、岩壁岩塔簇生して又針葉樹蒼鬱し苔深く蒸れて甚だしく陰湿なり。瑞牆山頂二二三〇・二米に到る登路は該小沢の滝より左岸に渡ると更らに釜瀬川本流に右手より急なる小沢の落ち来るあるを登るなり。約三〇〇米程の急峻なる栂の密林と岩塊との間の登りにて、一時間を要す。該小沢を直登すれば頂上二二三〇・二米とその西方の岩峰との中間鞍部に達す。秩父諸沢中小生はかくの如く陰湿にして苔深く急なる斜面を知らず。鞍部よりは頂上西方の岩峰まで容易に達し得。花崗岩の乾ける岩頂は甚だ朗らかなり。眺望又良し。頂上へは鞍部より石楠木（しゃくなぎ）と栂の矮樹の密生と岩盤を経て三〇分にて登り得。頂上の岩頂又朗らかなり。頂上より瑞牆山の諸峰を望めば、到る処に小なる岩塔簇生聳立（しょうりつ）して、困難なる岩登りを呈するものあり、小生の見たる処にては現今の小生の技術にては不可能のもの多くあり、甚だ愉快なり。鞍部より頂上に到る間の一岩頂すら登攀不能なりき。岩は花崗岩の特徴として岩滑らかにして連続せる一枚岩多く、堅固確実の岩なれど手懸りと足場に乏しく、且つ円味を帯びていて困難である。岩の乾ける際にはトリコニイは到底草鞋（わらじ）に及び難き事を痛切に経験せり。若（も）しこれに石楠木、栂の隙間に叢生する事なくば、実に無理なく立派なるロック・クライミングを成し得て頂上に到り得る山なり。然れどその岩壁の大きさ、困難さに於いてなお本邦中左程劣りたる場所には非らずと信ず。小生は未だ充分に諸岩峰を精査せず。殊にアマドリ沢側は僅かに古代文字の附近の一小岩塔に登りしのみなり。求めれば良き岩壁を登攀して未踏の岩峰にシュタインマン[9]を積む（積むべき小岩片殆んどなき様なれど）の快を得べし。但しロープ、ピトン、クレッテルシュウ[10]か、草鞋と良きパァティは欠く得べからず。

頂上まで釜瀬川側は微かなる切開あり。これ大正十二年六月三十日増富村村会議員、道路委員の同村名勝と道路調査のため登りし際切り開きたるものなり。余り分明ならず。南麓アマドリ沢へ頂上より下りしと記しありたり。頂上直下のガレを下りしものか。甚だ急峻にして小生些(いささ)か躊躇せり。下りて、進退谷(きわ)まるを恐れて後日に残せり。斯(かか)る山体の時はこの自制必要ならん。殊に未知の岩壁の降路の下降に際しては。頂上まで黒森より三時間半乃至(ないし)四時間にて可ならん。釜瀬川左岸谷の狭まる附近には岩小屋あり。三四人は充分泊り得。黒森にも宿屋あり。黒森は心持よき山村なり。牧場事務所又良し。但し蚤(のみ)多くして安眠を妨ぐ。日野春か韮崎より黒森まで七里、牧場事務所まで七里半。牧場は毎年五月二十日より馬を放牧す。新緑かぐわしき白樺の叢林と山梨の花の咲く緩き青草の斜面に放牧馬の草を喰むを前景にして、馬の塩を甜める平たき石塊に坐して黒き瑞牆の岩を望むは気持良き景色なり。牧場事務所に宿泊するには増富村大字小尾小字神戸在住の牧場管理者の許可を得るなり。同人は毎日通勤し居れり。俚人[11]は同人を「牧主」(ボクシュ)と呼び居れり。

(「山岳」第二十年第一号、大正十五年)

（1）瑞牆山――山梨県北杜市須玉町。金峰山に隣接する岩山。二二三〇メートル。花崗岩の岩峰・岩塔が叢生し、ロッククライミングの格好の舞台になっている。

（2）陸測五万分の一――「白馬岳スキー登山及び乙見山峠越え」（注26）参照。

（3）アマドリザワ――このあたりの地名は現在の地形図と符合しない。「アマドリザワ」は富士見平小屋北方の天鳥川、一五一八の独立標高点も現在の地形図にはない。

（4）古代文字――瑞牆山山頂の西に連なる岩峰群の、一八〇一メートルの岩峰の東側にある岩峰に文様状態の刻みがあり、「カンマンボロン」と呼ばれているものを指すと思われる。梵字（ぼんじ）・梵語ともいわれるが定かではない。梵登山道として整備されてはいないが道がつけられている。

（5）落暉――夕陽。

（6）釜瀬川――現在の不動沢。

（7）登高行第四年年報――大賀道昺らの記録でアマドリザワを登ったと記されている。

（8）三丈程の滝――現在の不動滝か。

（9）シュタインマン――Steinmann［独］＝ケルン。

（10）クレッテルシュウ――岩登り用の靴。

（11）俚人――その土地の人。

八溝山

四月半ばに八溝山脈を越えてその中で一番高い八溝山[1]を登ったのも、小さい山旅ではあったけれど仲々面白かった。私はその時磐城の国の方から這入って行った。白河の町から出掛けて、次第に八溝山脈の山裾の方へと近づいて行くと、そこには彼の往昔の名高い奥州街道であった。古い千年も昔の交通線がなおもその山の麓に沿うて同じ様に古い村々を木の実の様にくっつけ、争われぬ古さを持った影と形とをもって、地の上に、一すじの歩行線を画いていた。静かに埋もれている関趾の記念物や碑石や廃道も、流石に一千年の明らかな日と夜との色とで、古さの匂いに湿り潤おっていた。そしてこの辺りはどこへ行っても栗と楢と櫟との雑木林と枯草の野原とそして低い丘陵とが、離れ離れな村落と村落との間に続いていた。この寂れた片田舎の疎林と枯草原の春の日向の中を、暫く雪の中にいて、燿やかな雪の光りにも飽いていた私は暖かさにほてってはかさかさと喜んで歩いた。書き遅れたが、その時私は、吾妻山群と磐梯裏の雪の中に約半個月ほど居た後の、その帰途であったのである。[2] 好い気持で、久し振りの様に足当りの異う枯草の上や地面の上、硬い村道の上を、私は厚い靴底で一日中歩いた。スキーを付けて雪の上を歩くのとは少し異なって真実に地面をじかじかに踏んで歩いている気は確かに又言い知れぬ嬉しさであった。

そんなことで私は午後晩くまで道もかまわず歩き廻ったものだから、その晩の宿泊場所の見当を失くしてしまった。夕暮近くになってから漸く旅宿のあるだろうという、そこいらではやや大きな村らしいものを人に教えられた。悪い林の中の道をたずね、たずねして、暗くなって旗宿と云うその昔の街道沿いの目的の村に辿りついてみると、目的にしていた旅宿というものはなかった。一体この地方は誰れも知るように日本でも名高い産馬地である。従って大概の百姓家でも馬の二三頭は飼っている。旗宿というのもそのような村で、街道沿いに古い村の家々は暗い軒こそ並べてはいれど、みな農耕の傍ら又馬を飼育している。旅宿がないというので、村人に尋ねて馬市の時期などには度々博労を泊めることもあるという百姓家を軒並次ぎ次ぎにききながら、私は一夜の旅泊を乞うて歩いたが、しかし皆どこででも断わられてしまった。次第に時間も晩くなるので、しまいには心細くなってしまった。そして到々とある一軒の家に哀願した格好で、それなら馬と一緒の場所でも好ければ、という条件でその家に泊めて貰うこととなった。

こう云う田舎の村とか山中深くの村では、見知らぬエトランゼ——殊にそれが都会からやって来たものであったならば特に、——を泊めるのを悪意なくに厭がっている。それはその人々にとって、例えば食べさせるに美味な食物がないとか、着せるに厚い蒲団がないとか、寝せるに格好な別な部屋がないとか、あるいはむさ苦しいとか云うそれ等の人々の勝手に想像した一種の可愛らしい見栄のある気苦労の種となるからであろうと思う。しかしながら一度泊めるとなれば、得て恁(こ)う云う様な質朴な田舎の人々は全く親切だ。出来るだけのことをし待遇(もてな)して呉れる。その人達には決して打算から割り出されたものがないから嬉しい。私はこう云う様な山中の村とか、旅舎の無いような片田舎の村に無理に泊めて貰うことをやらねばならない旅行をこれまで必要上少しはやって来たが、多くの場合それは好印象を得た。その様な場合には頼むこちらにしても無理にと云うのだから厭でもあるし、又泊っても普通の旅宿と異なって遠慮もしなくてはならないが、またそれらの気兼(きがね)、気苦労にも充分に換え得るだけの面白さがある。それは真実にこの様な類の旅行の有する面白さの一つだろう。斯(かか)る旅泊の回想こそ愉しくも又懐しいものではないか。

　この旗宿の百姓家も私にとっては又その一つであった。私はその夜ほんとに文字通りに馬と顔を並べてその家の囲炉裡(いろり)の傍に寝かされた。勝栗(かちぐり)を噛(かじ)り、榾火(ほたび)を燻(く)べながら、私はその家の老人とも又少年とも夜晩くまで愉しく話した。若い旅行者は家人から灯火の明るい都会についてのことをぼつぼつときかれるままに答えてやれば、彼も又その土地の風習とか、民話とか裡名[3]とか、その他愚にもつかない様な事に就いてのいろいろのことを尋ねたりした。そして旅行者は斯(かか)ることよりしてただその土地土地をただ眼と脚とだけよりしては感覚することの出来ないある親わしいものを享感することが出来るのだ。

八溝山に登ったのは旅宿に泊ったその翌日であった。現在眼前に当時の地図を展げて見なければ、その時歩いた道は判然しないが、磐城と下野(しもつけ)との国境の小さい峠を越え、幾つか村を通り抜け、梓(アズサ)と云う美(うる)わしい名の小村から近道を教わって、何んでも枯草の暖かい山道をぐるぐると廻り登って八溝山の肩を越えている取上峠(とりあげとうげ)という峠道に出た。その峠も下野と常陸との国境になっていた。それは四月半ばのあたたかく晴れた日の午前だった。千米(メートル)突位いの標高のくせに、山にかかってからどんなに長く私は歩いただろう。暖かすぎると言いたい四月の朝の山のなかを、厚着(あつぎ)をした私はまっ赤になってせっせと元気よく歩いた。たしかに山は少しも私の行く路を妨げなかったけれど、思ったよりも山路は長かった。疲れて私はその峠の上に坐らなければならなかった。

八溝の頂はそこから枯草と残雪の尾根を伝えば僅かの時間で行けた。それで疲れていたけれど、暫(しばら)く休んですぐと私は八溝の誰れ一人いない、枯草の頂に辿りついて、そこと、そこからのひろい山上展望とを一時間程一人占めにした。ああ、それは朝からの襯衣(シャツ)に浸みた汗をつぐなって充分なほどの報酬だった！　その頂から見廻した八溝の頂あたりは、実に気持の好い、小さく、可愛らしい優しみのある山の頂上だった。頂近くの尾根や山腹の浅く、なだらかに窪み込んでいる落窪(おちくぼ)には、ところ斑らに未だ白鳥のように残雪の斑点が春の日光にも羽を休めていた。私はそこの枯草の上に身体を投げだすようにして寝転び休んで、それから渇いた咽喉にがりかりと雪を噛んだ。それからまた私はその頂の枯れた草の中に、何んと言う名だかは知らない可愛らしい青色の花を沢山に見付けた。雪の未だ数尺も残っているような山の中からやって来たためか、私はこの花の可愛らしさ、健気にそんな山上で春早くに咲く小さい、だが強い力の不思議に打たれた。そして花から私の眼をあげたら、またその頂からの山、谿(たに)、平野の眺めは馬鹿に愛すべきものだった。阿武隈の川上(かわかみ)の雪後(せつご)の山はしんしんと日に澄んで、黒木山(くろきやま)の上にあった。それから会津境い、那須火山群、奥日光の山々も未だ北方の裏日本の雪風(ゆきかぜ)にその頂は痛められて、ふかく雪に光っていた。四月はじめの春日ではあったが、山々の輪廓もぼやけず、眺望はよくきいてそれからまだまだ下野、上野(こうずけ)、信濃の山々、遠くは富士までも見えた。見えたわけである。八溝山より高く、そしてその眼界を遮ぎるという山頂は、常陸磐城の両国にはないからである。けれど私はそのような会津境い、那須、日光両毛の雪のある山々の眺望ばかりを期待してこの山頂に登って来たのではなかった。

　この八溝山脈からつづいて磐城山地に就いては、既に地図を拡げてみてもわかるが、八溝山の標高一〇二二米突の山頂を除いては、特に千米突をこえている程の顕著な山は全く無い。即ち山とも言えない程に低い標高しか有しない山々のつづいた一つの山地である。けれども又これほど低い何んの奇もなく、山の続いている所で、どこを真直ぐに突っ切るように通っても十五六里以上も歩かなければ主要な交通線には出られないと言う所は日本には稀れだ。人烟稀(じんえんま)れだというのでもなく、土地の磽确(こうかく)(4)だと云うのでもないのに交通は地形上開けない。村は村と谿合いにつづいて静かな永年の生活の根を下し、山もよく手が入れられてはあるのに、何となく山はうら寂しい。道もうら寂しい。旅行者などが特に通ってみるような名所古跡の多い街道もなければ、又すぐれた風景もない。唯草原山、名もない雑木山、植林された杉山、浅く、小さな谿あい、低地、小流、村落が、そこには錯雑しているだけである。このことを私は田山花袋の旅行記(5)と地図の上で知った。それから私はそこを心に蔵い込んで置いた。那須の高原より夏の夕暮この八溝から磐城、常陸の山地の低くどこまでも続いているのを少っと眺めてから、私にはその八溝山の頂に立って、八溝山脈から太平洋の砂浜まで続く低い山つづきの、唯名はあっても名のないような山のつぎつぎにうねうねと重畳している磐城山地の姿を一望に見渡してみたく、また親しくその地に一旅を試みたいと思っていた。

　そして、今や私はその頂にいるのだった。そして、今こそ、この低山地の山々、谿々をそこの一番高い頂上から見渡したのであった。その山影、谿隅(たにくま)の陰影と日に光る片面が重なり、折り重なって、黒木山、枯草山、雑木山、杉の青黒い山などの低い山ばかりの、幾ら眺めても低い山ばかりの海と平野とまで遠く続いている、味気ないまでの山望。しかし西方の下野、那須野の原を見ると、そこの野面は荒蕪不毛で、如何にも林と野原のみの所らしく、乾燥した色彩でいるのに、磐城と常陸の国である東方は、山地のくせに却って如何にも湿り深く、村村のある谿あいと低地のつくる緑りがかった色あいと蒼味を含んだ黒い杉の林に湿った色をまとった山かげなどが、いかにもこの山地特有の、又中部日本の低い山々特有の、古雅で、匂い深い色と影とを展べていた。それが私の眼にはこころよかった。それは得もいわれず落着いて、しずかに眺められるひとつの山頂からの展望だ。私はひとりこの眺めのあたえる地味でいて、古雅な山地のうちつづくさまをひとり眺め、眺めては身に感じて喜んだ。そうしてそれから更らにその私の遠く眺める谿あいの影のなかに、進んで身をふれ、心を愉しませることの出来ることをうれしく思った。即ち私は、常陸の国へとその八溝の頂を下りて、その山つづきの重なるあいだの久慈川沿いの谷あいから、しめりふかい村村を通り、茨城街道を歩いて、大子というその山地のなかの小さな町から更らにこの山地の端れで、漸く軽便鉄道の通じている常陸大宮まで、二日ほど歩いて出ようと、頂の枯草の上に地図を拡げながら、また現にその行手の立派なレリーフ・マップのように望めるその現地を指呼して見ながら、ひとりで行程を決めたのだった。

さて、その八溝の頂を昼少し過ぎに辞して、私は枯草、藪、雑木林、杉林、水ぎわとつづいた細い山路から、谿間の路、村のなかの道へと次第に移りかわってゆきながら蛇穴（じゃけぢ）新田、蛇穴、磯神などの村を過ぎてその晩には今度は昨夜とちがって、国も異う常陸の国の谿間の本宮（もとみや）という村の、郵便局と旅舎とを兼ねている大きな藁葺（わらぶき）屋根の下のこざっぱりとした田舎座敷に眠ることになった。ここ常陸ではもう谿間の村々はすっかり春を感じていた。私は厚く、重たい、汚れて臭い服を脱いで、旅宿の寛濶（かんかつ）などてらを着込んで、夜になってからは村の理髪屋（かみどこ）へ出かけ、旅行中に余りに延びた頭髪を短く刈り、雪に焼けた顔色を少しでも薄らげようと試みた。そこには前に坐った自分の顔が歪んで写るような安鏡が据えつけてあった。そして、こんな遊び場所もない不便な山のなかの田舎の村では、理髪が矢張りどこでも同じように唯一の遊び場所か集り場所と見えて、村の若者から娘等までが打ち交って、たくさん集まって愉しそうなおしゃべりに夜を更（ふ）かして遊んでいた。

翌（あく）る日もまた私はつづいて久慈川上流の春風のながれる常陸の村村を呑気に歩いていった。もうそこいらは手にした地図を見なくても歩けるようなところだ。

（以上は大正九年四月九日より同十一日までに亘る一紀行断片である。筆者附記）

（「山とスキー」七十四号、昭和二年）

（1）八溝山——茨城県久慈郡大子町・福島県東白川郡棚倉町・栃木県大田原市にまたがる山。八溝山地の主峰で茨城県の最高峰。一〇二二メートル。高原状の山で、浸食谷が多く、それが八方に放射状にひろがるので、八溝八峰とも言われる。現在は山頂まで車道が通じている。

（2）その帰途——大正九年四月、五色温泉でのスキー練習の後、米沢から檜原峠を越えて福島に入った。

（3）裡名——俚称（その土地での呼び名）のことか。

（4）磽确——砂礫の多い、地味のやせた土地。

（5）田山花袋の旅行記——八溝山とその周辺についての記述は『山水小記』（大正六年刊行）にある。

谷川岳、茂倉岳、笹穴川上流

谷川岳スキー登山

谷川温泉に赴ける日は極めて好晴にて、谷川の村に近付くに到りてオジガ沢(1)の頭より谷川岳へと続く山稜南側は所々急峻雪をも止めぬ巌肌を谿奥に覗かせて甚だ立派なりき。谷川の村また静かに、村を少しく奥へと行きたる温泉湯元も火災後はバラック建なるも居心地さまで悪しからず。余らの谷川岳へのスキー登路として求めしものは夏季の登山路と成り居る谷川岳より南微東に派生し、谷川村に下り居る尾根(2)なり。同尾根は両側急傾斜にてかつ樹林密生し、尾根も急傾斜の段階二、三有りて決して良好なるスキー行路ならず。余らに先立ちて小林区署(3)員同じく谷川温泉より土合へと天神峠を越えたる由なるも、その行路は谷川より正東に当る一〇三六・五米の三角点(4)ある尾根に谷川より緩斜面を登りて達し、それより尾根上を進み、一四四八・九米の地点(5)を過ぎ、同点より北方に派生せる尾根を下りて土合に出でしなりと、土合及び谷川の両地にて聞けり。望見するに同行路は尾根上樹林尠く、余らの行路よりは良好なるが如し。然れどそれはかなりの迂路と為るものなれば、天神峠まではいざ知らず谷川岳に登るにはあまり得策とは思われず。谷川村にても村内の猫額の斜面にて大供子供らスキーを穿ちて滑り居りたり。然れど附近山岳の登山に関しては何ら知る所なかりき。昭和二年三月二十一日午後余はかくて谷川岳に登る行路を普通登山路と同じくする事を一人決し、胃腸を痛めて温泉にて休養せる大賀道昺君に計りて翌日共に早朝出発する事とせり。前日の天候雪質より判断して翌朝は多少硬きクラスト形成せらるべく、それを利用して可能的(6)スキーを使用せず登行せん事の労力に於て甚だしく得策なるを思いしがためなり。かくて翌昭和二年三月二十二日午前五時両人にて温泉を発せり。用意としては食料、衣服の他クランポンと湯沸器を携行せり。果して雪面は余らの体重に於ても落ち込む事無き程度のクラストと成り居りぬ。余は鋲靴を穿てばそのままにて、大賀君はスキー用靴なればクランポンを附して共に一刻もこのクラストの落ち込まぬ中に高く登らんとし急ぎつつ神社裏より尾根を登りぬ。前日余の百米ほど登りたる地点も過ぎ、尾根やや平坦になりてスキーにて進み、地形図には表われぬ小なる段階にスキーを脱しては登りして、午前九時千五百米の圏を有する天神峠手前の急傾斜の登りに達せる頃クラスト漸く脆弱と成り、スキーにては硬く、徒歩にては落ち込むと云う仕末悪き状態となり、加えて傾斜急なれば時間を要する多大にして、大賀君の巧みに足先と膝頭を利用して徒歩にて登りし足場も次ぎなる余には体重の多少大なるにや、あるいはまた足先と膝との体重分配の具合の拙なるにや、一歩一歩深く落ち込みて甚だ無益に労せる間、たまたまスキーと荷を高く肩に負いて重心高かりしためか同地点の硬き雪面にて余はかつてこれまで無き態に哀れな様（さま）にて墜落し、二回ほど翻筋斗（もんどり）[7]をして三十米ほど落ちたり。余の日除眼鏡と近眼鏡はその間どこにか飛び失せたり。暫（しばら）くは今日の登山この大切なる二個の小道具を失いてはもはや不可能なりと思い居りしも、幸運、日除眼鏡と近眼鏡は足下二十米ほど下の雪崩路中に在るを認め、漸くそれを回収せり。午前十一時三十分天神峠に到達す。雪質は良好ならざりき。少憩後再び尾根を谷川岳に向いぬ。余らの予想を裏切りしは天神峠以上の行路のスキーに対してはかなり良好なりし事なりき。スキーを脱せる僅かに一回。谷川岳頂上まで終始スキーにて登行せり。加うるに雪質良好と為（な）り、特に谷川岳直下の四百米ほどの高距の登行は大なる凹斜面ありて至極良好なりき。地形図上の判断と現地望見による求路法を裏切る事大なりき。谷川岳頂上近くは勿論（もちろん）波状雪[8]なりき。午後一時四十分谷川岳頂上に達せり。途中余の転落による一時間を控除するに於て谷川温泉より八時間四十分を要せしなり。この登行人数に於て二人なりしといえども深雪ならざれば多人数を以（もっ）て利益とする労力の分配関与する所尠（すくな）し。またかなり急げるものなりき。然れば冬季または早春季深軟雪の際は勿論これ以上の時間を要すべしと信ず。頂上眺望絶佳なり。但（ただ）し寒風烈しくして身を切るが如（ごと）し。長時の休憩を許さず。漸く十分止まりて直（ただ）ちに下山の途に就かざるを得ざりき。下降と為（な）ればさすがに速し。少憩しつつ、西黒沢のスキー登路として適当なるを望見し、両人にてそれに関して論議しつつも早や四時には天神峠に達せり。同地点にて湯沸器にて茶を沸して少憩し、降路としては往路の尾根の全く滑降し能(あた)わざるを思いて、寧(むし)ろ同じ滑降し能わざるに於ては短距離に大なる高距を下るの得策なるを思い、天神峠より直ちに谷川村に出(い)ずる沢に下る事に決せり。但し同沢は雪崩の危険を顧慮せざるべからず。最初の急傾斜面にて既に一回表層雪崩足下より惹起(じゃっき)するの危険に遭いしも難を逃れ、かくてスキーを脱し直降路を徒歩にて下り進むの方法を採りて同沢を下りぬ。処々(ところどころ)雪崩のデブリ谷を埋めぬ。最後に小なる瀑(たき)ありて終(つい)に平坦なる沢床に出で、それよりスキーにて滑降して午後五時五十分と云うに谷川温泉に帰着しぬ。終日天候晴朗なりき。余はこの登山に於て痛く疲労せり。而(しか)して疲労の結果なりや却(かえ)って夜更(ふ)くるも睡(ねむ)られざりき。大賀君また程度に於て余と差あるも同様なりき。要するに谷川岳のスキー登山は労力比較的大なる事その標高の割に谷川温泉より登行高距（一四〇〇米）ある事、スキー行路として可ならざる事などよりして一般に推称し難し。寧(むし)ろ土合より西黒沢（地形図陸測五万分の一[9]、四万(しま)湯沢図幅に跨(また)りて、東黒沢の対岸に注入する沢）を雪崩の危険なき時間に通過して登るを以(もっ)てより面白く労尠(すくな)き登路と断ずるに躊躇せず。降雪期を過ぎたる「カタユキ」の時期にて雪質良好の際にはもとよりイヌノ沢[10]よりも、また谷川温泉よりオジガ沢に沿いても、蓬(よもぎ)峠尾根伝いにでも登り得べし。天候雪質の状態良好なりせばこの時期こそは我邦この地方に於て最も登山の容易なる時期なればなり。而してもしそれ各季節に於ける特有なる景観に就て——一言せんか余らの登りたる時期は全山総て雪に蔽われ、寧ろ色彩に於ては朝暾落暉(11)の山々に映ずる以外は甚だ無味乾燥なり。鮮緑の山肌に残雪斑々と輝くの晩春初夏の候か秋紅葉の季のより優れ居れるはまた敢て余の特異なる経験には非ざるべし。

谷川岳、茂倉岳間東側

谷川岳より北に谷川富士（または奥ノ院(12)）、一ノ倉岳、茂倉岳と続く山稜の正東側は実に文字通りの絶壁を懸け列ね、その間に派生する支稜は鋭尖なる鋸歯状の尖峰を連続さするを以て知られたり。(13)この絶壁半里以上にわたる間の全容を最も眼近に望み居る所はその湯檜曽川を隔つる対岸宝川笠ケ岳南方の尾根独立標高点一七五〇米の辺り(14)なるべしといえども余未だこの点に到らざれば、その近接しての全容はこれを親しくするを得ざれども、至仏山頂、武尊山頂よりこれを遠望して本邦に於ては稀有とすべき程度に甚だしく壮大なるに一驚せり。笠ケ岳（宝川）頂上直下百米の地点及び清水峠頂上附近よりはやや側面的となるもまたその全容を望み得るなり。白樺小屋趾附近に於てはそのプロフィルの一部を望み得るのみなるもその如何に急峻なるかは能く認め得べし。土合より武能に到る間の路上に於ては同絶壁より流出する小沢に到るごとにその沢頭の大絶壁を望み得。同絶壁を秋武尊山上より望みたる時は赤褐色なりき。既に古くより清水峠を越えられし木暮理太郎[15]氏もまた同絶壁を「素派らしい赭色の岩崖」と記され居れり。しかしながら実際見る地点によりては灰色にも見ゆるなり。また真実その絶壁に到って見れば岩色は灰色なり。濡れたる時は黒灰色なり。雪に蔽われたる時は雪の白色と対照するにや黒色に近し。その色季節、時間、天候の如何によりて種々なり。余のこの絶壁に痛く感興を得しはまことに武尊山頂に於て秋晴の午後静かにもこの絶壁を打ち眺めし以来なり。而してその岩質の堅硬にして岩攀に適せるを知りし以後なり。左に少しく同絶壁を含める谷川岳、茂倉岳間東側に関して後遊の士の参考の一たらんかとも思い記す所と為せり。

地名に関して二、三　陸測五万分ノ一地形図四万、湯沢両図幅に表われ居らざるものにして記述上必要なる山名、沢名を先ず録さん。既に谷川岳、茂倉岳に於る山名に関しては『山岳』第十六年「奥上州号」[16]に於て木暮、藤島[17]両先輩の正せる所あり。谷川岳（一九六三・二米突[18]）は薬師ケ岳（木暮氏による。）とも称され、谷川岳北方一九六〇米突の隆起[19]は真正の谷川富士と藤島氏によって正さる。なお同岳は奥ノ院とも称せらるべく、かく記せる標杭立ち居れるを余は実見せり。湯沢図幅上の谷川富士（一九七四・二米突）は藤島氏によりて一ノ倉岳と正さる。茂倉岳北方一七五九・六米突の顕著なる降起は檜ノ又ノ頭[20]と為さる。沢名に関しては余の俚人[21]に問うて聞知せる所のものにて俚人と云うも越後清水方面の者あり、藤原の者ありて、多少相異せり。然れば真偽のほどは解らざればそのまま記して先覚後遊の士の補正を俟たん。土合、武能間右岸より湯檜曽川に注入する沢六つあり。土合より、溯りて記さば、先ず最初の沢は西黒谷と称せらる。既に対岸正面に東黒沢なる沢名記入ありて、これに沢名の記入無きは不可思議なり。西黒沢の沢名には誤り無し。その次ぎの沢にて谷川岳、谷川富士間より出ずる沢はイヲノ沢と称す。これは越後清水の俚人並びに越後下長崎の者に聞きしなり。その次ぎ一ノ倉岳と茂倉岳間よりは小なる支稜によりて分けられたる二沢が最も大なる絶壁下より出で居れり。手前なるはマチガい沢[22]と称せらるる如く、その次ぎなるはコマチ沢（越後清水の者の言）ともあるいは一ノ倉沢[23]（越後下長崎の者の言）とも称せらるるが如し。藤島、森氏の記文によりて一ノ倉沢の方正当ならん。茂倉岳、檜ノ又ノ頭間より出ずる沢は柴倉沢[24]（シバクラザワ宛字）と称さる。これは土合方面にても多くの者かく呼ぶを以て誤り無かるべし。武能の先に於て注入する沢は武能沢と称せらる。

陸測五万分ノ一地形図四万、湯沢両図幅はこの附近の地形を表わすに於て全く充分なり。但し平面図法の欠点として急峻なる岩壁面の微細はもとより充分ならず。

この東側面に於て最も直截的なる絶壁を懸け列ぬる部分は谷川富士、一ノ倉岳間にして即（すなわ）ちマチガ沢及びコマチ沢（一ノ倉沢）の沢頭と成る部分なり。正確には言い難きも尠（すくな）くとも五百米以上直立的に見ゆる所あり。柴倉沢、イヌノ沢の沢頭に於ては傾斜甚（はなは）だしく急峻ならず。以下各沢より同山側に達し、登路として尾根まで達し得たるもの、未（いま）だ達し得ざるもの等に就き余の友人諸兄並びに余の試みし所のものを些（いささ）か記すべし。

柴倉沢　この東側にて通常の登路として用いらるるものはこの沢なり。登降極めて容易なり。余は昭和二年五月二十八日斎藤長寿郎君と共にこの沢を登降して茂倉岳、一ノ倉岳に登りたり。左にその記録を録すべし。一体この時季は「カタユキ」季としては残雪量に於てやや少なき時季なるも、幸いこの沢は両側急峻にして雪崩のデブリは総（すべ）て谿底（たにそこ）に堆積せるため、雪上を登降する部分甚だ大なりき。武能の鉄道省建設の小屋の倒壊せる趾（あと）に前夜露営せる余らは午前六時三十分武能を出発し午前七時柴倉沢入口に達せり。河原を登る事十分にして残雪あり。雪は尾根まで連続したり。天候は空晴れたれども「黒姫の帯」懸（かか）りたり。緩（ゆるやか）なる雪面を登ると雪渓は先ず左右に分る。右を登らば茂倉岳、檜（ひのき）ノ又（また）ノ頭の最低鞍部に達するものなり。余らに遅るる旬日友人成瀬岩雄君一友人と共にまた柴倉沢を登りてこの鞍部に達せりと余に報ぜられたれば、この雪渓もまた甚だ容易なりと看做（みな）して可なり。この点よりは幾分雪渓も傾斜加わりて進むに於て更（さら）に二分す。左を採りて登らば小なる圏谷状地点に達すべし。同圏谷底より上を望まば左右に二円頂を認むべし。右は茂倉岳、左は一ノ倉岳なり。余らは先ず右を採りて登りぬ。尾根近くに於て傾斜約三十五度もあらんか。余らはその時氷斧[25]を携行せず、唯だ棒切をのみ有せり。雪質あまり良好ならず。表面ザクザクにて崩れ易くその下は堅硬なるものにて少しく急斜面に於ては足場を作るの要あるものなりき。余らは共にトリコニー鋲[26]を打てる靴を穿ちたり。靴にて足場を作りて登りたり。滑落するも危険なしとするも労力を損すればかく手数を掛けしなり。午前十一時に尾根に達せり。柴倉沢入口より正四時間なり。この高距約千百米突なり。茂倉岳、一ノ倉岳頂上は共に短かき笹に蔽われし円頂にて残雪斑々たる朗らかなる頂上なりき。加うるに天候晴朗と成りて四方の山々また残雪に輝き、谿々、平原は鮮かなる緑色なりき。日光は暑きほどなりき。展望と食事と午睡に約三時間をこの二頂に於て費しぬ。降路は一ノ倉岳頂上より直下の雪面を柴倉沢にグリッセードを続けて降りぬ。正二時に頂を発して二時五十分残雪の末端に達し、河原を歩む。十分にして柴倉沢入口に達せり。この高距千百三十米ほどなり。雪質傾斜共にグリッセードに絶好なりしためかく短時間にて降りしなり。余はこの時始めてグリッセードの壮快味を味いたり。

要するに柴倉沢はこの時季に於ては登降最も容易にして労少きものなりと信ず。夏季に於ては余は未だ試みずといえども尾根または対岸、入口より望見するに小なる瀑布一、二ありて五月よりは多少時間を余計に要すべしと思わる。陸測五万分ノ一地形図湯沢図幅に於て柴倉沢の地形表示は少しく現地と相異するが如し。地形図上より判断するが如く岩壁に遭遇する事なし。断じて容易なり。

イヲノ沢[10]　谷川岳檜ノ又ノ頭間の尾根に達するには柴倉沢に次ぐ容易なる沢なり。余は友人大賀道昺、酒井英両君と共に昭和二年七月十六日この沢を登りて谷川岳、谷川富士間の尾根に達しぬ。以下その記録を記すべし。既にその前五月二十九日余は斎藤長寿郎君と共にこの沢を沢口より約三百米ほど登り夏季には巨岩塊の沢中央に存する点（余らは該巨岩塊を中ノ大岩と仮称せり。）まで達してイヲノ沢の登り得べきを確めたり。かくて七月に成りて前出二友人と共に登りしなり。一ノ倉の天幕を出発せしは午前九時四十分なりき。出発遅かりしは該日の天候決せざりしためなりき。この度は余らは各氷斧、トリコニイ鋲を打てる靴、草鞋、縄を携行せり。沢は水量相当あり、巨石を堆積し、傾斜度も相当なりき。セン[27]は一つもなかりき。残雪に到せしが十一時なり。中ノ大岩を過ぎてよりは傾斜度やや急なる雪渓を登りぬ。例せば剣岳平蔵谷下半部ほどのものなり。残雪消えし後はセン多かるべしと思わる。藤原の者にて土合にて炭を焼ける者この沢にはセン多くして登り能わずと余に語れり。同雪渓の上部は傾斜の急なると亀裂多きと融解のための雪渓崩落の危険ありてそれに沿うたる岩を登れり。雪渓を過ぎてはますます傾斜急となり、かつ岩石のデブリ多く墜石の顧慮もあり、加うるに岩石間の草の急斜面ありて滑落の不安甚だしく、氷斧を草斜面に用いたり。午後二時二十分谷川岳、谷川富士間の尾根に到達せり。この高距沢口より約千二百米突にして所要時間休憩を含めて約四時間半なり。要するにイヲノ沢はその尾根直下に於て夏季は草の急斜面に少しく注意を要するのみにて大体に於て登降容易なり。カタユキ季に於ては更らに一層容易にして労少なかるべし。但し氷斧は携行せざるべからず。

一ノ倉沢（コマチ沢）(23)　昭和二年七月十四日大賀道昮、酒井英両君と共にこの沢を溯りて沢頭の大岩崖に登攀を試みたり。左にその模様を記すべし。昭和二年三月の下旬余は大賀君とこの地方にスキー登山を試みんとて武能まで到りたり。その時甚だ立派にこの岩壁が雪も附けずに聳えるに、今夏は必ず共にこの岩崖に余らの休日の幾分を費さんと固く約束せり。その後余は同年五月斎藤長寿郎君と共にこの岩崖に登らんとせしも未だ真実の試みを為さざるに時日無きため帰りたり。同年七月大賀道昮君に酒井英両君を加えて余らは一ノ倉に約十日間幕営せり。天候悪しく登攀思うに任せざりき。七月十四日雲霧峰頭を蔽うも天候やや良きにこの沢を登れり。当初は巨石累々、雪崩にて折損せし樹木その間に介在して沢登り悪し。一ケ所セン在りて高廻りせる個所ありき。登るに従い沢底は一枚岩と為り、両側また岩壁と為りて、残雪の断続せるあり、時間を要する大なりき。最後に残雪のみ続きて上方左右両渓に分る。望遠鏡にて精細岩壁を探索せるも該時に於ては尾根にまで到達し得べき登路、支稜を除きては岩壁面に無きが如くなりき。先ず右方の小雪渓を登るに、雪渓亀裂多く、かつ崩落の結果雪塊散乱して到底雪渓上は登り能わざりき。暫時にして小なる堅岩の圏谷状地[28]に達せり。仰げば頭上の大スラッブ[29]間の立襞より一条の細滝（水極めて尠し。しかしながら天候によりては大なる増減あらん。）落下せり。同細滝左側の岩壁を登るに決せり。この細滝はその上部に於て数段と成り、傾斜極めて急にして正面せば垂直の如く感ぜられたり。而してその上部は青草の生えし急斜面なり。あらかじめ余らは望遠鏡にその登攀の上部に到りては余らの技術にては不可能に近きを予測したれば、右岩壁登攀中も絶えず下降の際に顧慮を払いたり。岩壁は堅硬にして手懸り足場もまた潤沢、墜石の危険更に無く、しかのみならず下部は順層なれば甚だ朗らかなる登攀の快を味いたり。傾斜は測るべき用具携行せざれば正確に言い難しといえども、下部に於いては余らの目測にて四十五度を超ゆるは明白なりき。約百米も登りて左方は逆層と成りて困難と成りしを以て、細滝に沿い、適当なる休憩場所を発見して休みたり。同所より上方に二丈ほどの垂直に近き滝のある悪場あり。ここに於いてそれを登りてなお進むか、または下降するか決せざりしも、大賀君先ず登攀を試みしに滝の飛沫にて岩濡れて不安の感多し。同悪場を登り切る個所に到りて肩を要する程度のものと成りしにより、ここに於てそれ以上の登攀を中止して下れり。この圏谷状地より尾根に登り得る可能性あるはこの細滝に沿うて登る一条の如く思われたりき。同岩壁登攀に於て余らの心付きたる二、三を記せば、未(いま)だ同岩壁の如きスラッブの登攀は初歩の余らに採りて尠(すこ)しく難かし過ぎたる事。かかるスラッブ登攀の際は下降に際しての顧慮を充分払う事（白墨等を携行して登路の足場手懸(てがか)りに印を附する事は最も大切にして、余らはこの事を為(な)さざりしため、岩壁に僅(わず)かに髭(ひげ)の如く生えし二、三寸の草を結び合せて目印を作りて間に合せたり。）にして、足具には総(すべ)て草鞋(わらじ)を用いたり。

　而(しか)る後右圏谷状地より左の雪渓を登りたる沢奥へと低き支稜を超えて達したり。同雪渓も上部に到りてここはやや大なる滝一条懸(かか)りて登攀は同じくその左側を登らば相当の高点まで達し得べきも、上部に到りてはまた同じく極めて急峻と成り居れば尾根に達するは相当に困難なる如く観測せられたり。単なるスラッブの練習としての登降にはこの両沢頭到る所に適当なる岩壁あり。夏期は岩乾けるも、残雪多き時期にはその融水上部の尾根より岩を伝わりて流るるため概(おおむ)ね濡れ居りて登攀には不適なりと想像さる。

マチガ沢[22]　昭和二年七月十三日大賀道昺君、酒井英君と共にこの沢を登りて沢頭大岩崖の基底に達し、それ以上の登路探索に従いしも、可能なる登路を求むる能わずして下りぬ。左に同日の記録を記すべし。

　沢の登りは甚(はなは)だ楽にして、少時にして雪渓と成りぬ。この雪渓は大岩壁の基脚まで緩傾斜にて続けり。余らの前以て登路として望みを掛け来たりしは谷川富士より下り来れる直線的にして恐らくは高距六百米近きクーロワール[30]にして、これは五月には全部雪を以て埋められ、傾斜急なりしも不可能には非ざるが如く看取せられたるなり。而るに七月なるこの期に於ては残雪断続し、しかのみならずその基部は滑らかなる岩壁にして大なる滝懸り[31]、望遠鏡にて精細に観るに不可能に近く、近接してますますその感強かりき。雪渓の最上部は近接し難き態なれば雪渓の右側のスラッブ[32]を百米ほど登攀して全くこの沢頭の大岩崖基底に達したり。尾根頂上には雲霧揺曳し居りしもそれ以下は仰望するを得たり。近づけばこれは単なる一大岩壁に非ずして、岩崖中に所々小岩峰簇生し、また小灌木もその岩間に密生せる所あるも、概して下部は barerock[33] にて、岩質は同様堅硬なり。かかる絶壁もただそれを下方より何ら登攀するの意志無くして仰望するに於てはまことに愉快なり。然れどそれを登攀するの意志を抱きてそれに近接するに於ては甚だ威圧的の力あるを実感せり。

尾根並に峠道　谷川岳、蓬峠間は極めて良き小径ありて通行甚だ楽なり。蓬峠、清水峠間は尾根上には切明無けれども、通行はさまで困難ならず。五月の候に於ては残雪多ければ尾根通行は一般に全然楽にして何らの困難無し。清水峠より宝川笠ケ岳へも同様なり。(但し余は未だ真の頂上へまでは到達せざれば頂上附近は断言し難し。)夏季に於ては蓬峠の通行者繁し。清水峠また俚人（主として越後側の者なり。）の通行しばしばにして稀に旅行者も越ゆるありて道路は極めて良し。但し橋梁は一だに無し。清水越新道は白樺小屋より頂上を越後側に越えて点線路（兎平に下る小径）と分るる点まで完全に通行し得て現在（昭和二年七月）一般に通行せらる。廃道の趣深くして、興あり。それ以外の部分は通行殆んど難くして、路上所によりては直径二寸以上の太さの灌木叢生せるありて徒らに労力を要し、橋梁落ちたる部分は登降面倒にして、崖側を削りたる個所は崩壊し居りて通行不可能なりと。（予は全部を知らざれど、部分部分旧道の残存せる個所を通行して、この事の真実なるを信ずる者なり。）積雪期の通行如何に関しては余ら経験なしといえども、土合より土樽へは土合建設所の鶴田氏昭和二年三月単身スキーにて越えられたり。約六時間を要せしと。通路は主として夏路に順えりと。「カタユキ」期に到らば勿論極めて容易なるべし。清水越また同様にして俚人は雪堅くなりてはしばしば超ゆと。勿論沢筋を登降すなり。然れどこの期清水越街道、白樺小屋趾、清水峠頂上の道路は一面急なる斜面と為りて通行には氷斧を携行せざれば労力多大なり。一般に「カタユキ」期には氷斧を携行するがこの地方の登山には便なるべし。積雪期この附近の登山にはスキーの使用は欠くを得べからず。雪崩に関しては周到なる注意を要し、特に雪崩地に関しては経験ある俚人の言大なる参考となるを以て傾聴せられん事を望む。

笹穴川上流

笹穴（ささあな）川より仙ノ倉山に直接南側より登るために昭和二年九月初旬友人成瀬岩雄君と赴きたりしが、同山登頂の目的は達せざりしも、その東方の尾根上の一隆起たる恵比寿大黒（えびすだいこく）ノ頭に登りたり。左にその記録を録すべし。

四万（しま）図幅にて赤谷（あかや）川上流には川古（かわふる）温泉より五百米手前には日本醋酸（さくさん）会社の工場在りて荷馬車を通ずる立派なる道路あり、その地より赤谷川本流と支流オイズマタ[34]に向いて醋酸会社の伐材用道路が入り居れり。赤谷川は渋沢（大源太山と三国山間より東流する沢）まで立派なる道ありて渋沢入を伐材中なりき。それより上流へは鉱山の廃路あるも通用不可能なり。渋沢と赤谷川とのドアイ[35]には伐木者の夏小屋三あり。赤谷川はそれより上流に向いて半里行くと二分す。右手は阿弥陀川[36]にて左手は笹穴川[37]なり。川はこの点まではすこぶる歩き良し。笹穴川はこのドアイより半町も行くにタキとなりて川筋は通過困難となるも、それを越ゆればまたすこぶる歩き良し。十町ほどにて笹穴川へ右手仙ノ倉山側より直流する急なる沢あり。小生の登路として登りたるはこの沢[38]なり。この沢は勿論（もちろん）名のある沢らしく思われ、赤谷村の俚人に聞きしも皆知らずと答えたり。尤（もっと）もその者は山に詳しき者には非（あら）ざりき。沢は入る事十間も行かずに大なるセンと為（な）りて登行不可能なりき。左に搦（から）めば仙ノ倉山に達せられしも、知らざる事とて右に搦みて急なる小沢を搦む事二つにて再び沢に出(い)でたり。本沢はセンの上にて左右に分れ[39]、右は恵比寿大黒ノ頭より出で、左は仙ノ倉山より出ずるなり。それ以上は小なるセンとタキの連続にて渓水尽くるまで登行は面白し。渓水尽きて恵比寿大黒ノ頭より出でたる岩峰の連続せる支稜に達し、岩峰と草藪を分けて登れば小なる岩峰三つを超えて恵比寿大黒ノ頭に達したり。登行の時間は生憎(あいにく)一行の者時計を有せず、ために正確の時間は知り難しといえども、笹穴川よりは登行三時間半下降二時間半ほどなりしならん。登行は余り容易ならざりしも、さりとて労多きものには非ざりき。兎(と)に角(かく)急にして渓水落下するの中を直路(ひたみち)に登るものにて面白し。左手の沢は入口のセンの上にまたセンありてその間は通過不可能なりき。幸(さいわい)に廃鉱のその上方に在るありて、その道路今なお分明なり。然(しか)ればそれを利用して廃鉱に達したり。廃鉱は途中の山毛欅(ぶな)の樹幹に「大正四年」と刻める落書等ありたるを以(もっ)てさほど古きものに非ざるべし。道路も四尺幅ほどのものなり。現時に於ては廃屋の跡二箇所あり、その坑口は八分まで沢の上流より流下せし土砂を以て埋められ居たり。附近九月初旬にしてなお残雪存せり。廃鉱よりは全然沢を登りたり。沢はさほど少程は急ならざりしも暫時(ざんじ)にして二つに分れ、左手は大なるセンにて登行不可能にて、また上方に更(さら)に二つの大なるセンの懸(かか)れるを仰望せり。右手の沢は右側の崩壊甚(はなは)だしき山側より落下せるデブリにて埋められ居りしも、これまた少時にしてセンを懸けたり。右手の崩壊せる山側を搦(から)みて登りしにすこぶる足場悪く、左右に斜面を横切る事もまた下降する事も能(あた)わざるの失態に陥りしため、無理に上方に約二百米も登り、同じく岩石の崩落甚だしき山側の一角に達し、それより小なる支稜を伝いて漸(ようや)く降りたり。この沢も上方を見るに残雪の亀裂甚だ多く、登行はその点のみにてこの時期には不可能と思われし上に、更(さら)に雪渓上方は大なる岩壁にして全く行き詰まりなる事を見究(みきわ)めたり。無理をせば登り能(あた)うべしといえども、純然たる岩石面のみには非(あら)ずして急なる草面をも混じたる性質のものなれば危険なり。到底沢伝いには登り能わざるを以(もっ)て引返すに定めて往路を戻りて帰路に就き、廃鉱を経て廃路を辿りつつ在りし際赤谷(あかや)村の村人四名病者冷却用の雪を採りにこの奥まで来りしに出会(でくわ)せり。彼らの言によりても沢より仙ノ倉へは登り能わず、尾根によらざるべからずと言い居たり。尾根は勿論藪(やぶ)深し。しかし簡単なり。笹穴川に於ける泊場としては阿弥陀川とのドアイより二町ほどの距離に大岩塊下の絶好の泊場あり。雨露(あめつゆ)を避くるに充分なり。恵比寿大黒ノ頭附近は小なる岩峰岩塔簇生(そうせい)せるあり、小なるも見事なる鶏冠尾根等在りて面白し。余らは密雲に閉(とざ)されて見るを得ざりしも所謂(いわゆる)恵比寿と大黒の名ある岩も遠く渋沢の上方より見ゆる由を聞きたり。笹穴川右岸大源太山側に地形図に表示なき大岩壁あり。俚称クロガネと称せらるるものなり。堅雪期に於てはこの側よりの登頂はすこぶる容易なるべし。

行程

昭和二年三月十八日――前夜上野発午前八時後閑駅着。同駅より建設列車[40]の便乗を得て鹿野沢着午後二時、同所よりスキーを穿ちて土合着午後四時。土合にて鶴田氏の好意に依りて第一合宿所に宿泊。天候終日好晴。土合の積雪量五、六尺。

十九日――土合を午前九時に発す。積雪量豊富なる為め湯檜曽川の川床を進行せり。谷川岳、一ノ倉岳の東壁雪をも懸り居らず甚だ壮大なりき。午後一時武能沢より更らに一つ先きの沢に達し、蓬峠附近の山稜の登路を求めしも雪崩の危険を慮りて中止し、武能附近の山毛欅林中に雪穴を掘りて露営す。天候は午前中曇りなりしも午後に到りて雨となり又また暫時にして雪と化す。雪穴露営は比較的楽なりき。

二十日――前夜来の降雪一尺を超え、しかもそれが甚だしき湿潤雪なりし為め到底雪崩に対する顧慮と登行の労力の多大を思いて登山の困難なるを察知せる為め、同方面の登山を中止して土合に引返すに決せり。湯檜曽川の両岸よりは処々に湿潤新雪表層雪崩惹起せるも川床幅広き為め通行には危険なかりき。然れど二箇所左岸に大なる雪崩のデブリありて川床の半ばまで達し居りたり。天候は気温高く、降雪甚だしく湿潤なりき。再び土合にて三好氏の好意に依りて第一合宿所に宿泊の便宜を得たり。

二十一日――土合より谷川温泉に向いたり。午後大島は谷川岳に到るスキー登路探索の為めに少時村の上なる夏季の登山路に沿いて登り、結局それ以外適当なる登路無しと断ぜり。

谷川村附近の積雪量三、四尺なり。天候終日好晴。
　二十二日――谷川温泉発午前五時。スキーを担いで少時クランポンにてクラストを登る。その後スキーにて登行。午前十一時三十分天神峠着。午後一時四十分谷川岳頂上に達す。寒風烈し。十分後直ちに下山、天神峠にて少憩後沢に滑降路を採りて五時五十分谷川温泉帰着。天候快晴。
　二十三日――谷川温泉発午前九時。湯原を経て全部歩行して後閑発午後二時八分の列車に乗じ、午後七時上野着にて帰京。――大賀道昺　大島亮吉

＊

　昭和二年五月二十五日――上野発午後十一時五分。
　二十六日――後閑着午前七時三十分。後閑発十一時二十分の建設列車に便乗して十二時鹿野沢着。更らに同所よりガソリン列車に便乗して土合着午後二時。武能小屋跡着午後四時。天候好晴。所々道に於てさえ残雪を踏む。
　二十七日――武能発午前五時。白樺小屋趾(あと)六時着。残雪多し。蓬峠頂上着七時。それより清水峠に到る尾根に沿いて進み十時清水峠頂上着。午睡(ごすい)一時間後宝川笠ケ岳に登らんとして出発す。午後一時笠ケ岳頂上下百米突(メートル)の地点に達せし頃雲霧襲来し天候急変の徴(きざし)ありし為め急遽下山の途に就き、清水峠街道に沿うて進みしも急なる雪斜面の横断多くして時間を費すこと大なるに依り、一三五一米突の独立標高点ある山嘴(さんし)を廻りてより少時にして沢に下る。急峻なる残雪を以(もっ)て埋められたる沢の凹溝を下りて、一ケ所センを高廻りして五時武能に着、

天候晴一時曇る。

二十八日――武能発午前六時三十分。柴倉沢入口着午前七時。茂倉岳直下岩峰ある個所の尾根着午前十一時。茂倉岳及び一ノ倉岳にて休憩、午睡に費す三時間、午後二時一ノ倉岳頂上を発し、グリッセードに絶好の雪質傾斜によりて五十分にて柴倉沢入口の残雪まで下り、十分にして柴倉沢入口に達す。即ち午後三時なりき。旧一ノ倉の家ありし個所にて露営。天候終日快晴。日中雪崩の音屢々なりき。

二十九日――一ノ倉発午前六時三十分――イヲノ沢入口着午前七時。沢全部残雪に埋まる。午前九時までイヲノ沢を登行して谷川岳、谷川富士（奥ノ院）間の尾根直下の岩壁、支稜の探索を為し、午前十時土合に帰着。午前十一時五十九分の建設列車に便乗して、鹿野沢、後閑を経て夕刻七時上野着帰家。天候晴。――斎藤長寿郎　大島亮吉

*

昭和二年七月十二日――上野発午前五時二十五分、後閑着十一時。鹿野沢着十二時。土合着午後一時三十分。一ノ倉に露営地を設く。晴　夕立

十三日――午前七時二十分一ノ倉発。マチガ沢に入りて谷川富士の東壁の探索を為す。曇

十四日――コマチ沢（又は一ノ倉沢）に入りて一ノ倉岳東壁の探索を行う。曇　時々晴

十五日――一ノ倉より蓬峠頂上まで往復す。曇　少雨

十六日――一ノ倉発午前九時四十分。イヲノ沢第一休憩午前十時十分より十五分まで。第二休憩午前十時四十分より四十五分まで。午前十一時残雪に到る。中ノ大岩（仮称）着午前

十一時二十分。昼食の為め休憩午後零時三十五分より午後一時十五分まで。谷川岳、谷川富士間の尾根着午後二時三十五分。谷川富士（奥ノ院）着午後四時。一ノ倉岳を経て茂倉岳下露営地着午後六時。曇　時々晴

十七日――露営地発午前八時十五分。檜ノ又ノ頭頂上午前九時三十分。蓬峠頂上、白樺小屋趾を経て一ノ倉露営地着午後一時。曇　晴

十八日――一ノ倉を発して白樺小屋趾に到りて清水峠街道に向う。霧深く降雨甚だし。清水峠より越後側に下る頃より雨一層甚だしく風を混えて全く大風雨と成る。兎平を経て少時登川左岸の炭焼小屋に泊る。雨益（ますます）甚だしく出水す。

十九日――終日降雨止（や）む事なし、食糧を制限して炭焼小屋に籠居（ろうきょ）す。この二日間の大雨は越後各河川の出水にて大なる損害を醸せるものなりき。

二十日――雨止む。再び清水峠を越えて一ノ倉露営地に帰着す。

二十一日――酒井と別れて大賀、大島は蓬峠を越えて越後側の登山に赴く為めに一ノ倉露営地を引払い、帰京する酒井と南北に別る。（以下の行程略す）大賀道昮　酒井英　大島亮吉

*

昭和二年九月一日―上野発午後十一時五分。

二日――後閑駅着午前七時三十分――湯宿（ユジユク）――相俣――赤谷（アカヤ）――川古（カワフル）――渋沢――赤谷川河原露営。夕刻より雨と為り、河原に濡れつつ一夜を送るの憂目（うきめ）を見たり。

三日――渋沢と赤谷川合流点に在る木挽（こびき）小屋にて一日滞在す。
四日――渋沢木挽小屋――赤谷川――笹穴川――両岐――右手の沢を登る――滝を搦（から）む――沢を登りつめる――恵比寿大黒ノ頭――往路を戻りて笹穴川河原露営。終日快晴。
五日――笹穴川河原露営地――鉱山の廃路を辿りて仙ノ倉山より出ずる沢に向う――鉱山廃屋趾――沢――滝――右手に搦み登りて崩壊甚だしき山側に達し、下降に困難す――行詰まりて往路を戻りて笹穴川に下る――笹穴川、阿弥陀川合流点より二町程上流に笹穴川を登りたる地点の大岩塊下の泊場に泊る。天候午前は曇りにて午後に到りて雨と変ず。
六日――大岩塊下泊場――渋沢木挽小屋――滞在　大雨にて河水増え、登山の見込無き為め帰る。
七日――渋沢木挽小屋（午前十一時十分）――湯宿（午後二時三十分）――後閑駅発午後四時四十五分――上野着午後十時二十一分。雨（この行時計を所持せざりし為め時間の正確なる記録無し。）成瀬岩雄　大島亮吉

参考文献
山岳第十六年第三号（奥上州号）所載
藤島敏男・森喬　上越境の山旅
木暮理太郎　利根水源地の山
武田久吉　宝川を溯って笠ケ岳に登る
武田久吉　利根上流地方の方言二三
参照地図
陸測五万分ノ一　四万、湯沢

（「登高行」第八年、昭和六年）

（1）オジガ沢――現在のオジカ沢。
（2）尾根――現在の天神尾根。
（3）小林区署――現在の森林管理署。「白馬岳スキー登山及び乙見山峠越え」注（7）参照。
（4）一〇三六・五米の三角点――現在のホワイトバレースキー場にあるピーク（今倉山）。
（5）一四四八・九米の地点――現在の天神平スキー場にある高倉山。
（6）可能的――可能な限り、なるべくの意か。
（7）翻筋斗――トンボ返り、宙返り。
（8）波状雪――シュカブラ、スカブラであろう。
（9）地形図陸測五万分の一――「白馬岳スキー登山及び乙見山峠越え」（注26）参照。
（10）イヲノ沢――現在のマチガ沢。以下、大島は現在の一ノ倉沢をマチガ沢、現在の幽ノ沢をコマチ沢または一ノ倉沢、現在の芝倉沢を柴倉沢としている。後述「地名に関して二、三」参照。
（11）朝暾落暉――朝日夕日。
（12）谷川富士（または奥ノ院）――現在のオキの耳。後述「地名に関して二、三」参照。
（13）絶壁を懸け列ね……尖峰を連続さす――マチガ沢・一ノ倉沢・東尾根・一ノ倉尾根など。
（14）独立標高点一七五〇米の辺り――現在の白毛門（一七二〇メートル）のこと。白毛門の名称は当時はまだなかった。標高数値もその後に変更された。
（15）木暮理太郎（一八七三―一九四四）。日本登山界の代表的先駆者。黒部川源流、剱岳周辺、白馬岳―針ノ木岳、奥秩父、南アルプスなどに探検的登山をおこない、一九二〇、二二年には利根川源流の山々を踏査。日本山岳会第三代会長。著書に『山の憶い出』上・下（平凡社ライブラリー）などがある。
（16）『山岳』第十六年「奥上州号」――「山岳」は日本山岳会の年度会報。奥上州号は第十六年第三号（一九二三年五月刊）。木暮理太郎「利根川水源地の山」、藤島敏男・森喬「上越境の山旅」ほかを掲載。
（17）藤島敏男（一八九六―一九七六）。一九二〇年七月、木暮理太郎の利根川源流の山踏査に

同行。その直前に仙ノ倉山、茂倉岳—谷川岳を森喬、剣持政吉とともに登山者として初踏破。後年、日本各地の静かな山をめぐる。著書に『山に忘れたパイプ』（茗渓堂）がある。
（18）谷川岳（一九六三・二米突）——現在のトマノ耳。
（19）一九六〇米突の隆起——現在のオキノ耳。
（20）檜ノ又ノ頭——現在の武能岳。
（21）俚人——その土地の人。
（22）マチガ沢——現在の一ノ倉沢。
（23）コマチ沢・一ノ倉沢——現在の幽ノ沢。
（24）柴倉沢——現在の芝倉沢。
（25）氷斧——ピッケル。
（26）トリコニー鋲——「我国に於ける岩登りの前途にまで与う」（注4）参照。
（27）セン——地方語で滝。複合語でゼンとにごることもある。山をさす地方もある。
（28）圏谷状地——幽ノ沢右俣の「カールボーデン」であろう。
（29）スラッブ——slab［英］スラブ。滑らかな一枚岩。
（30）クーロワール——couloir［仏］岩壁にくいこむ急傾斜の溝。Runse/Rinne［独］gully［英］にほぼ同じ。
（31）大なる滝懸り——一ノ倉沢滝沢下部であろう。
（32）右側のスラッブ——烏帽子スラブであろう。
（33）barerock——［英］＝裸岩。草木のないむきだしの岩。
（34）オイズマタ——小出俣沢。
（35）ドアイ——土合。沢の合流点を指す地方語。出合、落合に同じ。
（36）阿弥陀川——赤谷川本谷。
（37）笹穴川——現在の金山沢。
（38）この沢——金山沢。左に分かれるのが笹穴沢。
（39）左右に分れ——金山沢右俣、左俣で、大島一行は右俣を溯った。
（40）建設列車——清水トンネル掘削工事用の鉄道。開通は昭和六（一九三一）年。

峠

一

山にのぼる者の心を、最も強く惹きつけるものはなんといっても峰の頂だ。けれど、その頂と頂との間の、低い凹みを言う峠というものにも、私たち、山にのぼる者の心を惹くに足るものが幾分はあるように思える。ことに私たちが、ただ山にのぼるのを愛するほかに、また山々のなかをさまよい歩くことや、旅人のもつ心を多分にもつに於ては特に然るをおぼえる。

山登りには、いろいろの方面が含まれているように私には思える。勿論その主な部分は山をのぼることそれであろう。しかしここにいう「峠越え」やあるいは単なる山地の「さまよい歩き」というようなことなども、ずいぶん古くから、多くの山をのぼる人々によって行われた。ことに峠越えは、山登りのはじめをつくったものだ。一体山の頂とか峰の頭とかは、ずっと近代になって山登りというものが起りはじめた頃になって、漸く直接人間とのあいだに交渉がついて来たのであったが、峠というものは、ずっとそれより以前の往昔(むかし)から人々の心を惹き、また実際それと直接の交渉はあった。例えば、古(いにしえ)のただ征服慾にのみ駆(か)られ燃えた多くの戦将の心は、どんなにかあの山々を越えた、その向うの豊(ゆたか)な平原の国にはしったことだろう。彼らは終(つい)に、この山脈(やまなみ)のあいだの、いちばん低い凹みに凝(じ)っと眼をつけた。そして部下の軍をひきつれて、ある機会にその凹みを越えた。歴史はよくそのことを私たちに話してくれる。神に対する敬虔(けいけん)な心と、熱情と忍耐とを以(も)って聖市をめざして急いだ中世紀の巡礼者も、またしずかに口洩(も)る巡礼の歌を、かすかに街道の空気にひびかせては、雪深いアルプスの峠に行き悩みつつも、それを越えて行った。口碑(こうひ)がよくそのことを私たちに物語ってくれる。未知のもの、知られざるものを、恰(あたか)も初恋のような熱情をもって愛し求める純潔な好奇と、あこがれの心を抱いて北欧の若い旅人(たびびと)は、アルプスの向う、南の国の明るいゆたかな自然の風物と、その華(はなや)かな羅甸(ラテン)の文化とを慕いあこがれつつ、おなじように峠をこえた。独逸(ドイツ)の詩人はそう歌った。それらのアルプスの山波をこえてゆく数々の街道は、実に「羅馬(ローマ)への道」とよばれていた。それからずっと後になっては、近代的の旅行者や登山者がまたその街道を峠や、あるいはまだ彼らには新しいいろいろの峠をはじめて越えることが行われた。「山は自らなる境をなす。それでも人は山を越えずには居られない。」という言葉は、ただに古のみにあてはめらるべきものではないだろう。

それでは、その近代の旅行者や登山者は一体どんな心をもって、それらの古い峠や、あるいはまたただその土地に住む人々にのみ知られているような峠や、あるいは全然新しい山の凹みを越え歩いたのであろうか！　山の頂をのぼると云うこと以外に、この峠越えというものに就て、山登りやまたは単なるさまよい歩きとのあいだに、私たちはなにを見出すことが出来ようか？　まことに登山の歴史の第一頁もまた「峠越え」をもってはじめられているのである。

「山の峰は自然によって創られた。けれど山の峠は人間によって創られたのだ。言いかえてみれば、山の峰は自然の現象だけれどもその峠は――この場合の「峠」の意義は、単に山の峰と峰とのあいだの、低くなった凹みを言い表わすものとして用いられている――たとえ、以前より明かに自然は人間に示していたとはいえ、それが人々によって越えられるまでは、「峠」ではない。人は純然たる実際的の理由のために、古くからアルプスの氷河の峠を越えたが、その後、ある特別の導きのあるまでは、高い峰々を登ろうとはしなかったのだ。けれど峰の名は、峠の名よりも早くから人によってつけられてあった。人は平原からきわだって望める峰には、それを登らないずっと以前から名をつけていた。しかし人は、峠を実際に越えた時でないと、それに名をつけることはしなかったからである。最初、峠は人によって徒歩で越えられた。それは非常な労苦を費されねばならないものだった。

けれどもそののち峠をこす旅人のために、その峠の頂のうえや、あるいはその頂近くに修道院のホスピスが設けられた。それからまた時が経つにつれ、次第に徒歩の小径が改良されて、ある時は馬の通れるほどの路に、あるときは驢馬の通れる轍道になり、十八世紀になっては、立派な車道とまでにかえられてしまった。そして現在は峠路の発達の第三階梯にあって、アルプスをこえることは以前に比してずっとずっと労のすくなく、また危険もないものとなってしまった。峠をこえたり、廻り道をしてゆくかわりに、今ではトンネルがその横腹に穿たれていて、近代の旅行者は快適な寝台車に横になって、どんな山中、または村、谿、平地をも瞬間に馳けぬけて、そのかみの先蹤者をおののかせた「美しい恐ろしさ」をもった大きな風景を夢にもみずに、ただ没趣味な風景の切断面をば、車窓から望見してアルプスをこえてゆくのである。しかしながら、それらのものをはなれて、「旅そのものをたのしむための旅」Pleasure-Travelling というような近代的の一傾向や、それにつづいて山々を登り歩く、ひとつの傾向がはじめらるるに到って、以前より知られていた古い峠路とともに、またただその土地に住む人々のみに知られていたより高い、あるいは寂しい幾多の峠や、羚羊狩の猟師たちのみが、時たま越えたりするような氷河の峠などが、山々のあいだの寂しい谷や、そのみなかみに聳える峰などと、ひとしく旅行者や登山者に対して、また新しくひらかれてきたのであった。」

二

というのは、登山史家クーリッジ[1]によって、アルプスに於ける峠の歴史を簡単にのべたにすぎない。けれど峠というものが、どんな風に近代の「旅行者」やあるいは「登山者」の心に対して観られているかは、彼によっては、遺憾ながらすこしも言及されていない。

一体、人によっては前にのべたように外形的では「旅行者」とか「登山者」とかと、これを区別しているが、しかしこのふたつのものの根柢をなす心持は、即ちいいかえれば「旅するの心」も「山をのぼるの心」も、それには決して劃然とけじめをつけることはできないほどに、相近づいているものではないかとおもう。尤もその「旅行者」は汽車や自動車にのって、ただ各地のホテルを泊り歩く、所謂漫遊客をいうのではなく背には食料その他の一切を背負うて、街道から山のなかの小径まで、谷から谷へと峠を越えては、きままにさまよい歩くような旅行者をいうのであって、これをより明かな意味の外国語でいうとすれば、Tourist ではなく、むしろ Traveller に近く、その意味は漠然としてはいるが、Wanderer という言葉が、最もそのような旅行者の態度や、気持を言い含んでいるものとおもう。であるから、往昔の登山者といわれている人で、ただ山の頂ばかりをのぼることを目的とし、またそれを実行したという人は殆んどないといってもいいほどである。

現在の登山者にもそういう人は多いが、その傾向は次第に別の意味で行われてゆくのである。多くの人は、山をのぼると共に静かな人気のない、あるいは自分のいまだ知らない土地をさまよい歩きたいという心持も持っているのである。多くの山を登る人は、つまり、「山々をさまよい歩きたい」という気持をもっている。旅をする人は、いろいろの条件で、激しい労力や特殊な知識や経験などの要するためやその他の事情のために山を登ることができないから、やむなく旅をしている人がきっと多いとおもう。どちらの人もみな、ともに自然に対して敬虔さ、誠実さをもつ人々なのであろう。それ故、以上によって私はここでは旅行者と登山者とは、これをひとつのものとみて置いて、山登りのうえに於ての「峠越え」というものに就いてみることとする。

　すでに山登りの方法には、広い区域にわたって峰々を登り、峠をこえて、各山地を歩いてながい山を旅をするやり方と、ある中心に根拠を定めて、その周囲や附近の峰々を巨細に登って、なるたけ峠をこえるようなことを避けるやり方とがあることは私らによく知られ、また現に行われていることでもある。前のやり方を例えばクーリッジは漂浪主義(Wandering) とよび、後のやり方を中心主義 (Center-dwelling) とよんでいるし、ごく近代的な登山者としては例えばマーセル・クルッツ[2]などは、前者を"Franchir"[3](越える)主義、後者を"Rayonner"[4](放射する) 主義だなどと称えている。クルッツの方は同じやり方とは言え、その範囲をごく狭くにみてのもので、全然登山そのものを主として、そこに「さまよい歩き」という気持は甚だ陰影の淡いものとなっているのである。これをすこし詳しくいえば、彼れのやり方はただ高い山上の登山小屋を利用するの範囲にとどまるもので、すなわち“Rayonner”とはあるひとつの登山小屋を根拠と定めて幾日も滞在しつつ、天候をみてはその周囲や近くの峰々を詳しく登ることをいうので、その名称のよって来るところは、ひとつの登山小屋を中心としてそこから放射状にその周囲の峰々に向って行路がとらるるところからきている。そして“Franchir”の方は、山上の登山小屋から登山小屋へと、峰を伝わりこえ、あるいは峰と峰との間の高い鞍部、氷河の峠（普通前者はJoch[5]、後者はLücke[6]という特別な山岳語で明らかに示されている）などを越えてゆく方法で、その越えるというところに名称は起因しているのである。そしてクルッツはごく新しいスキー登山法の場合には主として前者の放射主義が最も適当であることを言っている。

ところが、クーリッジのはそうではない。彼れのいうのはもっとずっと範囲の広いもので、即ち純然たる山登りと、ただ寂しいところ、人気のない場所をさまよい歩くということの二つを含めた範囲であって、ここで私の言うものに適当した分け方なのである。彼れのいう中心主義とは、登山者がひとつのシーズンの山登りのためにある地域をえらび、その谷にあるホテルなどを根拠地と定めてその近くの谷々の峰を登り、峠越えをして他に移ることをしないものをいうのである。であるから中心主義では峠越えを好まない結果として、峠越えのたのしさも知らず、また「さまよい歩き」のきままさをも欲しないものなのである。これは近代的なひとつの登山傾向であって、登山の発達推移の結果として必然的なものと看做(みな)され得べきものなのである。それではここで主題をなすところの「さまよい歩き」と「峠越え」についてみてみよう。

三

「峠越え」の愉(たの)しさは、きままにさまよい歩く旅の面白さのなかに含まれているのである。山にのぼるもののなすワンダリングというものについて、まずエッチ・イー・ジイ・ティンダル[7]は『オクスフォード・マウンテニヤリング・エッセイス』に寄せた「登山者と巡礼者」という彼(か)れの小さなエッセイのなかでこう言っている。

「古(いにし)えの巡礼者は決して今日のような、単なるホリデー・メーカーとは同一視することは出来ない。否、それ以上、実に彼れらのその気高い旅の目的と、その旅をする態度に於ては「理想的な旅行者」である。彼れらの旅はその最終の目的をそとにしてはまったくの自由な旅だったのだ。彼れらはあくまで旅というものの自由さとそしてその辛労(しんろう)とを味(あじわ)ったのであった。アルプスの峠も彼れらは越えた。われらは今日に於てはこのようなわれらが古き旅人の姿をいずこにも見出すことはできないのだ。けれどもなおただひとつわれらは今日に於ても「山登りの旅」Travel in mountaineering のあるフォームに於てのみ、辛じてその面影を見出すことができる。それは現在に於ての旅行の理想的なフォームだ。そこにはかの古えの巡礼者が抱いていた心とよく共鳴するあるひとつの心の遺形がある。その理想によって私は登山者をもってまた「近代的な山地巡礼者」とよぶに躊躇はしない。それならば、どんな態度のものが、この自然の殿堂である山をしばしば詣でる新しい巡礼者とよばれ得べきだろうか。その昔、雪ある峰をはじめてよじのぼって、その頂に後の信仰者のために一堂を建立した、かのアスティのボニファース(8)のその足痕につきしたがうものでなければ、実際にこの巡礼者であろうとよばれ得る資格はないのだろうか。そのかみの巡礼のもったその目的と旅に於てのその心境とに対して、一八六〇年代に於てはじめてアルプスの多くの峰々を登ったわれらが先蹤者であるそれらの幸運な人々の態度も、実際に於ては甚だしく巡礼者のそれと似通っていたのである。彼れらは峰をよじのぼるということよりは、ある場所からある場所へと、まず峠をこえ歩いてゆくようにして、その当時未だ多くの人々には知られていなかったアルプスの奥まった谷々をさぐり歩きに出掛けたのだった。彼れらは彼れらのその目的と忍耐と、そして特に旅する態度に於て、古えの巡礼者のもっていた精神と融合すべきあるものをもっていたのである。」

更になおつづいて、エヌ・ティ・ハックスレーもおなじく一九一二年度の『オクスフォード・マウンテニヤリング・エッセイス』のうちで、彼れの寄せた一論文「峠」のなかに於て言うのに、「往昔のマウンテニヤーはみな一面に於てはワンダラーであったが、今日の登山者は主としてスペシァリストだ。これらの歴史的な、時代的な傾向には、われらにとっては直ちに了解することができるような、極めて明白な理由がある。往昔に於ては、未だ今日のようにアルプスに対する地誌的な、山岳誌的な知識が、まだ一般的でなかったからしてそれらの初期の登山者らは、おのずからある地方の人の知らぬ無名の峠などを羚羊狩りの猟夫や牧人などを案内者として越えつつ、古い地図の数多の誤記を訂正したり、新しい地図をつくったりしたのだ。そのような時代には、旅する心や未知の土地をさぐり知ろうとする心が、彼れらの多くを誘った。実に彼れらは地誌的な知識を得るという目的や興味のためにもまた峠越えをやったのである。峠越えは実際にその点では面白いものである。景色は一時間ごとに変ってゆく。そして終いには長い登りの単調な歩みも終る。視界は一時に開ける。人は峠の頂のただ一瞬間の展望によって、その地方のトポグラフィに関する概念を、最もよい展望をもったその地方のより高い山頂に於ての一時間の眺望に於けるよりも、よりよくつかむことが出来るのである。登山の歴史が峠越えによってはじめられたと同じように、また登山者おのおのの経歴も多くはこの峠越えによってはじめらるるのである。」

以上のように峠越えというものは、登山者にとってはいろいろの興味と実益とを与えるものである。そしてそれはまた登山者の多くがもつ「さまよい歩き」という気持と固く結びついているものなのである。これらのことは私らも知らず知らずのうちに経験していることである。例えば私自身のごくつまらない例をとっても、それはすぐにうなずかれる。私が秩父を知るためには、まずはじめは多摩川を上って柳沢峠をこえて甲州にでたことや、氷川の奥の仙元峠をこえたりしたことからはじめられて、次第に峠越えを重ねて、それからほんとに奥秩父の山の頂なり、深い沢なりにすすんでゆくようになるのである。山の頂をどしどしと登り得るほどに知識をもつことができた時分よりも、私には却ってまだ峠などを越えながら、ただ地図のうえで想像して描いていた山々や谷々の姿をいちいち現実に眼にして、それまでは死んでいた地図のうえの等高線が、たちまちにして生々としたレリーフ・マップとなって私の頭にはいって来るように感じられた頃の方が、ずっと興味の深いものであったとおもっている。峠越えの方が頂に登ったことよりも却ってたのしかったのだ。これとおなじようなことを言っているのはティ・エッチ・ホームズである。彼れは一九一三年度の『スコッティッシュ・マウンテニヤリング・クラブ・ジャーナル』にのせた彼れの小論文「山地漂浪の心理」(Psychology of Hill-wandering)のうちで、純登山 Pure mountaineering と山地漂浪 Mountain-wandering あるいはHill-wanderingについていろいろと言っているが、彼れはまたヒル・ワンダラーの「峠越え」の愉しさについてはこう言っている。

「いろいろの事情が、ある人をしてクライマーにまではゆかしめずに、ただ彼れを氷河のない低い草の斜面までに限られた山地の漂浪者、すなわちヒル・ワンダラーであるにとどまらしむることがあるのは止むを得ないことである。彼れは彼れの山に対する熱情を岩と雪のみの高きまで運ぶことは出来ない。彼れは、彼れ自らの四肢をはげしく苦しめつつ、多くの休息もとらずに峰々の雪を刻みつつ登ったり、あるいは大きな岩壁と取組んだりして、その間に危険と疲労とそして、それよりより大きな悦びを味い、その荒々しい、憔悴し切った身体の疲労も、彼れをして谷の低きにかえらしめたときには美しい幻想であり、その谷に下りてのわずかの休息が彼れにはこのうえなき贅沢であり、大なる報酬であるというように感ぜしめらるるほど、深くそして親しく山にふれることは出来ない。彼れはただ谷に住む素朴な抒情詩人である牧人や山人の作ったその俚謡やひな歌によって、山々の高きに於てのみ味い得るそのたのしさや、壮大な風景を偲び、エメラルド色の氷河の寂寥さや、緑色の眼をしているそのクレヴァスをはるかに下の牧場の草原に座って見上ぐるのみである。けれど彼れは彼れ自身に対してまたひとつのひと知れぬたのしさを味っている。これらの人々がもつヒル・ワンダリングの心理には、純然たる登山者の多くが求め得ないひとつの穏かさ、自由さとそれに伴う秘めやかな悦びとがある。……彼れは山頂を登るかわりに、それよりは低い、容易な峠をこえる。彼れは登山者よりはもっと強く山の空気とその景色とを愛している。彼れはある谷の小さな山村の寂しいホテルに泊る。朝には、その谷の流（ながれ）をさかのぼって、牧場の小径（こみち）や樅（もみ）の森のなかの山径（やまみち）を通り過ぎつつ、はるかの峰と峰との間の凹（くぼ）みへとのぼってゆく。一歩ごとに景色は大きくなる。山腹の崖や、雪の斜面が次第に彼れの眼に迫ってくる。氷河より滴（したた）り流れてきたばかりの谷川の水は、次第に音高く、岩に激してくる。村が見下ろせるような高さになった。教会の白い尖塔が日に光っている。牧場の緑色がかがやいている。そしてしかも峰と峰との間の峠の、その深い凹みの描くカーヴの優美さとその Weakness とに彼れの心は惹かれている。……夕には、彼れは流に沿うて谷へと下りつつある。これから下りてゆく谷と、そのまわりの峰々などの地形は、彼れには彼れのポッケットにはいっている地図のうえのデッド・ラインでみるよりも、もっとはっきりと鮮かに、彼れの頭のなかにおさめられてある。なぜならば、彼れは今日峠の頂上から、この地方の生きた大きな模形図（レリーフ・マップ）をしたしくみてきているからである。彼れはたったひと目みただけでも恐らく永い間その模形図の複雑な地形を忘れることはないだろう。また樅（もみ）の森のなかの小径や牧場の草の上を径は流れについて、最も容易(たやす)い処を下りてゆく。彼れは毎日するように、また彼れの心のなかでいろいろと今晩泊るこの谷の村のことや、そこの村に住む人々の、今朝出発してきた村のとはちがったその珍らしい身装(みな)りやわかりにくい方言のことなどをたのしく想像している。」

　またマンメリイはその著(9)『アルプスと高架索(コーカサス)に於けるわが登山』のなかの一章である「ある高架索(コーカサス)の峠」のうちで、「私が高架索(コーカサス)の未(いま)だ何人(なんぴと)も登ったことのない巨峰の頂を踏み得たときは非常な歓喜であった。エルブルウスをのぞいては私はヨーロッパの最高点に立ったのである。アイスアックスをふりかざして私も、ガイドのツウルフリュウも悦んだ。けれど私はまたこの高架索(コーカサス)の高い、そして荒れ寂(さび)れた氷河の峠をこえては、そのあいだに横わる広大な谷々の原始林や、そのなかにかくれたような韃靼人(だったんじん)の村々などを訪れたりしたときのたのしさも決してそれに劣るものとは思わない。……それらの峠は現在ではただその谷々に住む韃靼人のうちでも、ごくわずかに越えられるほどのもので、その人間的交渉に於ては、アルプスの峠のあるものには比すべくもないほどすくないのであるが、しかし古(いにし)えにさかのぼれば、このアジヤとヨーロッパとの間を阻(はば)むこれらの大山脈の間のネーティーヴ・パッスは、いろいろと今日の歴史家の明らかになし得ない歴史をもっている。今日の高架索(コーカサス)民族の多種で、かつ東方との混血の甚だしいことはその幾分を物語る。古き亜細亜(アジア)の文明が、この高き氷河に蔽(おお)われて、現在は全く見棄てられた高架索(コーカサス)の峠を越えたことがあるのである。いまその寂寥と荒廃を極めた、わずかに峠としての命脈を保つそれらの山脈の凹部の雪面に、この鋲靴を履いた西方人が、またこと新しく、その足痕を印することとなったのである。……」

このような峠についての記述は、求めたらなかなかつきるものではない。邦文のものを全く省いても大へんである。私のここに於て求めたことは、山に登るものには、峰の頂と同じように、その峰と峰との間の凹みである峠も古くより登山者の心を惹き、峠越えがそもそも登山者の経歴のはじめをなし、なお今日でも峠越えは自分には未知の土地をさまよい歩くことを好む人々には、深い興味をつなぐに足るものであることを幾分なりとも、以上の人々のごく一部分的な記述によって知って貰えればとおもうことである。しかしこんなことはすでに旅行をする人や山に登る人には無意識のうちにも知られていることであって、今さら言うほどのことでもないと思われる。が、ただひとつすこし横道のことではあるが、ついでにここで知りたいのは、登山者がもつ純なる山をのぼるという気持と、ただ山々をさまよい歩くという気持とについての登山者の見解である。勿論多くの登山家は、まことの登山者はこのふたつの感情を併せもつものでなければならないと言っている。しかしこういうことを云った人々は、例えば、ジョン・ボール[10]やムーア[11]、フレッシュフィールド[12]、クーリッジのように自ら親しくアルプスやその他の山地や地誌的な知識を得るために、まだ登山者には未知であった多くの峠を越えたりして、所謂(いわゆる)峠越えのほんとの興味を味った初期の登山者である。けれど地誌的知識が発達し、各々(おのおの)の谷々も開けて、峠々への登路などもすっかり解(わか)ってしまったほどになれば、自然そういう意味での峠越えの興味は甚だ薄れて、今度は例えば前提したホームズの言ったような態度のものが味うような峠越えの別種の面白さに移ってゆくのである。そういう態度でみれば、峠越えにもまた今なお深い味のあることは、私らの意を止むべきところではないかとおもう。要するにこれも私が他の機会に於て書いた「ピークハンティングより静観的な態度へ」[13]と同一の経路の一つの小さなあらわれに過ぎない。ただヒル・ワンダリングはこれとは全くちがう。これはちょうど英国の登山家の多くが、スコットランドやウェールスの山地あるいはアトランチック・コーストの島々に於ける、海岸沿いの断崖や低いヘザーランド[14]の間にあるロッホ[15]やデール[16]、グレン[17]の岩壁などでのロック・クライミングをみると同じ態度でみるべきものであろう。これらのブリッティッシュ・ロック・クライムは、登山家によってはこれを「登山ではない」（“Not-mountaineering”）としている。同様にヒル・ワンダリングも勿論登山ではないということは、この点から推しても云えるだろう。ただ大きな峠を登るための、即ち登山するための素地として大いに練習する価値のあることを、一流のマウンテニヤーが言っているのみである。

このようにヒル・クライミングとヒル・ワンダリングが、山登りであるといわれようが、いわれまいが、そんなことは私らにとっては少しもかまわないことではないか。登山者という文字を冠し得る人は、このような人でなければならないなどと言うことなどは、全くつまらないことで、ある一部のマウンテニヤーが自らをより高く階級づけるための偏狭卑小な、悪く言えばケチな考えからでたものであると言いきってしまう人は、私らのなかにもたくさんいることであろうとおもう。私の目上の人も、それは英国人特有な偏狭な点だと云っている。（英国の登山家のみがそう云っているのではないが英国人に最も強い主張者がたくさんいることは事実だ。）私もはじめはそう思っていた。けれど今日の大登山家と言わるる人々の多くが、真面目にこんなことを言っているのを度々読んで、私は少し考えざるを得なかった。そして漸くそれらの人々の言うのには、決して前述したようなそんな卑俗な望みからでているものでないことは考えられた。けれどそれ以上のことは私なぞには言えないことだ。一体に山登りというものは極めてインディヴィジュアリスチックな性質のものと、私はみる。人もみている。従って登山家もなかなか単なる登山の記録や山岳誌的な記事さえ書くことはしない。まして、それ以上深く突っ込んで、山登りの形而上学的の方面については殆んどなにも書くことをしない人が多い。彼らは著しくその点では沈黙的である。ある若き登山家さえもが、古きあるいは自分より年老いた登山家らに対して、こういう言葉をもって嘆じている。――「一般的に言えば、殆んどすべてのマウンテニヤーは、他の者を自己の仲間に導き入れるということについてのみならば、なお彼(か)れらの驥尾(きび)に従おうとする熱心なものに対してすらも、著しく不満足で、あきたらない態度の人々である」――と。

そのようなマウンテニヤーというものが、特に前述のように、登山というものの範囲を限定したり、マウンテニヤーの資格を云々(うんぬん)したりすることは無理もないようだけれど、私にはまだそこになにかしら深い根拠がなければならないようにおもう。しかしそのようなことは私ごときにはわからない。けれど私はその言葉に従って行こうと思っている。これから何年と山をたえず登りつづけてゆくことができたら、きっとその言葉にうなずきを与えらるるような時があるかも知れない。またそのうえ、これからはこれまでのような主として単なる山登りの外面的な研究より進んで、深く内省的努力に入って「山登りとそのメタフィジックス」についてのことが、多くのマウンテニヤーによって言われようとする傾向を窺うことが出来るような輓近(ばんきん)の言葉がある。即(すなわ)ち、最近に到って、ドナルド・ロバートソンは『アルパイン・ジャーナル』誌上で、既往の山岳崇拝のみを基調とせる山のシンプルな Treatment を論難して言うに、「これらの山岳崇拝の基調的感動をとりさっても、なおいまだそこには、山々のなかで送れた簡単な自己のメンタル・ライフの小話さえをも偽りもなく躊躇もなく、自由にわれらに語り得るような人々にとっては、充分に開かるべき余地がある。……未だ何人の足にも踏まれないような大きなリッジは、アルプスには極めて僅（わず）かしか残っていない。そしてそれは速かに『クライマース・ガイズ』（コンウェイとクーリッジの編纂した名高い登山案内書――筆者）のページから消え去ってゆくだろう。しかも、文学的、美術的、哲学的研究の題目として、山は尽きてあることからは甚だ遠く、そして遥かである。山岳崇拝という、かつては敢為（かんい）にして鋭かりしこの山に対するわれらが基調的感動は、なお今日いまだ殆（ほと）んど登山者の足の踏み入れられざりし広野と、山登りの心理学の未だ探らざりし多くの側路とを残しているのである。」

四

今度は、現実的に峠そのものに就いてみると、峠にはいろいろのものがある。そしてそのいろいろのニュアンスをもって山にのぼるものや旅するものの心を惹く。

人事との古くよりの交渉や、あるいはある特に著しい歴史的な背景をもっていることに於て、この峠を越えてゆく旅人の心に少なからず興味を与えてゆくものがある。例えばその顕著な例としては、かのカルタゴのハンニバルがアルプスのある峠を越えて羅馬（ローマ）に侵入した歴史の上の名高い出来事である。ウェスターン・アルプスの峠を越えてゆく登山者の心にも旅行者の心にも、想いは遠い過去にさかのぼって、その当時をおもうとともに、一体ハンニバルはこの数多い西アルプスのどの峠をこえたのであろうかというような疑問をもつに至って、ある登山者などは熱心にこの歴史上の異論多き一つの問題を研究して、終いに最も決定的な考証を与えたものがある。それはあの高名な登山家ドグラス・フレッシュフィールドが『アルパイン・ジャーナル』に発表したこの峠路を主題とした研究論文「ハンニバルはアルプスのどこを越えたか」(Where Hannibal crossed the Alps? Alpine Journal, XI. 267.)[18]である。歴史家は皆この研究の結果として、その峠路はアルプ・マリティーム[19]のうちの、バロチェロネッテ[20]とキュネオ[21]との間になっているコル・ドゥ・ラルジャンティエール[22]であるとしている。このような例は勿論極めて顕著であって殆んど他に類例はないことと思われるが、如何にある登山者の心に対しては、単なる峠の史的興味が甚大であったかが窺われる。北アルプスのあいだを信越につなぐ古い、そして我国ではまず最高であろうと思われる峠路として佐良峠と針の木峠なども、その佐々成政の史実からみても、また古い両国の交通路としてみても、面白いものである。けれど個人的には私はそんな史実の名高いものと関聯した峠の史的興味にはあまり心を惹かれない。この歴史的な峠に対して、全くただ地方的な、山間の小さな山村と山村とのあいだの、めったに他国のもの、旅行者などの通らないような峠がある。Native pass というのがこれなのだ。

勿論それとても、単に人との交渉のあった歴史としては古いかも知れないが、それはただその土地に古くから住んでいた人々にのみ知られていたにすぎない、無名の峠であることが多い。旅人の心は、このような遠い山間僻地の人通りも稀れな峠の道をのびのびとおのが影をたのしみ、一人の運命のぐるりを眺めながら越えてゆき、その谷と谷とのあいだの村に育まれて、そのままそこで終ってゆくような変化のない固定した生命の営みや、その外部よりは擾されることのすくない静安な生活の風景などを垣間みつつ、過ぎてゆく一種の旅情を誘う峠である。私の好きな峠はこれである。かかる種類の峠こそ、今日もなお「峠越え」というひとつの特別な山登り（広い意味での）のフォームを形づくるになくてはならないものなのである。私としては、かかる峠を越え歩くことを山の頂に登ることとおなじような愛着をもってみている。

　山地のあいだにある峠は、多くはみんなそのような類いの峠である。私としても、東北の、主要な交通路をはなれた、小さな低い山地の間の数多くの峠、秩父の前山や秩父裏の上信境いの低山地のなかにある小さな峠に、峠越えとしても最も興味の深いものをもっている。

　それからここに峠らしい峠というのがある。それはどんなのかというと、まあ漠然としたものだが、私らに峠というとすぐ心に浮ぶようなそれほどティピカルな要件をすっかり備えているような峠のことである。だから峠らしい峠なのだ。はじめはごくゆるやかに登ってゆくが、その頂上近くになっては、道がジッグザックをしていて、汗を流しつつやっと頂上につくと、昔から峠にはつきものの「峠の茶屋」があって、そこのお婆さんが早速渋茶をくんでだす。頂上の見晴しはよく、いま登ってきた谷も、またこれから降りてゆく国の平原もすっかり見えるという寸法、要するにそんなような峠をいうのである。こんなようなものの本でみるような峠だから、たくさんにありそうなものだが、しかし歩いてみてそうたくさんないのに意外を私は感じた。現在日本にはあまりに徒歩の旅行者はすくないのじゃないかとおもう。だから「峠の茶屋」などが、なかなかみあたらないのだ。

古い峠路（とうげじ）！　それはまだ文物もすすまなかった古い時代からの長い労苦と必要とにせまられて、いろいろの人々に昔から踏み馴らされてきた足跡の名残である。この古い峠道などのもの深い寂（さ）びようは何（な）んとも説明できない。ひとつの古さの愛らしい風情だ。路上のでばった石などは、永い間の人々の草鞋（わらじ）が、踏みつけたので全く円（まる）くすべすべに磨（す）りへっている。私はこんな古い峠もまた好きだ。古い時代から近代まで他国との交融のために、人々がひたとその峠路とその生活とをくっつけていたような峠はよろこんでこえる。その点で私は古風景仰者（アーケイスト）[23]だ。

今度はそれに対して峠らしくない峠がある。登りはごくゆるい。径（みち）の両側は深い森林だ。

はじめは流れをさかのぼっていたのだったが、いつとはなしにもう流れについて下っている。何時のまにか峠の頂上は越えてしまっているのである。それほど登りも下りも傾斜がゆるいのである。勿論峠の頂上もわからない位いだから、頂上の眺望などもありようがない。東北の小さな峠にそういうのがあった。

五

峠ひとつを境にしてここと向うとの気候や風土のちがう時の、その峠越えはまた一種特別の情趣をもって私らを惹く。ことにそれが暗い国から明るい国へ、寒い土地から暖かい土地へと越してゆくときはなおさらだ。「越路の人は、寒空に信濃へ連る山々を見て、ああ、あちらは明るいと思うとか。彼らは誘わるるように、山を越えた。」というのは、これらの土地に住む人々の心情を言い表したまことのものだと思う。冬、信越線を通った汽車旅行者でさえ、誰れしも越後から柏原のトンネルを過ぎて、長野あたりまでくると、いままでの沈鬱な灰色の雪空が急に透徹した冬の濃い蒼空にかわり、空気の鋭く爽やかに冷えてくるのを気づくだろう。それからまた、「甲斐の人は、御坂を越え、籠坂をこえ、狭い道を駿河や相模と南国に来た」と。屋根に置く霜も白い頃、都会の冬を出でて、あの雪のうす斑らの天城を越えて、奥伊豆へとめざしてゆくものの心は、そこの海辺近くの丘つづきの黄(きい)ろい枯草の斜面にあたたかく光る日の光りや、紺青(こんじょう)の水平線、色づいた実もたわわの蜜柑(みかん)の樹林や紅い椿の花の咲く日当りのいい村景色を夢のように描(えが)いているにちがいない。バヴァリヤ[24]の森のあいだの平和な小村に住んでいた若者が、南西にそこの村から望まれる遠いシュワイツ[25]の雪光る山々を越えたその向うの明るいイタリヤの空をおもい、ミニヨン[26]の歌に知るところ、オレンジの暗緑の葉かげにかがやき、大理石の円柱の空に聳(そび)える殿堂のあるイタリヤをあこがれて、旅にでたという話の気持とそれはよく似ている。
シュワイツの生んだ名高い抒情詩人コンラート・フェルジナント・マイエル[27]は、彼(か)れがあのベルニナの峠をイタリアへと越した時のことを歌ったひとつのリュリーク[28]は、よく私らの胸にさえひびくものがあるだろう。それは「ラ・レーゼ[29]」というシュワイツからイタリヤ側へとベルニナを越すと、最初に見えるという伊太利(イタリヤ)の小村について歌ったものである。

ベルニナの岩の門(もん)を
馬車はごろごろと通り過ぎた
そうして私どもは南の方に
貝山の聳え立っているのを見た、丁度(ちょうど)、その時
先きの馬の上の革のズボンの男は

とてててと喇叭(ラッパ)を吹いた——
「お前は誰れにその喇叭で挨拶をするのかね？」
「へえ、ラ・レーゼでさあ、お客様(さん)、ラ・レーゼでさあ！」

平らな屋根をもった円柱の家、
先(ま)ず眼に入ったイタリヤの像(すがた)、
ラ・レーゼは葡萄(ぶどう)の蔓(つる)を身に纏(まと)って
とげとげした岩の荒地に薔薇(ばら)と咲いている——
何だかここの水は他所(よそ)よりも
柔かな音をして流れているよう
ラ・レーゼのバルコンは
遠くイタリヤを見下(みおろ)している。

私は北国人、またも南の国に
彷徨(さまよ)う事が出来る
あの私の岩の四壁(よつかべ)を

この白い大理石の広間に代えて、ね、
今日(こんにち)は、イタリヤ、光り、よろこび！
私も運のいい男さね！
イタリヤは私達の地球のチョッキに着けた
薔薇(ばら)だ、イタリヤ、薔薇だよ！

――「ラ・レーゼ」藤森秀夫訳――

このようなものも実に旅情ゆたかなものである。「峠越え」をする心持のうちには、こんなようなひとつのあこがれと好奇の心とがその主要素として加(くわわ)っているとおもう。まだ見ない、まだ知らない土地のすがたに対してのつよいあこがれと好奇の心、それだけのものでさえして、人は山を越えてゆく苦しい旅をする。ましてその上に旅の自由さ、きまさ、狭い自(みずか)らの人生を解放して、思うがままによろこび、寂しむことのできる旅の心を求めるものには、旅の辛労(しんろう)、不安などは、まったく影さえもないものとなってしまっている。田山花袋の紀行文を読むと、その青年時代にはよく東北のその頃は旅人の通るのも稀(ま)れな峠路(とうげじ)をひとりで、青年の客気に任せては越え歩いたことを偲(しの)んだ想い出がある。氏はたしかに旅人の心をもっている。私にはこの峠を越えた向うにはどんな土地があるのだろう。あの峠さえ越せばそこには自分の求むるものがあるだろうというような、単なる好奇と憧憬に導かれている旅人の純情をなつかしくおもう。「遠い地平線の淡青む山々の向う、青い花の物語をさがし求むるために、背嚢を背にして広き地上の旅にさすらい出でた」と歌った十九世紀の独逸抒情詩人[30]のその心情をなつかしむのである。そして、それと同じく、私には「寂人芭蕉」のあの笠一かい[31]の侘しい旅の心境、それは永遠のワンダラーとなるべく、放浪の旅に出でその後半生を風と雲のなかに没してしまうことを希ったヘーク[32]のその箴言もともに私にアッピールするところは大きい。まったくむかしの日本人は生涯かかる旅をゆく、もっとも自然の旅を愛したのだ。ブラツイデウス・ハルトマンのいったWanderspruch[33]をばこのセクションの終りに置いておこう。「額は高く、そして眼と心とは生々とした視線をもって日にかがやく、幸福な国へと拡がってゆく！　自然がわれらのぐるりに美しくひろげたものこそは、父なる神の手ずからの贈り物なのだ」

六

この夏晩く、八月の末から九月のはじめにかけて、夏と秋とのあわいの時節を、久しぶりにただひとり裏秩父からその上信の境いにまたがっている複雑な低山地のあいだに、ただ峠から峠をと歩きまわった小旅は近頃のきよらかな印象であった。もとより私は以前からこの「峠越え」に対する自分の個人的な好尚の赴くがままの山歩きもすこしはしていたが、このたびのような殆んどまったく「峠越え」のみを目的としたような山旅ははじめてである。街道になっている大きな峠、国と国とのあいだの高い山の峠、村と村とをつなぐ「里道」のほどよいのんびりとした歩き加減の峠、地図に点線で記された小径しか通らない名もついていないような小峠、さてはもう土地の人さえもめったには通らない、草ぶかい廃路の峠。それらの大小いろいろの峠を私はほとんど三十に近くこえたことになる。そして山といえばたった金峰へ登ったきり。それも途中まで一緒に歩いたひとりの友達にひっぱられて登ったのだった。この「峠」の旅で、私はこれまで私の気につかなかったような一つの旅――むしろ山歩きのと言ってもいい――の、自分には新しい分野を見出してひとりでよろこんだ。私はホームズという人が「ヒル・ワンダリングの心理」という一文のなかで言ったような、主として低い山々の間の峠などをこえ歩いて、そこにひとつの穏かな、しっとりしたたのしみを見出している所謂ヒル・ワンダラーの心の動きを仄かながらこれによって感じられたような気がする。といえば、いかにも私もひとかどのヒル・ワンダラーになったようにきこえるかも知れない。しかし私はなにもそういう意味のものはもっていない。そして私には、心情ゆたかな、自然に対して敬虔の誠を失わぬ、ほんとのヒル・ワンダラーの、まことの旅人の、自らの影ゆるやかな興味に浸って、彼れら自身の感情と夢とを思うがままに遊ばせて、その行程をさまよい歩いてゆくその心を理解することの出来ないひとりかもわからない。私はより高い、より新しい、より困難な峰々の頂に立つことをもとより絶えず求めている。求めてやまないだろう。友よ、私らはあくまでそのためにつとめていい。けれども求めてその得らるることは極めて望みすくなく、わずかだ。時折りのそのような緊張した、力ある山登りのそのあいまに、また私らのうち、心ひかるるものは、このような山歩きのひとつのすずやかな思いにゆくのも悪くはないだろう。時間と物質に無理算段をつけたより大きな山登りをするくらいなら、私はその時々の身に応じた山登りでも山歩きでも、またはわずかの散歩でもした方が、よっぽど自分の心をふくらませ、新しい呼吸をさせることができるだろうと思っている。精神的からみても、物質的にいっても、それがその身に相応しているということが、私らをして心安らかに遠慮もなく、人目もなく登らしめ、歩ましめるものであると思うからだ。そのことこそそのものにとってのほんとうの心と身との糧となるものだろう。

　こんだのその「峠あるき」では、十石峠と内山峠とのあいだにたくさんある、村から村へとつづく大小の峠に興味多いものがあった。一日に三つぐらいは越せるものもあるが、なかには小さいけれど、路の悪くて歩きにくいのもあった。そして私は上州よりになったその山地のあいだの村々をみて歩いた。塩山で汽車を下りて、横川でまた汽車にのるまで、中央線と信越線のあいだをほぼ後もどりをしないで甲武と上信の国境沿いに歩いたのである。ここでは書いてもプロゼイック[34]なその行程の記述はさけるとしよう。けれどそんなような峠歩きにふさわしい、そして自分にとって好ましい峠のあったところなどについて書くことはあながち全然この場合に除くべきでもないだろう。

私として、これまでのわずかの知識では、北部日本一体の山地のうちにあった峠に最も心に残るものが多いようである。岩代[35]と常陸との境いで八溝をまんなかにした低い山地、吾妻山群と飯豊とのあいだ、飯豊と朝日との間、朝日と月山とのあいだ、鳥海の後ろの高原状の低山地。北上山地の一部、それらの諸山地のほかに東北を通じてその脊梁山脈を日本海岸から太平洋岸へと横断している大きな、長い峠には、田山花袋も書いているようにまったく面白いものが多い。栗駒のあたり、駒ヶ岳の附近、八甲田の裏手などにいい峠がある。たしかに脊梁山脈を横断するだけに、峠は長い。それでか仙岩峠[36]というのには「お助け小屋」というのが三ケ所にも置いてあって、年中そこを通る旅行者のために備えていた。ちょっとアルプスの峠の修道院のことを想い出させるものがあると思った。それにひきかえ、前にあげた諸山地のあいだの峠は低い、人通りの稀れな村の峠である。小さな山のあいだの平地の町と狭い谷あいの小村とに通ずる小峠である。越後の平野と会津の山地との間にある「六十里越え」だの「八十里越え」だのという名の峠は、私はまだ知らないがどんな峠なのだろうか。これは中部日本の脊梁山脈をこえている長い峠なのだが、その街道の道程の長さから来たらしいその名の起りも往昔の旅人がそのゆく道程の長さ、辛労を口ぐせにでもしてから、終にはそのような名もつけられたのではあるまいか。私には名をきいてさえ越えてみたい峠だ。その他に私のいまだ知らず、そして話にきいていて、いつかゆきたいと思っているのは、岩手の太平洋岸に向いた低い起伏の多い高原地のあいだにある峠である。それもずっと北東寄りで鮫港[37]と宮古とのあいだの山地である。先年私の目上の友人松本信広氏[38]が柳田國男氏と共にフォウクロアの研究のために約一ケ月もそこを歩かれたが、そのときの話しによって、私はあのフィヨルドのような深い入江と断崖つづきで、浜茄子の花の侘しく咲いた海辺に沿うての一村ごとにつづいているという峠のことや、またその海辺から陸地へつづく遠い辺陬の荒地のあいだの我国にはめずらしいほど貧しい農民生活をしている村々のうちをつなぐ峠のありさまなどを久しく心にえがいている。そこは日本の愛蘭土だそうだ。そんな民俗学的な興味をはなれても、たしかに私の行ってみたいところだ。ことに階上岳[39]のようにそのわずかの高さですでに偃松と岩石の多いヘザーランドの頂を髣髴とさせるような山頂さえもがあるに於ては。

　会津山地から奥上州にかけては、いい峠も山頂とともにあるが、私はいまだそれを語るほどの実際の知識はない。日本アルプスには全体にみて私として好きな峠のないのは遺憾だ。わずかに中尾峠と、いつかこえた飛騨の和佐府(わさふ)村から有峰(ありみね)へ通ずる土地の人だけの越えるという峠だけである。南アルプスの南半にはいいのがありそうだが私は知らない。秩父の峠は殆(ほと)んどみな私には面白いものだ。そして殊(こと)にいいのは、その奥秩父の高い、大きな峠よりもむしろその前山や山麓の小さな峠だ。茅(かや)ケ岳の背後から金峰にかけてのあいだ塩平(しおべら)の村のぐるりなどにもいい峠がある。それから多摩(たま)川と相模川との間の低山脈のうちにも、その古めいた路の陰影(かげ)のように、おなじく匂わしい峠がある。北海道についてはごくわずかしか知らないが、心に残っているのは北見峠である。

　峰の頂にのぼった時のことよりも、旅というような気持の伴うものに、自(おの)ずと惹き入れられてゆくのが、私の常である。これは単に私のものばかりとは云えないような気がする。どうしても「峠越え」はワンダリングの領分にはいる方が多い。よく古い熱心なピークハンターであったマウンテニヤーの紀行などを読んでも、その峰をはじめて登攀したというときの叙述と始めて峠などを越えて見知らぬ国土のうちを歩きまわったというときなどの叙述との間には、よくその二つの気持の相違しているのが窺われる。それは面白いことだ。しかしアルプスでは今はあまり峠越えはやらないことは前にも述べた通りである。わが国のごときも山が少なく（土地の広さの割合には非常に多いけれど）土地も狭いのと、それに非常に開けてゆくのがはやいので、私らにはもうこのような峠越えなどをしての面白い場所は、夏にはすでに前にも書いたように、岩手の太平洋岸の低い高原地か、北上山地、東北脊梁山脈のある一部、北海道の一部ぐらいしかないように、私には思われるけれども、また新しい方法としてはスキーでの峠越えである。ある地方の山を登る前には、その前に積雪の状態や天候その他のことを知るためにも、また純然たる旅行の目的でもいいから、方々をスキー旅行をして「峠越え」をやるのはいいことであると思っている。こんなことは知っていて、これまでなかなか出来なかった。スキー登山の傾向の早くに行われたのに反して、スキー旅行の傾向がちっとも進まないのは一体どういう理由（わけ）であったろうかとこの頃漸く気がついて来た。「峠越え」も、夏や秋に越えたときと、冬や春のはじめの雪の深いときにスキーで越える時との間にはかなり相異したものがあるだろうと思われる。長い平地滑走の味のわかるのもスキー旅行が主だろう。

　私はこの記述では「峠」についてのいろいろのことを書いたと同時に、純然たる山登りからすこしく離れた旅のこと――旅という言葉では充分に言い表していないとすれば、ワンダリングという語を借りてくるより仕方がない――を書いた。その目的は「峠越え」を主題としてその旅のことと、純然たる山登りのこととの間の関係を観たかったからである。

檜原峠

四月のはじめにしてなおその綱木とよぶ山間の小村には冬からもちこしてきた堆雪は村の道さえも深く蔽うていた。雪曇りというようなその朝の空合いは、たったひとりでまだ雪が深いという檜原の峠(40)を越えることを私に躊躇させた。雪道のつらさを私はそのときすでにその村へくるまでに充分知っていた。けれど四日ほど前にひとりの旅人がそこを越えて行ったから、まだその足痕は残っていようと、仮りの旅宿を強いてたのんだ、そのある村家の主は自分の意をはげましてくれた。自分は終にでかけることにした。村はずれまでは雪道は硬く踏まれて、歩きよかった。しかし村からひと歩みをでると、もうただの雪の面であった。そしてその峠路とおぼしい道すじには、たったひとりの人の歩いた深い足痕がつづいていた。それが四日前に越したというある旅人の残して行ってくれた足痕の道なのだった。

その檜原峠というのは丁度羽前と岩城(41)との国境になっているので、その村と村との行き交いはすこしもなく、また行政区劃も異なれば、郵便脚夫も通わない雪の深いときの山越には、地図もたよりすくないものだ。その先に越えたという見知らぬ旅人の残して行った足痕こそ、自分のほんとうに導かれ歩くところのものであった。わたくしは旅人が旅人に与えるというひとつの大きなめぐみを感じて、感謝するような気持になってからは、ひとつひとつその雪のなかに落ちこんで歩いて行った先なる旅人の足あとに、自分の足もこれとたがわずに踏んで行った。そのことが、その先なる旅人へのいみじくも、ささやかな後来（こうらい）の旅人の礼儀とひとり心得たからである。先なる旅人の苦（くるし）みつつ踏んだその途（みち）あとを踏みかえしてゆくことは勿論（もちろん）労に於てすくない。けれどわたくしにはその時そんな功利的な一点をのぞいても、なお純とした感謝の念のあったことをいまなお思い返してさえ感ずることが出来る。それはただ旅するとき吾々の心の表面に浮んだひとつの淡いセンチメントにすぎなかったものだろうか。否！　わたくしはここで、敢（あえ）て私の心のナイーブなことでも誇示するかのように思われるかも知れないが、それにしてもなおかつ「否！」と答える。諸君よ！　未だかかる山の旅なれぬ、年若い旅人として、諸君がおなじくこのような雪の峠をひとりでこすとしたならば、おそらく諸君の誰（だ）れもが、わたくしのこれに似た心をもつにいたるであろうと、私は確（しか）と信ずる。まこと「一処（いっしょ）に停滞する時水が腐るように、人が一処に拠住するときその魂は饐（す）ゆる。人は流転の旅に於てのみ、最も人間らしい自分の魂の素直さと、美点とを豊かに見出すことができる」のだ。そして「旅に於てのみ人は非打算的な嬰児のような、インノーセントな獣のような、小鳥のような自分の魂の影を見出すことができる」のだ。かかるささやかな心事より発想して、おそらく芭蕉はあの寛かな、感謝と慈しみに充ちた彼れの温かい人間的な心よりして、終いには天地の寂びに親んで、永遠の世界に融合せんとする、かの広大な旅人の心境を得るにいたったのであろう。わたくしは彼れの「腰に寸鉄を不帯、襟に一嚢を掛て、手に十八の珠を携う。僧に似て塵あり、俗に似て髪なし」[42]と自ら云っていたその旅姿での孤独な笠一かいの「羇旅辺土の行脚」のうちよりして得たる彼れの人生――彼れは人生もまた所詮は旅であると観じた――についてのその観照のある深さをおもわないわけにはゆかなかった。

峠はその高さわずかに千五百米突ぐらいでもあったろうが、けれど雪曇りの空はとうとう淡くふりしきる春の雪雨となった。その頂をこえるあたり、わたくしは自らのその寂寥な影、孤独に堪えない影をみた。その故にこそ、より先にゆきしかの旅人への謝念はつよく、そして熾んに心に湧きおこったのであった。くもれる空のもとに鈍く鉛色に光っている檜原湖のその凍った湖面が視野にまぢかくあらわれたまで、わたくしはそのようなことをおもい、あるいはもっとすすんでは「路」そのものの生成の歴史などを考えつつ雪道に苦しい足どりをはこびながら歩いた。

わたくしのそのとき歩いたただひとりの人の足痕のみの路こそは、まさに路としての生成の歴史のほんとうにはじめのものであったのだ。路は必要よりなりたち、そののちの困難と労苦とよりなる永い間の忍耐よりしてその生命を維持するのだ。ひとりの人の踏んだ足の印象に従って、草をわけ、枝を払い、木を伐りなどしつつその後につづく多くの人によって踏み馴らされた一条の足跡の連続が即（すなわ）ち路となったのだ。それからは石を斫（き）り、岩を裂（さ）き、川に架（か）して、路はますます生い育って来たのだ。それ故（ゆえ）路は実に多くの人々の永い間のそれだけの困難と労苦よりして、その生命をつづけているのである。だからして、まことの旅人はすべての路を心から感謝して歩むことであろうし、すべての人々に対しては最も広い、温かな心の道づれであるだろう。わたくしの見知らぬ、かの先へ越したという旅人への直接な感謝の心は、実にまたそのひろやかな旅人の心の態度にまで拡げられていいわけだ。

夕暮れに間近（まぢか）く、わたくしは雨にやわらんだ雪道に悩みつつも、漸（ようや）く檜原の村の湖畔にある小さな旅宿（やど）にたどりつくことができた。わたくしにはかの先なる旅人とは一体どんな人であろうかということが気になったので、試みにわたくしはその翌（あく）る日、旅宿（やど）のひとに四日ほど前に綱木の村から峠をこしてきた旅の人とはどんな人だったかとたずねてみた。すると、それは越後からきたという、鋏（はさみ）や剃刀（かみそり）など小さな金物類（かなものるい）を売りあるくひとりの旅商人（たびあきんど）だったということであった。そしてもうその旅商人は昨日（きのう）会津へと下りて行ってしまったということであった。もしも会えたならば、わたくしはたしかに心からの御礼が言えたであろう。

わたくしの見知らぬ、そしてまた逢うこともできない旅の商人！　私は今なおあなたに感謝している。

十文字峠

そのときの記憶がなぜこんなに深く脳裡に刻まれているのか、それは自分ながらわからない、と友は言う。

ある秋も半ば、それは十文字峠[43]を梓山へとこえたときのことだった。ちょうど山々は美々しい錦繍の季節の衣裳をつけていた。白泰山のところまで栃本からのぼって来たとき、私は峠路で幼な児を背におぶった四十あまりの土地の人らしい男が、なにか紙を手にもってうろうろしているのに行き会った。彼れは私らをみて、ほっとしたように安堵の面持を浮べて、すぐさまこれから秩父大宮[44]までの道程をたずねた。その顔には深い憂愁と不安の色が、ただよっているのがすぐにみとめられた。私らは道程のことを話してやった。きけば、その人は金峰の下、川端下の村のものでその幼児が熱病にかかったので一刻を急いでいま医者のところへかけるというのだった。川端下からよい医者のいるところへゆくのには、千曲川沿いに佐久の岩村田へでるよりも、この十文字をこして秩父大宮へゆく方が時間にして早いと教って来たのだそうだ。けれど、その人はまだ一度もこの峠をこしたことがないので、村の人から半紙に絵図をかいて貰ってやって来たのだった。背中の病児は熱にうなされてたえず低い呻きをあげていた。まさに峠は紅葉のま盛りのときだった。父親は真紅に色づいた楓の小枝を一本折りとって、それを片手でたえず背中の児の眼の前に振り翳してあやしながら、挨拶をのこして足早に曲折が多い峠路を降って行った。その姿はすぐと路にかくれてしまったけれどもその秋の曇り日の山路の水のようにしんかんとした静けさのなかに、次第に薄れてゆくあの病児の低い呻きの声のみはしばらくのあいだ私らの耳にのこった。友だちはあのポオル・フォールの「バラッド・フランセエズ[45]」のなかに歌われたような軽やかな、ひとつの哀情の胸に湧きあがるのをおぼえると言った。こんな小さなことながら私にとっても、それは十文字峠とは離れがたい印象としてまだ残っているのである。

北見峠

北海道の中央高地の北端をなしている北見峠[46]は、石狩の国と北見の国とのあいだを繋ぐ要路にあたる重要な交通路である。けれども私のそこを越えた時には、ただ路ばかりがよくて、石狩の留辺志部から、北見の白滝という開墾村の小村へとゆきつくまで、私らは終日その峠を越える旅人に会わなかったほど、それは人通りのない、寂しい峠路だった。そのうえ、この峠の道路はすっかり北地に流刑された囚人を使役して、彼(か)れらの血と汗とでできあがっているのだなどということをきいていたので、なおさらその路は寂しくおもわれた。その時は石狩側の道路はその前の年の出水(でみず)とかでかなり荒れていたが、北見側は暗いトドマツのなかに立派な道路がうちつづいていた。

この峠の頂上近くにも官設の駅逓(えきてい)[47]がひとつあって、峠を越えてゆく旅人の便を計っていてくれる。その時ひとりの友だちは十八、自分はまだ二十をこえたばかりの若い二人の旅人のために、その駅逓にいた中年の家婦はいそいそと卵などを茹(ゆで)てくれた。いまおもっても寂しそうなのは、その山のなかの孤独な生活をたったひとりでつくっていた家婦の顔だ。旅の眼でみたものはすべてうつくしい。そしてごくわずかなことにさえ鋭い感傷のはたらくのが旅しているときの心のつねではあるけれども。

峠のゆるやかな頂近くの笹原には、枯ほうけたトドの樹幹などが白々として突っ立っている、いかにも国境いの峠らしい光景で、北見側に来てからは、チトカニウシの頂も湿っぽく霧に蔽(おお)われてしまって、霧が多くなっていた。この湿っぽい海霧の多いことが「北見」という国にはいったことを深くおもわせた。

若い旅人の足なみはその朝の出発のときに於ては、軽々として勇ましく、そしてその夕暮れのとまりの近くに於ては、いらだたしくもはやすぎる。私らの姿はこの北土の、焼地農法の開墾のてはじめにある荒地のなかの新しい小村や、馬鈴薯の花のわびしげに咲いた、瘠せた耕地がうちつづくあいだの幅びろい道路のうえをしきりといそいでいた。湧別川の川沿いにあるという伐木業者などの集っている小さな市街地をめざして。夏のしずかな夕暮れを、原野の雑草のなかで夏虫はころころと啼いていた。それはまるで若い旅人にとっては、地の底からでも湧いてくるようなさびしい声だった。

三つの小さい峠（山毛欅峠・無名の小峠・茎の峰峠）(48)

そのとき私の伴れとなっていたたったひとりの山人は、越後の五味沢村のものであった。その五味沢という村は朝日山群の、越後側のいちばん奥にある村で、峠ひとつ越せばあの名の知られた原始的な村である三面へも行けるところだった。その山人の名は忘れたが、四十ばかりの不思議な性格の男だった。生真面目で、黙っている性質だが、なんだかその心には幻想を蔵いこんでいるような風にも私にはおもえた。彼れは私と歩いている間に、よく狩人としての、樵夫としての彼れの経験から、いろいろの鳥や獣の神秘的な習性について、樹のいろいろの伐り方や伐木法の伝統のことなどを方言まじりで話しきかせてくれた。そして彼れはただ私が山を越えて庄内にゆくということのみに心を惹かれて、だれも村でゆきてのなかったこの山越えの荷かつぎとなってやって来たのだった。庄内の平野！

話にきいていたにぎやかな町々のこと。豊饒に耕された田野の広大なつづき。庄内！おそらくはただ庄内というところを見たさに彼れは私の伴れになって来たのだろう。

　けれどもそのときは天候は非常に悪くて、毎日雨にうちぬれ、寒さにふるえていた。まる六日間私らは大朝日の山稜の大きな雪田のそばで、小さなテントを張って、天気のあがるのを待っていたが、終に天候の恵みが私らにあたえられず、大鳥から庄内へでようとしていた考えもうちすてて、私は最上の平原に下りることにした。なぜならばそのときはもう私の都会へとかえらねばならない時日が追っていたからであった。山人は私を送ってゆくことになった。

　峠を三つばかりこさねば、最上川の平野へはそこからでることはできなかった。けれどそのとき越した三つの峠は私にとっては決して無駄なものではなかった。

　そのひとつは山毛欅峠といった。山毛欅の林の高い樹幹が樹幹につづく並列が名の通りその峠路には続いていた。径はひどく荒れていた。けれど人のたびたび通って踏みつけた跡は歴然としていた。その峠はまったく小さなふたつの山村のあいだをつづけるごく地方的なものであった。それ故にこそ、それはそれ自身の特殊なある匂わしさをもっていたのである。ニュアンスをもっていたのである。黙ったまま、私らはゆっくりした足なみで歩いて行った。歩きながら、私はあるひとつのことに眼がとまった。その径の一端の山毛欅の樹列には、ちょうど高さにして一丈五、六尺ばかりのあたりに、二、三本を置いて必ず樹幹におおきな鉈目（なため）がはいっていた。それがなんのためかは私にはわからなかった。私は伴れの山人に早速きいてみた。すると彼れはすぐに、これはこの峠に雪が積ったとき、村人が越す道しるべとなる目標（めじるし）だろうと答えた。朝日岳の山麓は我国では名高い深雪地である。そんなに深く雪の積った冬から春のあいだでも、なおこの峠は村人によって越えられるのである。ただ樹の幹に刻みつけたわずかの目標をたよってまでも、いつでも村と村とを通じているその峠路、そこには人間の生活とその峠の路（みち）とはひたとくっついている。

　そのつぎの峠は地図に名もついていない草原の小峠であった。ゆるやかなその頂上の広い斜面には、萱（かや）や蕨（わらび）が繁り合っていて、山を越え、峠を越えしてやって来た私らが、その日のとまりを乞（こ）おうとおもいさだめていた萱野（かやの）という小村が、そこからは見下ろせた。そこは青だたみを数枚ばかり敷いたほどにみえる麓の小さい谷合いの平地で、そのたった三軒の村家からできている小さな村は、そのぐるりのわずかばかりの畑地の真中にしずかな人間生活の一小景をいとなんでいた。それは哀傷を誘うほどのなんという可愛らしい世界であったろう。しかも私はその村の家の一軒で、そのような生活のうえの何らの圧迫もないところに住む純真な人々にしてはじめてもつことのできるような、hospitality という古風な、温かい心をもって一夜を遇せられたのであった。それは旅しての最も快い、何事にも換え難い印象である。どんなにゆきとどいた、親切な旅の宿よりももっとそれは旅人にはありがたい宿である。私にその小村のことが忘れられない。

そして三つ目の峠は、この山々の起伏した山合いと平原との間をつなぐひとつの小さな峠だった。茎ノ峰（くきのみね）峠という名だった。曲りまがりの多い急な路をのぼってその頂につくと、青い平原とそのあいだを光って流れている最上川の大きな姿がずっとみわたせた。私と私のよい伴れとなってくれたその山人とが別れたのはその峠の頂上でだった。ひとりは急いで、間もなく都会の混雑の内に混りに走るもの。ひとりはまた再び山深いなかを自分の村へとひとりでかえってゆくもの。ふたりともおのおの異なったおもいで庄内にでられなかったことを遺憾におもっていた。短いながら、心からの挨拶をとり交して二人は別れた。坂を下ってすこし行って後をふりかえると、山人のまだ頂に立っていたすがたが静かなシルエットになってみえた。しばらく行って、再びふりかえったときには、その姿も見えなくなっていて、私はひたすら峠を下って帰路を急いだ。

また都市（まち）のなかの擾（さわ）がしい住（すみ）かにかえるために。

星尾峠

それは荒船（あらふね）の頂上高原の南端近くのところを越えて、上州の山里（やまざと）から信濃の山あいの小村へと通っているひとつの小さな峠[49]だった。そして私のひとり腰を下していたというそこは、その峠の頂近くの小径のうえだった。九月にはいっての間もないその日、それは初秋らしい情感がほのかに漂っているような日だった。

私は丁度自らがのぼって来た上州の側に向って腰を下していたのだった。高くもない峠ながら、私の眼のまえには、私のここ一週間以上も前から歩きこえ、歩きこえしてきた低い山々の幾重もの尾根なりも、そのあいだの幾つもの峠となっているだるみも、あるいは奥秩父のまっ黒い高嶺つづきの山影さえも、そしてまた次第に低夷[50]してゆく山波のあいだからは広い、広い関東の平野のその鮮緑色の表面さえもが望まれた。

私は私がただ峠をこえ、峠をこえして歩いて来た甲斐、秩父、上州の各々の山よりの、山あいの、山なかの村々に於て、われ知らずのうちにそれらの主として農民階級の労働生産者の生活の点景をみるような多くの機会を持つことができた。私は小作農の地主に対する真の不平をきいた。炭焼きからはその生活の苦しさをきかされた。乞い泊めて貰ったある山村の農家の主人には繭の相場の安いこと、農作物の廉価なことを説いて、その生活の惨苦を示された。あるところでは、そんな山のなかにはめずらしい人生の廃頽をみた。そしてまたあるところでは平和さを通りこしての人生の沈滞をみた。

あの狭い甲斐の盆地にもすでに地主と小作人との問題があり、貧に泣く農民があり、はては豊作だという葡萄の棚で首をくくったという果樹園づくりの小百姓があったのだ。そして私は塩山のほとり、小作人の騒ぎ立つという村を通り過ぎた。終日早くから木を伐り、割り裂いて、それを炭に焼き、夕には二里の山道をその一日の汗に疲れた身体で、毎日二俵ずつ重い俵を背負ってかえるような、はげしい労働をたえずしてさえなお貧に追われるという炭焼きの生活が、甲州の山村にあったのだ。山林もあり、桑畑や田地ももったそのうえ、なお副業としての養蚕に繁忙暇のない家業を励んでさえ生活に窮迫している中流農家が、上州の山より村にあったのだ。

郭公がほんとうに森の隠者のように奥ぶかく啼いている山道の静かさを辿っていても、芝草山にうねうねとしたなだらかな峠道をのぼっていても、沢蟹の私の足音にかさかさと石のなかを這いにげるような、小さな、細い沢づたいの荒れ路を徒渉りしつつ歩いていても、また足あたりの硬い街道を草鞋のあとから舞いあがるその埃りと一緒に歩いていても、私にはこれらの私のぐるりをとりまく人生の諸相と社会の諸相とをうちみて以来、それらの社会のすがたについて、それらの人生のすがたに対して、そして更にふかく自らの人生についての想いが、きれぎれはするが絶えず私の心頭に浮び消えした。ああ、私にはもうあのただ単純な自然観照のみをこととして、年若く、他になにも想うことなく旅のたのしさ、つらさをたのしんで歩いた古る年まえのそのような旅心は消え去ったのだろうか？

「さらば旅人(たびびと)よ、歩み去りし過ぎし日のわが美(うる)わしの旅人よ」と、私は今さら感傷がましい詩人めいた言葉を弄(ろう)して、私の過ぎた日のあの自らの旅姿をなつかしむべきだろうか？馬鹿な！　おまえはただそのような安価な自然嘆美、微温な自然礼讃の感動の幼稚で稀薄な、無内容な「寂寥(せきりょう)の享楽」に堕した旅心をもって真実の旅人の心とするのか？　勿論それも純性には富んでいるが、それはチョコレート菓子のように甘い。あまりに自己逸楽的である。まことの旅の心とはもっと複雑なものの総和なのだ。旅の心にはもっと思想的背景があっていい。もっと社会性があっていい。ひとりの旅であればあるほど、寂しければ寂しいほど、旅人は他の多くの旅人のことをおもい、通りゆく路傍の人生に眼を見張り、耳をかたむけ、想いをはせるのだ。所詮(しょせん)は大きなすべての人々を入れての人生を対象している。かのヘークのあのさまよい歩きの旅の心には、その道づれへのおもいと、より大なる人生への永遠の途(みち)をもって終始していたではないか。芭蕉があの俳行脚の生涯はただ自然の寂(さ)びそのものであったというが、その超脱的な境地に達するまでいかに彼れ自身の人生とそれをとりまく人生についておもったことか。単なる自然観照よりして彼れは天然の寂(さ)びに親(したし)むべく進んだのではなくして、人生への凝視から人生を寂滅相(じゃくめつそう)と観ずることからしてそれは出(い)でたのだった。それ故にこそ彼れは最も広い民衆の道づれであったのだ。人生への背負(しょ)いきれぬ想いを背負って旅立つときこそ、旅は旅としての本然の旅姿(たびすがた)をとりかえすのだ。私はこう自らに言ってみた。私はここへ来てはじめてひとりの旅人となったような気がした。

径のきわに生い茂った若いすすきの穂波が、初秋のさわやかな風にざわめいて、くる秋の歌をうたっているようだった。午後の光りはさっと雲間から望める山々の起伏、平野のうえに流れた。山襞は濃淡をみせた。そして平野はかがやいた。夕立の通りすぎたあとの、はるかにみえるそのうち濡れた平野の海のような田野のかがやき。ああ、その群馬と埼玉の平野、そこは私のみて来たよりもまだもっとはげしい、地主が小作人を強搾し、小作人はまた組合をつくってそれに相い争うという、ひとつの時代の病弊が巣喰っている平野なのだ。私はそのいずれが是であり、いずれが非であるかを知らぬ。けれどもそれらはそのようなる単なる階級闘争のごときもので解決はできないと思う。その病弊の根源はもっとより深く人心の奥に内在するものであろう。

私の心はいろいろの想いに胸をよぎらしめられた。しかし、私はその平野のすべての人々に、すべての村々に、そしてこの地上のすべての人々のうえに、大いなる共有のもとの正しい、本然な地上の生活の春が訪ずれきたるであろう未来の日を、いまは情熱こめて一日も早からんことをのぞんでいる。そのために苦しまねばならないのは、小作人のみではない。地主のみではない。労働者のみではない。資本家のみではない。すべての人々がともに苦しまねばならないのだ。自分もまさにそのために苦しみ、努むべきだ。

木を伐るほがらかなもの音が、どこからかすぐ近くよりきこえて、遠い方にほろほろと山彦(こだま)して融け消えて行った。私は立ち上って峠を信州側へと下りるべく歩きだした。落葉松(からまつ)の林のなかの、あの踏む草鞋(わらじ)にぶくぶくという弾力を感じさせるような歩きよい山道――それは信州へ来てからはじめてあるものだ――や、湯宿のひとが、自(てずか)ら薪を割って沸かすという、あの渓(たに)あいの小さな鉱泉宿のことなど、私はこの峠道につづく曾遊の道すじをたのしそうに思い浮べてはみるが、しかし私の心はそこより近くの、私がたびたび訪れているあの上信の国境(くにざかい)になっている、なだらかな山腹の広い傾斜地にある牧場へととびたがっていた。そこの、いまはかぐわしい香(にお)いのするであろう、あの牧草の丘の頂きに孤座して、牝牛(めうし)ののどかな鳴き声をききながら、私はもっと現実をはなれて私の胸に平静をうたうようにしてみたい。あのいつもそのなかに仔牛(こうし)等がおとなしく乳を飲みつつあそんでいる牧柵によりかかって、すべてを忘れてまるで余念なく自分の生活理想のことをおもってみたい。また、あのシャレエづくりに似通った牧場小屋の、その向うには深いヴァレエや丘や水流がまるで素画風にのぞめる窓椽(まどべり)に腰をかけつつ、携えてきたエミール・ジャヴェルもよんでみたい。あるいはまた、牧場の背面にある落葉松の疎林のあいだや玉蜀黍(とうもろこし)畑のほとりを、ひとりでたのしく口笛を吹いてあの夕暮れの散策がしてみたい。

けれど、私の心のなかには、それらの平和な願望をかきみだすかのようにして叫びでる、強い時代人の意識があった。そんな安逸的な自己陶酔におちいっていることができないぞ、と叱りつけるようなあの焦燥な想いがあった。もっとつとめて、ひらくことを努力せねばならぬ大きな自分自身のものがあると思われた。自ずと私にはかのウィリアム・トムソンのあの当時の社会に於ける一部階級の苦難を目撃し、社会の不正に想到するごとに、体質蒲柳情操多感の彼れが傷心制する能わず、遂いにその病弱な全生涯を駆って社会の正義と人類の福祉の「最大多量」を確保すべき理想社会の案出に没頭せるその生活のことなどが髣髴として想いだされた。読みさして旅にでてきたが、はやくかえってまたトムソンのあの Distribution of Wealth[51] を読もうか。

　そのように私は心をいろいろの想いにうつし、路上にひらける風景にうつしては、峠を下って内山峠の街道へと出で、更に街道を信濃へと少し戻って、初谷鉱泉の渓すじへとはいった。

（「山とスキー」四十七—四十九号、大正十四年）

（1）クーリッジ――「頂・谷・書斎」（注4）参照。
（2）マーセル・クルッツ――Marcel Louis Kurz マルセル・ルイ・クルツ（一八八七―一九六七）。スイスの登山家、スキー・アルピニズムを開拓。地理・地誌学者。
（3）Franchir――フランシール［仏］＝乗り越える。
（4）Rayonner――レヨンネ［仏］＝放射状に広がる。
（5）Joch――ヨッホ［独］＝鞍部、くびき。
（6）Lücke――リュッケ［独］＝割れ目、隙間。山ではどちらも鞍部・峠・乗越を言う。
（7）エッチ・イー・ジイ・ティンダル――Harry Edmund Guise Tyndale（一八八八―一九四八）。イギリスの編集者、翻訳家。ドイツ語から多くのクライミング関係書を英訳した。「登山者と巡礼者」はThe Mountaineer and the pilgrim。
（8）アスティのボニファース――アスティ Asti はイタリア北西部トリノ（トリーノ）の東南にある町。ボニファチオ・ロタリオ Bonifacio Rotario（ボニファース・ロタリオ Boniface Rotario）というそこの騎士が一三五八年九月一日、モン・スニ峠のイタリア側にある山ロッチャメローネ Rocciamelone 三五三八メートル（フランス名 Rochemelon ロシュムロン）に登った。アルプスの高峰が登られた最初の記録という。山頂には聖母像とチャペルがある。
（9）マンメリイ――「我国に於ける岩登りの前途にまで与う」（注13）参照。
（10）ジョン・ボール――John Ball（一八一八―八九）。アイルランド人。政治家、博物学者。イギリス山岳会初代会長となる。
（11）ムーア――Adolphus Warburton Moore（一八四一―八七）。イギリス・ヴィクトリア朝時代の代表的登山家。
（12）フレッシュフィールド――William Douglas Freshfield（一八四五―一九三四）。イギリスの世界的探検家、登山家。多数の著作がある。
（13）「ピークハンティングより静観的な態度へ」――「山への想片」（岩波書店刊『山　研究と随想』ほか所収）で述べたもので、「登山思想の時代的変遷」を表す。初登頂の山がなくなった時代には、山登りは精神的・内省的なものに変化するという。

(14) ヘザーランド——heather land は、ヘザー(各種のヒースの総称)の茂る荒地。

(15) ロッホ——loch は、スコットランド地方で湖のこと。ロッホ・ネス、ロッホ・ローモンドなど。

(16) デール——dale は、北イングランドで谷のこと。

(17) グレン——glenは、スコットランドなどで峡谷のこと。

(18) Alpine Journal, XI. 267.——Alpine Journal(イギリス山岳会 The Alpine Club の年度機関誌)のこの号にあるタイトルは、"The Pass of Hannibal"

(19) アルプ・マリティーム——Alpes-Maritimes 海岸アルプス。地中海に接する地方。

(20) バロチェロネッテ——Barcelonnette バルスロネット。フランス東南部。オート・プロヴァンス地方の町。

(21) キュネオ——Cuneo クーネオ。イタリア北西部、トリノの西南にある町。

(22) コル・ドゥ・ラルジャンティエール——Col de l'Argentière コル・ド・ラルジャンティエール。クーネオとバルスロネットを結ぶ峠はCol de Larche コル・ド・ラルシュ (イタリア語名 Colle della Maddalena) で、カルタゴの将軍ハンニバルが紀元前二一八年、象をともなって越えたのはイタリア・トリノの西のモン・スニ峠 Col de Mont Cenis など諸説があって確定されていない。

(23) 古風景仰者——archaist 古物収集家、古いものにあこがれるひと。

(24) バヴァリヤ——Bavaria[英] =ドイツ南部、バイエルン Bayern。

(25) シュワイツ——Schweiz[独] =スイス。

(26) ミニヨン——ゲーテの小説『ヴィルヘルム・マイスター』にあるイタリアの美少女の名。オペラになり、「君よ知るや南の国」が有名。

(27) コンラート・フェルジナント・マイエル——Conrad Ferdinand Meyer(一八二五—一八九八)。スイスの詩人、小説家。

（28）リュリーク——Lyric［英］、Lyrique［仏］、Lyrik［独］。

（29）ラ・レーゼ——スイス・エンガディンのサン・モリッツからベルニナ峠を越えたところにLa Rösaという場所がある。そこなのかどうか。

（30）独逸抒情詩人——ドイツ初期ロマン派の詩人ノヴァーリス Novalis（一七七二—一八〇二）と、その作品『青い花』（岩波文庫、原題*Heinrich von Ofterdingen*）のこと。

（31）一かい——一介。

（32）ヘーク——Henry Hoek（一八七八—一九五一）。ドイツの登山家。母はイギリス人。著書に、随筆集『登山靴とスキー』などがある。

（33）Wanderspruch——［独］＝漂泊の旅を楽しむ人の愛用する言葉。

（34）プロゼイック——prosaic［英］、prosaïque［仏］＝平板な、散文的な。

（35）岩代——磐城（いわき）。

（36）仙岩峠——現在の岩手県雫石町と秋田県仙北市の境。二万五千分一地形図「国見温泉」。

（37）鮫港——青森県八戸市鮫町。

（38）松本信広（一八九七—一九八一）民俗学・神話学者。当時慶應義塾大学文学部助教授。

（39）階上岳——七三九・三メートル。青森県階上町と岩手県洋野町の境。二万五千分一地形図「階上岳」。

（40）檜原の峠——山形県米沢市と福島県北塩原村の境。二万五千分一地形図「白布温泉」。

（41）岩城——岩代。磐城との混同であろう。

（42）腰に寸鉄を不帯……——松尾芭蕉『野ざらし紀行』の一節。「腰間（ようかん）に寸鉄を不帯（おびず）」は腰に短刀もささずにの意。

（43）十文字峠——長野県川上村と埼玉県秩父市の境。二万五千分一地形図「居倉」。

（44）秩父大宮——現在の秩父市。

（45）ポオル・フォールの「バラッド・フランセエズ」——Paul Fort（一八七二—一九六〇）。フランスの詩人。*Ballades Françaises* 収録の一篇をさす。『上田敏全訳詩集』（岩波文庫）に「このをとめ」として、また堀口大學訳詩集『月下の一群』（岩波文庫）に「この娘」として掲出。

（46）北見峠——上川郡上川町と紋別郡遠軽町

の境。二万五千分一地形図「北見峠」。留辺志部は現在の上川町およびそこを流れる川の名前。

(47) 駅逓――明治時代の開拓期に、旅行者の宿泊や貨物・郵便輸送の中継地としてつくられた公営施設。

(48) 三つの峠――山形県大江町、朝日町、白鷹町。二万五千分一地形図「朝日岳」「太郎」「荒砥」。

(49) 小さな峠――長野県佐久市と群馬県南牧村の境。二万五千分一地形図「信濃田口」「荒船山」。

(50) 低夷してゆく――「低く平らになってゆく」こと。〈参考〉陵夷(りょうい)=陵(おか)がしだいに夷(たいら)になる(物事が衰える)。

(51) Distribution of Wealth――William Thompson, *Distribution of Wealth*(『富の配分』)は、十九世紀初期社会主義思想史の大切な著述であり、そこに大島の近代社会のゆがみに対する関心のつよさを読みとるべきだと松方三郎は言っている(『大島亮吉全集』第五巻「解説」)。

[解説] ロマンチストとリアリスト

大森久雄

大島亮吉。それ、だれ? ことによると、そういうことになるのかもしれない。最近の山の世界の状況に明るくはないけれど、日本百名山を登り歩くひとが深田久弥の名前を知らない、という現象が起きているようだから、大島亮吉の名前がどこまで通用するのか。

年代をはっきりと区切ることはできないが、ある時代までは、大島亮吉の名前は山の世界では神格化されるほどの扱いを受けていた。その名前を知らずに、あるいはそのひとの書いた文章を読まずに、穂高や劔、谷川岳の岩壁に取りつくなんてありえないという(少なくともそういう雰囲気のある)時代があった。

では、どういうひとだったのか、その時代に生きた人の反応を聞いてみることにしよう。

最初は佐谷健吉(一九一一九—一九七八。旧制浪速高校・東京帝大卒。少数によるラッシュ・タクティックスで積雪期登山を実践。特に鹿島槍北壁などに大きな足跡を残す)。

〈日本山岳会の創始者達の活躍による日本アルプス開拓のピークハンティング時代がようやく行詰まりを見せるに至り、この沈滞せる時代の空気を打破して「岩登り」と「スキー登山」を基底とする近代スポーツアルピニズムが清新の息吹をみなぎらせつつ黎明せんとした頃、我国登山界は転換期にふさわしい天才児を生み出した。／それはやがて現われ出んとする新しいものの姿を明白に描き出し、新しいものの進むべき道を指示し得る豊饒な才能を持った人物であった。〕

次は山崎安治（一九一九―一九八五。早大山岳部ＯＢ。積雪期横尾尾根から奥穂高往復など数多くの登攀を行う。登山史家）。

〔大島亮吉は、恵まれた環境と、豊かな天分を存分に伸ばして、日本の登山史上に不滅の業績を残している。山に生き、山に逝ったその生涯はまことに多彩なものであった。あるときは荒寥とした山頂に、あるときは静かな森林や晴れた高原に、自らの新しい世界を創りあげていった、たぐいまれな優れた登山者の一人であった。／彼が真剣に山登りと取り組み始めたころは、ちょうど日本の登山界が一つの転機にあった時代に相当していた。着ござやわらじの登山にかわって、スキー登山や、岩登りなどの新しい技術が台頭しはじめた時代であった。〕

おおまかな輪郭はこれで理解できるであろう。収録の年譜で明らかなように、彼は一九二八（昭和三）年三月、前穂高岳北尾根四峰で転落、生涯を閉じた。生前に厖大な文章を書き遺しているが、それらは二冊の著作として友人たちによってまとめられた。本文庫の母体となった『山　研究と随想』（一九三〇年・岩波書店）、そして『先蹤者　アルプス登山者小伝』（一九三五年・梓書房）である。

その大島亮吉をヤマケイ文庫に加えたい、という相談を受けたのだが、その企画に参加するのに私には戸惑いと逡巡とがあった。私はすでに二〇〇五年、平凡社ライブラリー（以下ＨＬ版）で大島亮吉の作品集『〈新編〉山　紀行と随想』を編纂して、大島亮吉については十分理解してもらえる内容と思っていたので、それ以上のものとは何か、俄かには見当がつかなかったからである。ヤマケイ文庫の編集者・米山芳樹さんとは、そのために何度かの相談をおこない、その結果、米山さんの希望も加えて仕上がったのが本書だが、ＨＬ版と重複する項目が多くあることになり、特に補注ではそれが著しい。そのために平凡社に諒解を求める必要があり、編集作業は、その許諾を待ってからのことになった。相談の結果、編集の姿勢は基本的にはＨＬ版と同じで、大島亮吉の持つ情緒的な面を主体に、山登りの理論面を副とすることになった。ＨＬ版でお読みいただいた方々にはご諒解を得たい。ＨＬ版編集の時点では解決がつかなかった事項（補注）も、その後の知見や、「石狩岳」「穂高岳」を主体に米山さんの援助を受けて補強することができたのは幸いだった。

以下、内容について補足的に説明をさせていただく。

大島亮吉の山登りは幅が広い。都市近郊の低い丘陵山地から高原、人跡未踏の奥山、さらには積雪期の高山まで、まったく平等の意識で対応している。収録の「三頭山」「小倉山」「荒船山」などからパイオニア活動と言える積雪期の三千メートル峰まで、深い奥行きと広い幅を持つ。前者の代表が「荒船と神津牧場附近」「峠」であり、後者の代表が「石狩岳より石狩川に沿うて」、「白馬岳スキー登山及び乙見山峠越え」「穂高岳スキー登山」などである。それに加えて近代登山思潮への的確な目配りがあり、前記佐谷・山崎のふたりが触れるように、岩登りとスキー登山という新しい分野への踏み込みがある。

そして忘れられないのが、大島亮吉の山登りの奥行きと幅を価値あるものにしている情緒的な側面「小屋・焚火・夢」「頂・谷・書斎」の世界である。つまり、大島亮吉の山への姿勢には偏り(かたよ)がない。緑豊かな樹林と草原の柔らかな世界、きびしい岩と雪の世界、そのどちらもが彼にとっては欠かすことのできない山であった。どちらにいても彼は幸せであった。そして、そこに山登りの理知的な側面を思念する「涸沢の岩小屋」「我国に於ける岩登り」が加わる。ロマンチストであり、リアリスト、という所以である。

＊

さて、もう少しこまかく見てみよう。「石狩岳」は単純な山登りではなく、一種の探検行動である。ほとんど人跡のない未開の北海道中央山地を歩きまわる行動は、地図も不確か、先が見通せない毎日で、地元の漁師を助手にして探検そのものである。単に高い所に登るだけの山登りとは違うスリルがあり、こんな山登りができた時代が日本にあったのだ、という爽快感を読む者に与える。補注で断わってあるように、読む側は地図を見ていても迷子になる、という場面に遭遇するが、それこそが探検記の醍醐味であろう。

「白馬岳スキー登山」「穂高岳スキー登山」は積雪期の高峰登山というパイオニア行動で、新兵器？　スキーを積極的に利用するという進取の精神が嬉しい。それに後者では、穂高連峰の山名が慶應グループの涸沢生活で確定することになる、という大きなおまけがつくわけで、初期登山活動者のみが持つことのできた喜びもまたお裾わけされることになる。

これらの行動記録のどれにも言えることだが、描写が素直で、躍動する心持がストレートに伝わってくるのもまた楽しい。クワウンナイ川を遡行する個所などがその代表。

大島亮吉が素直な性格だったろうと思えるのが、「小屋・焚火・夢」「頂・谷・書斎」で、甘ったるい、という評価は避けられないけれども、そこには山を全体として捉え、そこでの風・雲・草・木・岩・水・鳥など、山にあるすべてが自分の世界だと信じている若者の心意気が清々（すがすが）しい。それを裏付けるのが彼の持つ放浪性であろう。その文章のあちこちから立ち上がってくるのは、大島亮吉が持っていた漂泊、流離（さすらい）への憧れである。それがその文章を生き生きとしたものにしている薬味であろう。

＊

この先、話が少々ややこしい分野に入らざるをえないのだが、大島亮吉の持つ世界には欠陥もあって、その代表とされるのが「荒船と神津牧場」の一篇。とくにその「二」には詩人・尾崎喜八の詩「野の搾乳場」（詩集『高層雲の下』所収）からの流用表現が何箇所もある。この一篇を読む際には頭に入れておく必要のあることなので、その一例を次に。

◆ほのぐらい、むんむんと鼻をつくような牛舎特有のこんがらかった匂いのする内部には、栗いろ、白、黒、ぶち、など、すべて小山のようなゼルシイ種の多産なおとなしい獣達が、でっぱった臀（しり）の先にぼんやりあたる薔薇（ばら）いろの朝日をうけて、立ったり、前足を折ったり、座ったり、反芻（はんすう）したり、涎（よだれ）をながしたり、生温かい呼吸をもうもうと吐いている。

◇ほのぐらい、むんむんする牛舎には、
栗いろ、白、黒、ぶち、
すべて小山のような、多産の姫たちが
でっぱった臀の先にぼんやり当る朝日をうけて、
立ったり、前足を折ったり、すわったり、
反芻し、涎をながし、生温かい息を濛々と吐いている。

◆が大島亮吉、◇が尾崎喜八。これは剽窃としか言えない表現である。大島はこの文章を軍隊の兵営の中で、荒船山や神津牧場を心に思いながら書いたと記している。reminiscence（英語）、réminiscence（フランス語）。読みはレミニッサンス。心理学でも使う言葉らしいが、（文学・芸術における）無意識の借用のことを言う。無粋な兵営生活のなかで、山を思う心があふれかえり、思わずこぼれ流れた、ということなのだろうか。さらに細かく知りたい向きは、雑誌「山と溪谷」一九八九年二月号・川崎精雄「山岳文学のひとつの逸話—尾崎喜八の詩を使った大島亮吉の一文について」を参照されたい（余談ながらこの件は拙著『本のある山旅』山と溪谷社でも扱った）。

また、大島亮吉の文章表現には、大きな欠点というか、妙な癖があって、外国語の乱用という形で現れる。「三月の槍ヶ岳」「穂高岳スキー登山」に見られる外国語、特にドイツ語の氾濫がそれである。それらのドイツ語が理解できない読者（私もそのひとりだが）は、理解不能の状態に陥る。HL版解説でも触れたことだが、このドイツ語を判読解釈してもらった故宮下敬三慶應義塾大学独文科名誉教授によれば、これは「辞書では公認されない山岳人の造語」。つまり、大島亮吉（たち）のドイツ語は、ドイツ人も知らない言葉であった。それを基にしたカタカナも不正確ということになる。フランス語についても同じ。

したがって、できうる限り補注で修正はしたが、全部をカバーしきれない。外国語、またはそのカタカナ表記を読む際には、ご自身で確認作業をしていただくほかはない。

さらに、大島の論説文はそれとは異なる問題を抱えている。論説の意味が取れない場合がある、ということ。それについては浦松佐美太郎が指摘していて、「本書（『先蹤者』）は非常に読み難い文章が多い。内容の表現方法がぎごちない為に素直に頭に入りにくい」と書いている。本書収録の「我国に於ける岩登りの前途までに与う」がその例。語っていることは斬新、新時代の到来に向かって進む気持ちは受け取れるのだが、文意不明の部分がある。早すぎる逝去がなければ、これらを整理の行き届いた文章にしたであろうか。

大島亮吉はたいへんな勉強家であった。あの時代にヨーロッパの厖大な山岳文献を読みこなしているのは敬服のほかはない。Ａ・Ｆ・ママリーとエミール・ジャヴェルを発見・紹介したのは大きな功績で、前者にはリアリストの、後者にはロマンチストの大島亮吉の内面が見られる。最後に松方三郎の言葉を紹介しておく。

〈彼の公にした一つ一つの文章が、当時の日本の登山界に非常に広い反響を呼び、深い影響を与えた一事は是非指摘しておかなければなるまい。「スゥイス日記」「山行」に代表される近代的登山の方向、それはもちろん彼が追及して已まなかったものだ。彼の最期そのものがそれを説明してあまりある。しかし、それと同時に彼は登山の他の面にも深い関心を注ぎ憧れをいだいていた。エミール・ジャヴェルへの彼の傾倒、登山暦のあちこちに見られる山間放浪の旅が彼の持っていた別の傾向を物語り、何よりもはっきりと彼の書き記した随想や紀行がそれを物語っている。ひたすらに頂上を求め、ただただ新しき登攀、困難なる登攀を追うだけでは何としても満たされないものを、彼は一層広い、おおらかな山歩きのうちに摑もうとした。これを彼の内なる東洋的資性に帰せしめるか、あるいは、彼の円熟した思想と内省的な性格に帰せしめるかは、見る人の観察にまかせるとしても、日本の登山界が彼によって、一層大きく眼を開かれ、一層深く山を味わうことを教えられたことは否定出来ない。この意味で彼の遺著「山」は「スウィス日記」や「山行」に続く、そしてそれ等と同じように日本登山界に大きな意味をもち、又将来も持つであろう著述だということが出来る。」

これが書かれたのは一九四七年だが、そこでの評価はいまも色褪せていない。

（佐谷健吉・山崎安治・浦松佐美太郎・松方三郎の引用は『大島亮吉全集第五巻』あかね書房による。）

（編集者）

大島亮吉年譜

慶應義塾山岳会・慶應義塾大学体育会山岳部「登高行」、「著者登山年譜」（『山 研究と随想』）をもとに作成。安川茂雄「大島亮吉の生涯とその生きた時代」（『大島亮吉全集』第五巻）を参考にした。［］内はその登山に関する著作、【】内は著作と関わる大島亮吉以外の登山記録と出来事。地名表記は『登高行』を基本とした。

明治三十二（一八九九）年

九月四日、父大島善太郎（安政元年生）、母美津（安政五年生）の三男として東京市芝に生まれる。

明治四十四（一九一一）年 十二歳

病気の保養のために父の郷里である富山県八尾町に移り、富山で数年を過ごす。

大正三（一九一四）年 十五歳

三月に八尾高等学校高等科一年を修了し、四月、慶應義塾商工学校（中等部）一年に入学。

大正四（一九一五）年 十六歳

【六月二十九日、慶應義塾山岳会設立。設立主張者は鹿子木員信教授、幹事は槇有恒、内田節二】

大正六（一九一七）年 十八歳

六月、商工部三年で慶應義塾山岳会に入会。七月、槇有恒リーダーのパーティで常念山脈縦走（「登高行」第一年「年報」）。

大正七（一九一八）年 十九歳

三月、三ツ瀬より荒船山、神津牧場付近（単独）［「荒船と神津牧場附近」「登高行」第五年］。

五月、大山、丹沢山（二木末雄、豊辺国臣、中村正八）。

七月二十六日～八月三日、夏季登山計画で剱岳（リーダーとして。横山久以下三名、人夫黒岩直吉外四名／大

町―針ノ木峠―蓮華岳―刈安峠―五色ヶ原―雄山―剱岳―小黒部谷―朝日岳―白馬岳―四谷）。

【十月、鹿子木員信がタルン氷河付近を踏査】

大正八（一九一九）年 二十歳

一月二日～八日、関温泉スキー練習に参加。

一月二十六日、武蔵野史蹟探索（阿部秀助教授ら六人）［「狭山の丘の一日」「登高行」第一年］。

【三月、学習院の板倉勝宣が槍ヶ岳スキー登山を企図して槍沢へ入る】

三月二十三日～四月二日、関温泉スキー練習会に参加。

四月上旬、スキー練習会終了後、スキーで徳本峠より上高地へ（小林達也講師ら四人）。

四月、商工部を卒業して予科に進学。五月、丹沢・蛭ヶ岳―塔ヶ岳（中条常七ら六人）。

【七月十一日、『登高行第一年』発行。田部重治「山は如何に予に影響しつつあるか」を掲載】

七月十八日～二十一日、常念山脈―槍ヶ岳（リーダー斎藤新一郎以下会員十四名／天候悪化のために北穂付近より横尾谷へ）。

七月二十二日から、双六―薬師―槍に参加（リーダー豊辺国臣以下六人、案内二人）。

八月十日～十三日、東北朝日岳（単独／朝日鉱泉―小朝日岳―大朝日岳―黒俣沢―朝日鉱泉）［「東北朝日岳に登り黒俣沢を下る」「登高行」第二年］、帰途に月山、鳥海山に登った。

九月上旬、景信山―三頭山の縦走を試みる。

九月五日～六日、三頭山（松本信広／八王子―秋川―数馬―三頭山―上野原）［「三頭山」「登高行」第二年］。

【九月二十一日、慶應義塾山岳会は名称を慶應義塾体育会山岳部と変更】

十一月二十三日、武蔵行（講師正木助次郎、中条常七ら七名／多摩川右岸の関戸付近の丘陵）。

十二月二十五日〜三十一日、関温泉スキー講習会に参加。

大正九（一九二〇）**年** 二十一歳

一月二日〜八日、関温泉スキー講習会に参加。

二月、石老山（中条常七ら四人と）。

三月、神津牧場、荒船山。関温泉スキー講習会。

三月十一日〜十九日、白馬岳スキー登山を試みる（小林達也スキー講師、二木末雄、八木森太郎、人夫二名と／大町―四谷―御殿場―杓子尾根―四谷―小谷温泉―乙見山峠―赤倉）〔「白馬岳スキー登山及び乙見山峠越え」「登高行」第二年〕。

四月一日〜十日、五色温泉でスキー練習（松本信広）〔「五色温泉を中心としてのスキー登山」「ツーリスト」五十二・五十三・五十五号〕。帰途、単独で米沢より檜原峠を越え〔「峠」「山とスキー」四十七・四十八・四十九号〕、さらに八溝山に登った〔「八溝山」「山とスキー」七十四号〕。

五月十五日〜十八日、秩父行（宮川久雄／塩山―雁峠―将監峠―大洞山―雲取山―丹波）。

七月二十一日〜八月二十七日、石狩山地（田中三晴、案内二名／松山温泉―トムラウシ岳―ヌタプヤムベツ―石狩沢―石狩岳―ユーニ石狩岳―石狩川―大箱―層雲別。網走、釧路方面旅行）〔「石狩岳より石狩川に沿って」「登高行」第三年〕。

八月二十八日〜九月七日、東北の山旅（山県正章／酸ヶ湯―八甲田東岳―蔦温泉―十和田湖―男鹿半島―田沢湖―駒ヶ岳―仙岩峠）。

【七月、日本山岳会の藤島敏男、森喬、案内人・剣持政吉が谷川岳連峰初縦走】

【七〜八月、槇有恒が、ヴェッターホルン登頂。メンヒよりアイガー縦走。フィンスターアール

ホルンよりグロース・シュレックホルン縦走】

九月二十五日〜二十六日、観月天幕行（強羅―仙石原―乙女峠―御殿場）。

十月十七日〜十九日、金峰山・国師ヶ岳（宮川久雄／甲府―水晶峠―金峰山―奥千丈岳―国師ヶ岳―梓山）。

十月三十日〜十一月三日、秩父行（リーダーとして。石束嘉三郎ら四名と／塩山―雁坂峠―破風山―木賊岳―甲武信ヶ岳―真ノ沢―栃本―古礼山―落合―柳沢峠―塩山）。

十二月十九日〜一月初旬、五色温泉付近のスキー講習会に参加。

大正十（一九二一年）年 二十二歳

一月五日〜九日、蔵王山スキー登山（鹿子木員信以下八名／峨々温泉―刈田岳―熊野岳―地蔵岳―高湯）。

一月十日〜十三日、吾妻山へスキー登山を試みた（早川種三）。

二月十日〜十三日、東吾妻スキー登山（鹿子木員信以下五名／ヌル湯―硫黄精錬所―東吾妻山―一切経山―家形山―五色温泉）。

三月二十日〜二十六日、関温泉スキー練習に参加［「関温泉スキー講習日記」「登高行」第三年］。

四月二十三日〜二十四日、御坂山塊（青木勝ら六名／石和―上黒駒―黒岳―八丁峠―三ツ峠山―大月）。

【四月、北大・板倉勝宣が槍沢から槍ヶ岳試登】

七月、白峰三山。八月、木曽駒など（記録不詳）。

【九月、槇有恒がアイガー東山稜初登攀】

十二月二十七日〜一月三日、吾妻山硫黄精錬所でスキー練習（豊辺国臣、早川種三）［「火口原のスキーヒュッテ」「山とスキー」十九］。

大正十一（一九二二）年 二十三歳

二月初旬、五色温泉スキー練習。

三月二十六日～三十一日、積雪期槍ヶ岳初登頂（リーダー槙有恒以下、佐藤文二、早川種三、佐藤久一朗、伊集院虎一〈東大〉、松方三郎〈京大〉、松方義雄、田中薫〈東大〉、人夫八人／牧—常念乗越—槍沢—槍ヶ岳—上高地）［「三月の槍ケ岳」「登高行」第四年］。

【四月、三田幸夫以下五名（案内人・志鷹光次郎）が剱岳積雪期初登攀】

五月二十四日～六月一日、立山・剱岳・大日岳スキー登山（リーダーとして。早川種三、大賀道昮、渡辺三郎、青木勝、人夫佐伯福松、栄作他一名／室堂—雄山—奥大日岳—剱岳—芦峅寺）［「五月の立山」「山とスキー」二十一～二十四号］。

【七月五日、板倉勝宣、松方三郎、伊集院虎一の学習院OBパーティ（案内人・小林喜作）が天上沢から北鎌尾根登攀。同日、舟田三郎、麻生武治の早稲田パーティが槍ヶ岳頂上から北鎌尾根独標往復】

八月十日～二十二日、涸沢岩登り練習（鹿子木員信、槙有恒、板倉勝宣、伊集院虎一〈東大〉、佐藤文二、三田幸夫、早川種三）［「涸沢の岩小屋のある夜のこと」「登高行」第五年］。

十二月二十一日～二十七日、吾妻山精錬所スキー練習（早川種三ら四名と）。

十二月二十九日～一月九日、白馬岳スキー登山を試みる（リーダーとして。佐藤文二、山県正章、早川種三、佐々木洋之輔、飯塚弥七郎、佐藤久一朗、青木勝／大町—猿倉—白馬尻—大雪渓の途中）。

大正十二（一九二三）年 二十四歳

【一月十七日、立山松尾峠において槙有恒、三田幸夫、板倉勝宣パーティが暴風雪のために遭難、板倉が凍死】［「私が板倉君から享けたものは」「山とスキー」二十六号］。

四月七日～二十三日、槍平から槍ヶ岳（リーダーとして。早川種三、大賀道昺、渡辺三郎／上高地―中尾峠―蒲田―右俣―左俣―双六池付近―槍平―槍ヶ岳―槍沢―上高地）。

七月十四日～二十七日、北海道石狩山地（リーダー田中三晴、大賀道昺、岡本信三、相馬東平／屈足―売幕―然別温泉―シーシカリペツ―ホロカオトプケ―音更川―清水沢―然別沼―パナクヌプカウシヌプリ―売幕）［「北海道の夏の山」「登高行」第五年／「平原の上に聳ゆる山」「山とスキー」四十一号］。

九月一日、関東大震災により芝桜川町の自宅が焼失。

大正十三（一九二四）年 二十五歳

一月一日～十日、五色温泉スキー練習。

一月八日～十二日、蔵王スキー登山（リーダー早川種三以下十四名／早川牧場―峨々温泉―刈田岳）。

三月二十三日～四月七日、穂高岳スキー登山。奥穂高岳・北穂高岳積雪期初登頂（リーダーとして。早川種三、青木勝、大賀道昺、田中三晴、西川不二雄、本郷常幸、三田幸夫、人夫三人／上高地―横尾谷―奥穂高―北穂高）［「穂高スキー登山」「登高行」第五年］。

【四月一日、学習院山岳部の岡部長量、波多野正信が岳沢から奥穂高岳積雪期第二登】

【四月十一日、慶應義塾山岳部の青木勝、大賀道昺、田中三晴、本郷常幸が前穂高岳積雪期初登頂】

三月、慶應義塾大学経済学部を卒業。四月、外国語学校独逸語専修科へ入学。

五月、秩父宮殿下と立山登山（槇有恒、坊城俊良、渡辺八郎、三田幸夫、岡部長量ら）。

十月二日～十日、銀山平、尾瀬（片山弘、大賀道昺／追貝―尾瀬沼―檜枝岐―銀山平―枝折峠―小出。雨で魚沼三山を断念）。

十月十七日～二十二日、秩父行（早川種三、豊辺国臣、三田幸夫、青木勝、大賀道昺、渡辺三郎、中村邦之助、

和田周平／塩山―柳沢峠―将監峠―バラドヤ林道―栃本)。

十二月、麻布歩兵第一聯隊へ入隊。

大正十四(一九二五)年 二十六歳

【七月二十一日、槇有恒隊長以下の慶應・学習院合同隊がカナディアン・ロッキーのマウント・アルバータ初登頂】

大正十五(一九二六)年 二十七歳

【一月、青木勝、大賀道昺、渡辺三郎、斎藤長寿郎、案内人・佐伯亀蔵の慶應義塾山岳部パーティが剱岳厳冬期登頂】

三月、見習士官(少尉)となって除隊。

四月四日～十四日、守門山、浅草岳(大賀道昺、和田周平／栃尾―滝ノ口―守門山―石峠―五輪峠―五味沢―浅草岳―入叶津―野沢)。

四月二十四日～五月一日、両神山、小倉山〈御座山〉(山下熊二／小鹿野町―日向大谷―両神山―八丁峠―坂本―志賀坂峠―オバンド峠―ハリマ峠―栖原―栂峠―小倉山―鳥居峠―大門峠―梓山―栃本)〔「小倉山」『山岳』二十年第一号〕。

五月下旬～六月上旬、瑞牆山・破風山(成瀬岩雄〈成蹊高校〉)〔「瑞牆山」『山岳』第二十年第一号〕。

七月十五日～二十日、七ツ岳〈七ヶ岳〉・尾瀬(単独／那須湯本―茶臼岳―大峠―田島―保城峠―大平山―七ツ岳―黒岩山―湯ノ花温泉―川俣温泉―尾瀬―燧ヶ岳―至仏山―鳩待峠―追貝―沼田)。

八月十日～十八日、苗場山・岩菅山(片山弘／沼田―三国峠―苗場山―岩菅山―発哺温泉―熊ノ湯―渋峠―草津)。

九月二十一日～二十三日、苗場山(片山弘／沼田―三国峠―苗場山)。

【八〜九月、秩父宮アルプス登山。槇有恒、渡辺八郎らとマッターホルンなどに登頂】

十月二十七日〜十一月一日、美ヶ原・三方ヶ峰（大賀道昺、西川不二雄／和田峠—三城牧場—美ヶ原—茶臼山—武石峠—丸子町—奈良原鉱泉—地蔵峠—三方ヶ峰）。

十月、上州武尊山（成瀬岩雄／沼田—花咲峠—武尊山—藤原）。

十一月二十日〜二十四日、四阿山、浅間隠山（片山弘／小諸—田代牧場—四阿山—浅間隠山—軽井沢）。

昭和元（一九二六）年 二十七歳

十二月二十六日〜三十一日、三方ヶ峰、湯ノ丸山、四阿山（寝袋のテストのため単独で／滋野—地蔵峠—湯ノ丸山—三方ヶ峰—鹿沢温泉—渋沢—四阿山—上田）。

昭和二（一九二七）年 二十八歳

二月六日〜十日、吾妻青木小屋付近スキー練習に参加（八日、十五人パーティで家形山、東大巓を越えて栂森へ向かう途中でビバーク）。

三月十八日〜二十三日、谷川岳（おそらく積雪期初登頂／大賀道昺／湯檜曽—土合—武能—土合—谷川温泉—天神峠—谷川岳）。

五月二十五日〜二十九日、宝川笠ヶ岳、一ノ倉岳、茂倉岳、清水越（斎藤長寿郎／湯檜曽—土合—蓬峠—清水峠—笠ヶ岳手前—武能—芝倉沢—一ノ倉岳—一ノ倉—マチガ沢探索—土合）。

七月十二日〜二十一日、谷川岳（大賀道昺、酒井英／湯檜曽—土合—一ノ倉沢探索—幽ノ沢探索—蓬峠—一ノ倉—マチガ沢—オキの耳—一ノ倉岳—武能岳—蓬峠—一ノ倉）。

七月二十一日〜、八海山、会津駒ヶ岳（大賀道昺／一ノ倉—蓬峠—土樽—八海山—六十里越—沼田街道—檜枝岐—会津駒ヶ岳）。

九月一日〜七日、笹穴川（赤谷川金山沢）（成瀬岩雄／後閑―湯宿―川古―赤谷川―金山沢―恵比寿大黒ノ頭）〔以上、「谷川岳、芝倉岳、笹穴川」「登高行」第八年〕。

十月十六日〜二十八日、御岳、乗鞍岳、北穂高岳（装備のテストのため。大賀道昺、斎藤長寿郎、安東省史／木曽福島―御岳―胡桃島―鳥居峠―橋場―乗鞍岳―安房峠―上高地―横尾谷―奥又白谷―北穂高岳―涸沢）。

十二月二十五日〜三十日、猫岳（根子岳）（片山弘／菅平―猫岳―鳥居峠―新鹿沢）。

【十二月三十日、早稲田大山岳部が針ノ木岳・籠川谷で雪崩遭難】

昭和三（一九二八）年 二十九歳

【一月、慶應義塾山岳部の国分貫一、野村実、遠藤忠一、伊達忠雄が北岳、間ノ岳の厳冬期初登頂。本郷常幸、斎藤長寿郎、大賀道昺、和田周平が前穂高岳北尾根積雪期初登、厳冬期初登頂】

二月九日〜十二日、八ヶ岳（斎藤長寿郎、後藤宗七、安東省史、望月太郎／夏沢温泉―天狗岳―硫黄岳）。

三月十六日〜二十五日、前穂高岳北尾根（本郷常幸、槇弘、斎藤長寿郎、山田喜一、渡辺英次郎／上高地―奥又白―蝶ヶ岳―南岳―前穂北尾根で墜落）。二十五日、涸沢から五・六のコルを経て前穂北尾根を登るが、悪天のため四・五峰の鞍部で三・四のコルから下山を決定。四峰頂稜で大島が墜落。三月三十一日まで捜索したが発見できず、五月十六日から二十三日の第二回捜索でも手懸りはなかった。

四月十四日、本郷区駒込の真浄寺で告別式。

六月一日、北尾根四・五峰間の雪渓中段中央部で、捜索中の内野常次郎、中畑政太郎、今田重太郎によって遺体が発見された。

昭和五（一九三〇）年

三月二十五日、遺著『山 研究と随想』（岩波書店）発行。

昭和十（一九三五）年

七月五日、『先蹤者 アルプス登山者小伝』（梓書房）発行。

付記

■『山　研究と随想』（一九三〇年・岩波書店）、「登高行」（慶應義塾大学体育会山岳部）、「山とスキー」（山とスキーの会）、「山岳」第二十年第一号（日本山岳会）を底本として、『新編 山 紀行と随想』（二〇〇五年・平凡社ライブラリー）、『大島亮吉全集』（一九六九～七〇年・あかね書房）を参考として構成しました。掲載は発表年月順とし、初出は文末に記載しました。

■次の内容で表記を改めました。

・旧漢字、旧仮名遣いの作品について、常用漢字表に掲げられている漢字は新字体に、平仮名は新仮名遣いに改める。助詞、副詞、接続詞などのうち頻出するものの一部を仮名に改める。

・右記以外の漢字を別の漢字や平仮名に替えること、平仮名を漢字に替えることはしない。

・送り仮名は原文通りとする。

・振仮名は、原作品の表記を尊重し、さらに難読と思われる漢字に振仮名を加える。

なお、明らかな誤植は訂正しました。

■今日の人権意識に照らして考えた場合、不適切と思われる語句や表現がありますが、本著作の時代背景とその価値に鑑み、そのまま掲載してあります。

編集部

山　大島亮吉紀行集

二〇一八年七月一日　初版第一刷発行

著　者　大島亮吉
発行人　川崎深雪
発行所　株式会社　山と溪谷社
郵便番号　一〇一－〇〇五一
東京都千代田区神田神保町一丁目一〇五番地
http://www.yamakei.co.jp/

■乱丁・落丁のお問合せ先
山と溪谷社自動応答サービス　電話〇三－六八三七－五〇一八
受付時間／十時～十二時、十三時～十七時三十分（土日、祝祭日を除く）
■内容に関するお問合せ先
山と溪谷社　電話〇三－六七四四－一九〇〇（代表）
■書店・取次様からのお問合せ先
山と溪谷社受注センター　電話〇三－六七四四－一九一九
ファクス〇三－六七四四－一九二七

フォーマット・デザイン　岡本一宣デザイン事務所
印刷・製本　株式会社暁印刷

定価はカバーに表示してあります

Printed in Japan ISBN978-4-635-04853-8

ヤマケイ文庫の山の本